PRÉPARATION AUX EXAMENS DE DROIT
A. PITOIS, Docteur en Droit, Répétiteur
16, Rue des Fossés-Saint-Jacques (Panthéon, en face l'École de Droit).

PRINCIPES

DE

DROIT COMMERCIAL

Rédigés conformément au Programme Officiel

A l'usage des Étudiants de Troisième Année

PAR

A. PITOIS, Répétiteur de Droit

3e ÉDITION

Non multa, sed multum.

PRIX : 5 FRANCS

PARIS

V. GIARD & E. BRIÈRE

LIBRAIRES-ÉDITEURS

16, RUE SOUFFLOT, 16

M. PITOIS

DOCTEUR EN DROIT, RÉPÉTITEUR

rue des Fossés-Saint-Jacques, 16

SE CHARGE

de faire recevoir les jeunes gens

à tous les examens

DE DROIT

Capacité, Licence

Doctorat juridique et Thèse

LEÇONS AU CACHET, AU MOIS OU A FORFAIT

M. PITOIS, *ne pouvant se déranger pendant ses leçons, qu'il* donne toujours lui-même, *prie les jeunes gens de s'adresser à* lui, de midi à 1 heure *et de* 7 à 8 heures du soir, *tous les* jours.

Les leçons sont toujours individuelles.

16, rue des Fossés-Saint-Jacques, 16

Panthéon — En face l'Ecole de Droit

PRINCIPES

DE

DROIT COMMERCIAL

PRÉPARATION AUX EXAMENS DE DROIT

A. PITOIS, Docteur en Droit, Répétiteur

16, Rue des Fossés-Saint-Jacques (Panthéon, en face l'École de Droit).

PRINCIPES

DE

DROIT COMMERCIAL

Rédigés conformément au Programme Officiel

A l'usage des Étudiants de Troisième Année

PAR

A. PITOIS, Répétiteur de Droit

3ᵉ ÉDITION

Non multa, sed multum.

PRIX : 5 FRANCS

PARIS

V. GIARD & E. BRIÈRE

LIBRAIRES-ÉDITEURS

16, RUE SOUFFLOT, 16

PRINCIPES DE DROIT COMMERCIAL
Par A. PITOIS

Pour abréger, j'écris : cce *pour commerce;* ccial *pour commercial;* cçant *pour commerçant.*

Les règles spéciales qui forment le Droit ccial sont contenues dans le C. de Cce promulgué en 1807.

Ce Code a été modifié par plusieurs lois que nous indiquerons quand l'occasion s'en présentera.

LIVRE PREMIER. — DU CCE EN GÉNÉRAL

TITRE PREMIER. — **Des Cçants** (art. 1er et s.).

1. Un cçant est celui qui fait des actes de cce par profession habituelle (1) (2).

Q. qu'un cçant ?

2. Reste à savoir ce qu'il faut entendre par actes de cce.

Le type des actes de cce est l'achat de marchandises pour les revendre (3). Nous renvoyons l'étude des actes de

Quel est le type des actes de cce ?

---

(1) On dit souvent que c'est la *patente* qui fait le cçant, et que quiconque paie patente est cçant. C'est une erreur. L'impôt de la patente est établi à la charge de tous ceux qui remplissent une profession quelconque, commerciale ou non, sauf les professions exceptées par la loi (peintres, sculpteurs, professeurs, sages-femmes). Ainsi, les médecins et les avocats paient patente, et pourtant il est bien certain qu'ils ne sont pas cçants.

Est-ce le fait de payer patente qui détermine la qualité de cçant ?

Le vrai criterium est celui que nous avons indiqué conformément à la loi. Il faut regarder la profession : si elle consiste à faire des actes de cce, celui qui s'y livre est cçant : au cas contraire, il ne l'est pas.

(2) C'est l'art. 1er du C. de cce qui donne cette définition. Cette remarque est utile en vue de la question suivante : Le C. de cce a-t-il défini le cçant? Où? Au commencement, au milieu ou à la fin?

(3) Toutefois, je pense qu'une marchande des 4 saisons, qui vend au panier ou dans de petites voitures, n'est pas cçante, et

Une marchande des 4 saisons est-elle cçante ?

cce à la fin de cet ouvrage, suivant en cela l'ordre même du Code (1).

3. Il y a intérêt, à plusieurs points de vue, à savoir si un individu est ou non cçant :

1° Au p. d. v. de l'obligation de tenir des registres rapportant toutes les opérations qu'on fait :

Les cçants en sont tenus. | Les civils n'en sont pas tenus.

2° Au p. d. v. de la faillite :

Les cçants qui ne paient pas leurs dettes sont mis en faillite (V. infra). | Les civils qui ne paient pas leurs dettes ne sont pas mis en faillite.

3° Au p. d. v. de l'obligation de faire publier le contrat de mariage :

Les cçants en sont tenus. | Les civils n'en sont pas tenus.

4° Au p. d. v. de l'électorat et de l'éligibilité aux tribunaux de Cce :

Les cçants en bénéficient. | Les civils n'ont pas ces droits.

5° Au p. d. v. de la nécessité de mettre le *bon* ou *approuvé* sur les billets portant obligation de payer une *quantité*, avec le nombre en lettres (c. cir. art. 1326).

Les cçants n'en sont pas tenus. | Les civils en sont tenus.

---

que, par conséquent, elle n'est pas soumise aux règles des cçants (obligation de tenir des livres de cce, etc.).

On m'objecte que sa profession consiste à acheter des marchandises en gros, le matin, aux halles, pour les revendre en détail dans la rue, au cours de la journée. Je réponds que notre marchande se fait simplement rembourser par les acheteurs son prix d'achat, en se faisant payer en plus quelque chose pour sa course; c'est plutôt une faiseuse de courses qu'une cçante. En un mot, sa profession consiste essentiellement en un louage de services, et son bénéfice en des salaires.

(1) Les auteurs qui regardent la march. des 4 s. comme cçante reconnaissent qu'elle n'est pas soumise à l'oblig. de tenir des liv. de cce.

6° Au p. d. v. de la force probante des livres de cce :

Ces livres font foi entre cçants.	Ils ne font pas foi contre les civils.

7° Au p. d. v. de la présomption de ccialité :

Les actes d'un cçant tombent sous le coup de cette présomption (1) (2).	Les actes d'un civil ne sont pas présumés commerciaux.

4. Qui peut être cçant?

Tout individu qui a la capacité générale de contracter. Il y a quelques particularités à remarquer pour les mineurs et les femmes mariées.

5. Un mineur peut être cçant aux conditions suivantes :

1° Qu'il soit émancipé (on peut l'être à 15 ans);

2° Qu'il ait 18 ans;

3° Qu'il soit autorisé à faire le cce par la personne qui a qualité pour l'émanciper;

4° Que cette autorisation soit enregistrée et rendue publique par un affichage au tribunal de cce du lieu où le mineur veut établir sa maison de cce.

A quelles conditions un mineur peut-il être cçant?

6. Le mineur est réputé majeur *pour tous les actes relatifs à son cce.*

Quelle est la capacité d'un mineur cçant?

---

(1) Le grand intérêt de cette remarque est que les actes commerciaux sont de la compétence du tribunal de cce.

(2) A la question que nous venons de résoudre, le candidat répond souvent : « Le cçant est justiciable des trib. de cce, tandis que le civil est just. des trib. civils », et il est étonné (surtout quand l'examinateur lui a dit d'un ton doux et bienveillant : « Je vous remercie, cela suffit pour vous ») de se voir allouer une noire. Cette réponse, en effet, est très mauvaise au p. d. v. théorique. Ce qui détermine la compétence d'un tribunal, ce n'est pas la qualité des plaideurs, mais bien la qualité de l'acte qui donne lieu au procès. Dès lors, un civil est just. du tr. de cce quand il a fait un acte de cce (par ex. il a souscrit une lettre de change), et un cçant est just. du trib. civ. quand il a fait un acte civil. — Il est vrai qu'en pratique le cçant est ordinairement just. du tr. de cce, mais cela ne tient pas à sa qualité de cçant; cela tient à la *présomption de ccialité* qui s'attache aux actes d'un cçant. Le cçant pourrait décliner cette compétence en prouvant que l'acte à raison duquel il est poursuivi n'a rien de ccial et est d'ailleurs tout à fait étranger à son cce.

Ainsi il peut, *pour les affaires de son cce*, emprunter, hypothéquer, transiger, plaider, etc., et ces actes sont aussi valables que s'ils émanaient d'un majeur.

7. Toutefois, il ne peut pas aliéner ses immeubles. A cet égard il faut remplir les formalités du droit commun (autorisation du conseil de famille, homologation du tribunal, adjudication aux enchères publiques).

8. C'est seulement pour les actes *concernant son cce* que le mineur est réputé majeur. Pour les autres actes, il reste soumis au droit commun relatif aux mineurs.

9. Mais comment savoir, en cas de doute, si l'acte du mineur est ccial ou non? Je pense qu'il faut présumer la ccialité, car telle est la règle générale pour les cçants (V. Supra); or nous supposons un mineur cçant.

10. La femme mariée a besoin, pour être cçante, du consentement de son mari.

11. Ce consentement peut être tacite. Ainsi, il suffit qu'elle fasse le cce au vu et su de son mari, sans opposition de la part de ce dernier.

12. L'autorisation de justice peut-elle remplacer, pour la femme, le consentement de son mari? C'est controversé. La jurisprudence fait une distinction :

Si le mari est en état de faire connaitre sa volonté, il faut son consentement.

Mais s'il est absent ou interdit (mineur, fou, etc.), l'autorisation de justice suffit.

13. Si la femme est séparée de corps, il est évident qu'elle peut librement faire le cce, puisque, d'après la loi de 1893, le jugement de séparation de corps lui rend sa pleine capacité civile.

13 *bis*. Le mari peut révoquer son autorisation, et faire en sorte que cette révocation soit portée à la connaissance du public. La loi n'a pas fixé le mode de publicité. Les trib. apprécieront en fait si les mesures de publicité prises par le mari ont été suffisantes.

14. La femme cçante s'oblige valablement pour tous les faits de son cce.

15. Il est évident qu'elle n'a pas besoin d'être autorisée spécialement par son mari pour chacun des actes de son cce : l'autorisation que le mari lui a donnée de faire le cce est *générale*, et comprend tous les actes que la femme pourra faire à l'occasion de son cce.

Il y a là une importante exception à la règle que l'autorisation maritale doit être spéciale.

16. Si cette femme F est mariée en communauté avec M, l'obligation qu'elle contracte envers un créancier C, pour son cce, tombe dans la communauté K de son propre chef.

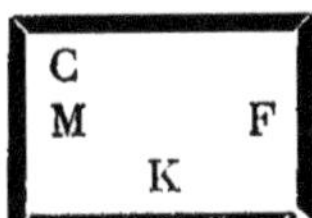

Quels sont alors les droits de C?

A) Pendant la communauté, il peut poursuivre son paiement pour le tout (C. Civ. art. 1419) :

1° Sur les propres de F,

2° Sur les biens de K,

3° Sur les propres de M.

B) Après la dissolution de la communauté, distinguons selon que F accepte ou renonce :

Si elle renonce, C peut poursuivre pour le tout soit F, soit M.

Si elle accepte, C peut certainement poursuivre F pour le tout, puisqu'il s'agit d'une obligation qu'elle a contractée personnellement.

a) Mais pour combien peut-il poursuivre M? Controverse.

D'après la jurisprudence, C peut poursuivre M pour le tout, car il a autorisé F à contracter cette obligation, et par là même il s'est porté caution.

D'après certains auteurs, C ne peut poursuivre M que comme commun en biens, c.-à-d. pour moitié. En effet, M, en autorisant F, a bien validé l'obligation de F, mais il ne s'est pas obligé lui-même, car « *qui auctor est non se obligat* ».

17. Nous avons dit que la femme mariée, autorisée par

son mari d'une façon générale à faire le cce, est pleinement capable de faire tout ce qui concerne ce cce. Elle peut même, d'après l'art. 6 de la L. 13 juillet 1907 (relative aux droits de la f. mariée sur les produits de son travail personnel), ester en justice sans aucune autorisation. D'après cet art. 6, en effet, « la femme pourra ester en justice sans aut. dans toutes les contestations relatives aux droits qui lui sont reconnus par la présente loi ».

Toutefois elle ne peut pas aliéner ses immeubles dotaux, même avec l'autorisation de M, quand elle est mariée sous le régime dotal.

18. Remarquons que la femme n'est pas cçante quand elle aide son mari cçant, par exemple comme vendeuse, caissière, teneuse de livres, ou, d'une façon générale, quand elle agit comme mandataire de son mari cçant. Dans ce cas, conformément aux règles du mandat, elle oblige son mari sans s'obliger elle-même (1).

19. Différences entre le mineur cçant et la femme mariée cçante.

Le mineur cçant ne peut pas aliéner ses immeubles, même pour les besoins de son cce.	La femme cçante le peut (sauf l'immeuble dotal sous le régime dotal).

A) Avant la L. 13 juil. 1907 précitée, il y avait une 2ᵉ différence, celle-ci à l'avantage du mineur : c'est que la f. mariée cçante ne pouvait pas ester en justice sans l'aut. du mari ou de la justice.

TITRE II. — **Livres de Commerce.**

20. La loi impose à tout cçant de tenir 3 livres :

1° Le *livre-journal*, qui constate les opérations du cçant

---

(1) Par conséquent, si elle est mariée en communauté, son obligation tombe en K du chef de M, et non pas de son propre chef à elle ; nous avons vu en Droit civil que la distinction a un grand intérêt.

au fur et à mesure qu'elles se produisent, par conséquent dans un ordre chronologique;

2° Le livre de *copies de lettres*, où le cçant copie toutes les lettres qu'il adresse;

3° Le livre d'*inventaires*, où le cçant doit recopier ses inventaires (on sait qu'il doit faire au moins 1 inventaire par an).

Ajoutons qu'il doit mettre en liasses et conserver les lettres qu'il reçoit.

21. A côté de ces livres, le cçant a l'habitude, pour sa commodité, d'en tenir d'autres dont le nombre et la nature sont variables, car cela dépend du genre et de l'étendue de ses affaires. Citons :

N'y a-t-il pas 2 livres auxiliaires importants ?

1° Le *Brouillard*. C'est le brouillon du Journal. Le commerçant y écrit ses opérations au fur et à mesure. De cette façon, il évite des ratures et des surcharges dans le Journal.

2° Le *Grand Livre*. C'est un répertoire méthodique du Journal. Lorsqu'un cçant veut relever la facture d'un client avec lequel il est en affaires suivies, depuis un an par exemple, il lui serait difficile d'en rechercher les éléments à travers le Journal. Il lui est beaucoup plus aisé de se reporter, dans son Grand Livre, à la page qui est exclusivement affectée aux opérations faites avec ce client.

A) Il y a encore d'autres livres auxiliaires moins importants, en ce sens que le Grand Livre pourrait au besoin les suppléer. Citons :

Citez d'autres livres auxiliaires ?

Le livre de Caisse,

—   des Effets à payer,

—   — à recevoir.

—   d'Entrée et de sortie des marchandises.

Le carnet de compte de chèques.

22. Le Grand Livre et le Journal peuvent être tenus, soit en *partie simple*, soit en *partie double*.

Comment le Grand Livre et le Journal peuvent-ils être tenus ?

Cela sort de notre programme et rentre dans la comptabilité cciale.

23. Le livre Journal et le livre des Inventaires doivent être cotés, paraphés et visés par un juge du tribunal de commerce, ou par le maire, sans frais.

La cote consiste dans le numérotage des feuillets. La dernière page doit être indiquée; par exemple, s'il y a 100 pages, le Juge mettra : « centième et dernière page ».

Le paraphe consiste en ce que le Juge appose sur chaque feuillet ses initiales.

A) Le but de ces formalités est d'éviter des suppressions, additions ou substitutions de feuillets.

Pour faire ces substitutions, le cçant devrait imiter le paraphe du juge, ce qui l'exposerait aux peines du faux, c'est-à-dire aux travaux forcés.

24. *Force probante des Livres de C.* — Remarquons tout d'abord qu'ils ne font preuve que pour les faits de cce.

Par exemple, supposons qu'un cçant achète à un autre cçant une maison de campagne : les livres ne pourront être employés pour prouver ce contrat, qui n'a rien de ccial.

En effet, il n'y a pas là *achat de marchandises pour les revendre*, car :

D'une part, un immeuble n'est pas une marchandise.

D'autre part, le commerçant acheteur achète cette maison, non pas pour la revendre et gagner la différence des prix, mais pour la garder et en jouir lui-même.

Nous allons donc supposer qu'il s'agit de *faits de commerce*, et que de plus les livres qu'il s'agit de produire sont *bien tenus*.

Distinguons selon que le cçant les produit contre un autre cçant ou contre un civil.

25. Entre 2 cçants, les livres font preuve complète.

26. Entre un commerçant et un civil, il faut sous-distinguer :

A) Le cçant ne peut invoquer ses livres contre le civil. Ainsi un boulanger ne peut invoquer ses livres contre moi pour prouver les fournitures qu'il prétend m'avoir faites. Cela se comprend, car je ne puis opposer mes propres livres à ceux du boulanger, puisque je ne suis pas tenu d'en avoir.

a) Mais s'il ne peut pas les invoquer en tant que formant preuve complète, peut-il les invoquer comme *commencement de preuve par écrit*, à l'effet de rendre admissible la preuve par témoins, par présomptions, ou par serment supplétoire? C'est controversé.

Peut-il les invoquer comme c. d. p. p. é ?

Je crois que les livres ne peuvent pas servir de cdppé, parce que, d'après l'art. 1347, le cdppé doit émaner de l'adversaire; or les livres invoqués par le cçant contre le civil sont l'œuvre de celui qui les invoque, et non l'œuvre de son adversaire.

B) Le civil peut invoquer les livres contre son adversaire qui les a rédigés. Ainsi je peux dire à mon boucher : « Je vous ai payé; la preuve, c'est que ce paiement est indiqué sur vos livres. »

Le civil peut-il invoquer les livres d'un cçant contre ce dernier ?

a) Seulement, lorsqu'un civil invoque les livres contre le cçant, il doit prendre les mentions telles qu'elles sont. Il ne peut pas les diviser, c'est-à-dire invoquer les parties qui lui sont favorables, et laisser les autres qui lui sont contraires : c'est l'application du principe de l'indivisibilité de l'aveu (C. Civ. 1130).

Peut-il, dans ce dernier cas, en diviser les mentions?

27. Il ne faut pas confondre la communication et la représentation des livres.

28. La *communication* consiste en ce que ces livres sont remis, pour être examinés et compulsés dans leur ensemble. C'est une chose fort grave, car toutes les affaires du cçant sont ainsi divulguées, et il peut craindre qu'on ne prenne note de l'adresse de ses meilleurs clients et des diverses combinaisons qui font le succès de ses affaires.

Qu'est-ce que la communication des livres?

Aussi, la loi n'admet-elle cette communication que dans 4 cas, expressément et limitativement déterminés, qui sont :

Dans quels cas peut-elle avoir lieu?

Le partage d'une succession entre cohéritiers,
— d'une communauté entre mari et femme,
— d'une société entre les associés,
— de l'actif de la faillite entre les créanciers d'un commerçant.

29. La représentation des livres consiste simplement à

Qu'est-ce que la représentation des livres ?

Dans quels cas peut-elle avoir lieu ?

représenter les livres pour qu'on les consulte sur le point spécial en litige. C'est donc une mesure beaucoup moins grave que la communication. Aussi peut-elle être ordonnée par le juge en toute affaire.

A) Si la contestation a lieu dans une ville V, et que les Livres se trouvent dans une ville éloignée V', le juge de V peut donner une commission rogatoire au juge de V'. Celui-ci prendra connaissance des Livres et adressera un rapport au juge de V.

Qu'est-ce que le compte-courant ?

30. Le compte-courant est une convention en vertu de laquelle 2 commerçants, *au lieu de régler immédiatement* en espèces ou effets de commerce les fournitures qu'ils se font, et les diverses opérations qui interviennent entre eux, *se bornent à en passer écriture*. Le règlement définitif n'intervient qu'à l'époque convenue.

Quelle en est l'utilité ?

On évite ainsi l'emploi du numéraire dans chaque opération, ce qui pourrait être gênant, et amènerait des lenteurs dans les affaires.

Lorsqu'arrive l'époque convenue, on arrête le compte, Celui qui doit un solde à l'autre, le paie, à moins qu'on ne préfère verser le solde dans le compte suivant.

31. Le C. courant est souvent joint à la convention *d'ouverture de crédit* et en augmente l'utilité. Un banquier B m'ouvre un crédit de 10.000 fr., c.-à-d. qu'il s'engage à me prêter cette somme que je prendrai chez lui en une seule ou en plusieurs fois. Sans un C. courant, je ne pourrais que retirer des sommes d'argent jusqu'à concurrence de 10.000 fr. Grâce au C. courant, je pourrai tantôt prendre de l'argent, tantôt en rapporter. Les sommes que je rapporterai augmenteront mon disponible, et cela fera durer beaucoup plus longtemps l'ouverture de crédit.

Quels sont les effets du compte-courant ?

Qu'entend-on en disant qu'il a un effet novatoire ?

32. Il y a sur le Compte-courant 2 règles essentielles : 1° Il a un effet *novatoire*.

Au lieu de devoir en vertu de tel ou tel contrat, on doit en vertu d'un Compte-courant.

2° Le Compte-courant forme un tout *indivisible*. Les diverses mentions qui entrent dans ce compte forment un bloc, et concourent à la formation d'un solde que l'une des parties devra payer à l'autre !

Ainsi, tant que dure le compte, les parties ne se doivent rien, et n'ont rien à exiger l'une de l'autre.

On peut ajouter que les sommes portées en Compte-courant sont productives d'intérêts au taux fixé par les parties.

33. Le C. courant peut être *simple* ou *réciproque* : simple quand une seule des parties peut être en avance sur l'autre, réciproque lorsque l'une quelconque des parties peut être en avance sur l'autre.

TITRE III. — Sociétés commerciales.

34. Une société cciale est une société qui a pour objet de faire des actes de cce (absolument comme un cçant est celui qui a pour profession de faire des actes de cce).

Donc, pour savoir si une société est civile ou cciale, il faut regarder la nature de ses opérations.

Si elle fait le cce, elle est cciale ; .

Si elle ne le fait pas, elle est civile.

35. Les sociétés cciales ont la personnalité morale.

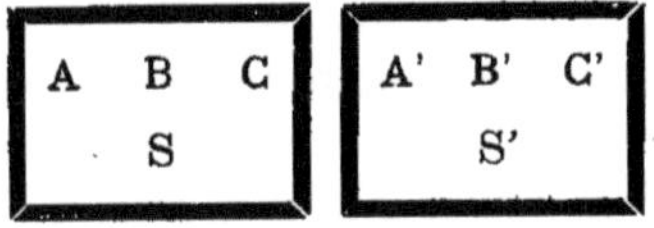

Voyons les effets de cette personnalité. Pour cela comparons une société S ayant la personnalité morale, et dont les membres sont A, B, C, avec une société S' n'ayant pas la personnalité morale et dont les membres sont A' B' C'.

L'intérêt de la distinction existe à plusieurs points de vue :

1° Au point de vue de la *nature du droit des associés.*

A, B, C, n'ont aucun droit sur l'actif social. Le droit de chacun d'eux est simplement un droit de créance contre S pour obtenir, pendant sa durée, une partie des bénéfices,

A' B' C', sont copropriétaires, chacun pour une certaine partie indivise, de l'actif de S'.

Ici S' n'étant pas une personne morale, ne peut pas

c.-à-d. un dividende qui consiste toujours en argent.

Donc, en supposant que S soit propriétaire d'immeubles, le droit de chaque associé n'en est pas moins une créance purement mobilière.

Dès lors, si A se marie en communauté légale, son droit d'associé tombe dans la communauté, précisément parce qu'il est mobilier.

être propriétaire des immeubles qui entrent dans l'actif social : ce sont ses membres (A' B' et C') qui en sont copropriétaires, et dont le droit est ainsi réel et immobilier.

Dès lors, si A' se marie en communauté légale, son droit d'associé lui reste propre, précisément parce que c'est un droit de copropriété sur des immeubles.

2° A point de vue du *droit de préférence des créanciers sociaux* à l'encontre des créanciers personnels des associés :

Les créanciers de S sont payés sur l'actif social par préférence aux créanciers personnels des associés A, B, C.

Cette décision est capitale; c'est surtout pour y arriver que le législateur a toujours reconnu aux sociétés de commerce la personnalité morale. On donne, en effet, beaucoup plus de crédit à une société en affectant l'actif social au gage des créanciers sociaux, par préférence aux créanciers personnels des associés.

De cette façon, en effet, les créanciers sociaux n'ont pas à craindre la mauvaise administration des associés pour leur compte particulier. Peu leur importe que quelques-uns se rendent insolvables

Les créanciers sociaux subissent le concours des créanciers personnels des associés, même sur l'actif social.

En effet, un créancier de S' n'est au fond qu'un créancier personnel des associés, puisque S' n'a pas de personnalité morale; sa créance se divise entre eux à proportion de l'intérêt qu'ils ont dans la société (il n'y a pas, en effet, de solidarité entre ces coassociés, pas plus qu'entre les cohéritiers). D'autre part, l'actif social appartient aux associés par indivis, et la part de chacun d'eux dans cet actif forme le gage commun de tous ses créanciers.

Dès lors, ceux qui sont créanciers à raison des opérations sociales sont exposés

par de mauvaises opérations ou de folles prodigalités ; il suffit que la société soit solvable et bien administrée.

à se trouver impayés par suite de l'insolvabilité personnelle de certains associés.

3° Au point de vue de la *Compensation* :

D, débiteur de S, ne peut opposer en compensation à S, pour une partie, la créance qu'il a contre A.

Réciproquement S, poursuivie par un créancier social X, ne peut lui opposer en compensation, pour la partie représentant l'intérêt de A dans la société, une créance A X.

De même, A ne pourrait pas opposer à son créancier X une créance S X, et réciproquement D, débiteur de A, ne pourrait pas lui opposer en compensation une créance D S.

Sur ces divers points, il faut donner des solutions contraires lorsque la société n'est pas une personne morale.

4° Au point de vue des *procès* intentés *par* la société :

Il suffit que S intente le procès.

Il n'y a donc qu'un seul demandeur, à savoir S.

Il faut que tous les associés poursuivent, ce qui entraîne de grandes complications et beaucoup de frais.

5° Au point de vue des *procès* intentés *contre* la société :

Il suffit que la société soit poursuivie.

Il n'y a donc qu'un seul défendeur, à savoir S (1).

Il faut que tous les associés soient poursuivis, ce qui entraîne de grandes complications et beaucoup de frais.

---

(1) La personnalité morale de S subsiste-t-elle après la dissolution de cette société, pendant les opérations de la liquidation ?

C'est une question controversée.

6° Au point de vue du *siège social :*

<table>
<tr><td>

S a un siège social, c'est-à-dire un domicile : c'est là qu'on doit lui notifier tous les actes qui l'intéressent (1).

</td><td>

La société non douée de personnalité morale n'a pas de domicile; les tiers qui ont affaire à la société doivent faire les notifications aux do· miciles de tous les associés.

</td></tr>
</table>

36. Sur quoi s'appuie-t-on pour soutenir que les sociétés commerciales jouissent de la personnalité morale? On s'appuie notamment sur les art. 529 C. civ. et 69-6° C. pro.

L'art. 529 dit que les droits des associés dans une société de commerce dont l'actif se compose d'immeubles sont néanmoins meubles. Cela implique que les immeubles n'appartiennent pas aux associés; c'est donc qu'ils appartiennent à la société elle-même et que, par conséquent, cette société a la personnalité morale.

L'art. 69-6° Code procédure dit qu'une société de commerce doit être assignée à son siège social. Si elle n'était pas une personne morale, il faudrait assigner chaque associé à son propre domicile.

Principaux types de sociétés cciales.

37. Il y a trois principaux types de sociétés cciales :

1° La société en *nom collectif,*

D'après la jurisprudence, la personnalité morale subsiste. Cela simplifie beaucoup la liquidation. S'il y a des débiteurs à poursuivre, il est plus simple que les poursuites soient exercées par S que par l'ensemble des associés.

Dans une autre opinion, la personnalité morale de S disparaît à sa dissolution. En effet, l'art. 529, C. civ., en supposant que l'actif de S est immobilier, dispose qu'après la dissolution de S, les parts des associés sont des droits immobiliers : c'est donc que les associés cessent d'être créanciers pour devenir co-propriétaires de l'actif social.

(1) Quid si S a une maison principale et plusieurs succursales? Le tiers qui a eu affaire à une succursale, peut-il assigner S devant le tribunal de cette succursale, ou doit-il porter son action devant le tribunal du siège social? La question se pose notamment pour les compagnies de chemins de fer : il s'agit de savoir par exemple si je peux actionner en dommages-intérêts la compagnie du chemin de fer de Lyon au tribunal de la gare où j'ai reçu des colis avariés. La jurisprudence admet l'affirmative.

2° La société *anonyme*,

3° La société en *commandite* (simple ou par actions).

Il faut ajouter la société en participation et la société à capital variable.

38. On appelle *raison sociale* d'une société une expression qui comprend les noms de tous les associés indéfiniment et solidairement responsables des dettes de la société envers les tiers. La raison sociale est le nom de la société.

39. Il suit de là qu'il n'y a pas de raison sociale dans toutes les sociétés. En effet, il y a, ainsi que nous le verrons, des sociétés où on ne trouve pas d'associés indéfiniment et solidairement responsables (sociétés anonymes). D'autre part, il y a des sociétés (sociétés en participation) qui n'existent pas au regard des tiers et qui, dès lors, ne sauraient avoir une raison sociale, car le néant ne saurait avoir un nom.

40. Il ne faut pas confondre la raison sociale avec l'*enseigne*, désignation employée souvent pour faire retenir plus facilement au public l'existence d'une maison de commerce et son genre d'opérations. Cette désignation est tirée soit de la nature des opérations de la société (société parisienne du Gaz, société du chemin de fer du Nord, etc.), soit simplement de la fantaisie (l'Abeille, le Phénix, le Printemps, le Louvre, etc.).

L'enseigne est toujours employée dans les sociétés qui n'ont pas de raison sociale. Elle est souvent employée aussi dans les sociétés ayant une raison sociale, lorsque les associés ne veulent pas mettre en évidence leurs noms, qui ne leur paraissent pas sympathiques au public à raison de leur forme étrangère.

41. On distingue les sociétés commerciales en 2 catégories : les sociétés de personnes ou par intérêts et les sociétés de capitaux ou par actions :

1° Dans la société de personnes, les associés se réunissent non seulement pour concentrer des capitaux, mais aussi pour mettre en commun

Dans la société de capitaux, les associés se réunissent pour mettre en commun d'importants capitaux.

Le type d'une société de

Raison sociale.

Sociétés qui n'en ont pas.

Enseigne.

Comparez les sociétés de capitaux et les sociétés de personnes ?

des efforts, des talents, enfin pour grouper des noms jouissant de la confiance et de l'estime publiques. Le type de cette forme de société, c'est la société *en nom collectif*.

2° La part d'associé se nomme *intérêt*.

3° La société se dissout par la *mort* de l'un de ses membres. En un mot, l'intérêt n'est pas transmissible aux héritiers.

4° De même l'intérêt *n'est pas transmissible entre-vifs*. Ainsi l'associé A ne peut pas vendre son intérêt à un tiers quelconque X, et substituer ce tiers à lui dans la société (1).

capitaux, c'est la société *anonyme*.

La part d'associé se nomme *action*.

La société subsiste malgré la mort de l'un quelconque de ses membres. En un mot, l'action est transmissible aux héritiers.

L'action est cessible entre-vifs, aussi bien qu'elle est transmissible par succession ou par legs. On sait qu'il se fait à la Bourse un commerce considérable d'actions.

---

(1) Quand je dis que l'intérêt n'est pas cessible par l'associé A à un tiers X, je n'entends pas que la cession est absolument nulle et de nul effet. J'entends simplement qu'elle n'a pas d'effet au regard des autres associés A', A", etc. Ainsi A devra continuer à donner des soins à S; X ne serait pas admis à gérer à sa place.

A / X   S

Si S fait des pertes, c'est à A et non à X qu'elle demandera une quote-part de ces pertes.

Si elle fait des bénéfices, c'est à A et non à X qu'elle doit remettre le dividende correspondant à sa part.

Ainsi S et X ne peuvent s'atteindre que d'une façon oblique, en passant par-dessus la tête de A et en exerçant ses actions. X ne peut atteindre S que par l'action A S, et S ne peut atteindre X que par l'action A X. Pour caractériser la situation de X (cessionnaire de l'intérêt de A en S), on l'appelle *croupier*, parce qu'il monte en quelque sorte en croupe derrière A. A continue de tenir les rênes de S comparée à un cheval. Si S marche bien, tant mieux pour X qui aura les bénéfices revenant à A. Mais si S fait la culbute, tant pis pour X, car il devra indemniser A de tout ce qu'il sera forcé de payer.

Au regard des associés et des tiers, c'est A qui est dans la

CHAPITRE Ier. — **Société en nom collectif**

42. C'est celle où *tous les associés* sont *solidairement* et *indéfiniment responsables de toutes les dettes sociales.*

43. Il y a évidemment dans cette société une raison sociale : elle se compose des noms de tous les associés, puisque, d'après la définition, ils sont tous solidairement responsables.

Ainsi, si la société est formée entre A, B, C, D, la raison sociale sera A B C D.

Pour simplifier, on l'écrit d'ordinaire en abrégé, et on dit la société A B et Cie.

A) Il y aurait escroquerie à insérer dans la raison sociale des noms de personnes non associées : ce serait en réalité donner à la société un faux nom, et lui procurer ainsi, d'une façon frauduleuse, un faux crédit.

B) La société peut adopter une enseigne (40).

44. La société en nom collectif est une *société de personnes* (41).

45. *Conditions de formation.* — Ce sont les mêmes conditions que pour la validité d'un contrat quelconque.

Remarquons toutefois, en ce qui concerne la condition de capacité, que, dans l'opinion générale du moins, la femme mariée aurait besoin de l'autorisation *spéciale* du mari pour entrer dans une telle société : l'autorisation générale de faire le commerce ne lui suffirait pas.

46. *Preuve.* — La société doit être constatée par écrit.

Il suit de là que, d'une part, la preuve des apports par témoins ou par présomptions n'est pas admise, même au-dessous de 150 francs (dérogation aux **art. 1341** et **1353** C. civ.), même lorsqu'il y a un commencement de preuve par écrit (Dérogation à l'art. 1347 C. civ.).

---

société ; X est complètement masqué par A à leurs yeux. Il y a un cas assez intéressant de croupier ou plutôt de *croupière*. Supposons qu'un associé, dans une société de personnes, se marie en communauté légale. Il cède par là même son intérêt à la communauté, et celle-ci se trouve *croupière.*

47. Le motif de cette dérogation au droit commun est qu'il n'y a jamais urgence à constituer une telle société; les parties ont tout le temps de la réflexion, et il importe qu'elles fixent d'une façon précise les conditions de leur association.

48. La règle qui exige un écrit s'applique aux associés et non aux tiers qui voudraient prouver l'existence de la société. On ne peut pas en effet leur reprocher de ne pas produire un écrit, car ce n'était pas à eux de le rédiger (C. civ. 1348).

L'écrit est-il requis *ad solemnitatem?*

49. L'écrit est requis, non *ad solemnitatem*, c'est-à-dire comme une condition de forme essentielle à la validité de la société, mais *ad probationem*, c'est-à-dire pour la preuve. S'il n'y avait pas d'écrit, les parties ne pourraient prouver le contrat par témoins, mais elles le pourraient par l'aveu ou le serment.

A) Au reste, la société qui serait ainsi prouvée par l'aveu et le serment, à défaut d'écrit, ne produirait que des effets bien amoindris, car elle n'aurait pas pu être publiée, la publication supposant un écrit.

Quel est le texte qui règle la publication de la société ?

50. La société doit être *publiée* pour porter à la connaissance des tiers la création de la personnalité morale qui dérive de l'association.

Ce point est réglé par la loi de 1867 sur les sociétés, art. 55 et s.

N'y a-t-il pas lieu à un double dépôt ?

51. Il y a lieu à un double dépôt :

1° Dépôt d'un double de l'acte de société (1) au greffe du tribunal de commerce du siège social dans le mois de la constitution de la société (2) ;

2° Dépôt d'un pareil double au greffe de la justice de paix du siège social dans le même délai.

La publication doit-elle être faite au lieu de chaque succursale ?

Si la société a des succursales en divers lieux, le double dépôt doit être fait dans chacun de ces lieux, et il en est de

---

(1) Je suppose que l'acte de société est sous-seing privé; s'il était authentique, on déposerait une expédition.

(2) Ce mode de publicité est bien incomplet, car le greffier n'est pas tenu de communiquer au public la pièce déposée. Il y a là un oubli singulier du législateur.

même de l'insertion de l'extrait dans un journal d'annonces légales dont il va être parlé. Si la maison principale et les succursales se trouvent dans plusieurs arrondissements d'une même ville, comme cela arrive quelquefois à Paris, il suffit de faire la publication dans l'arrondissement de la maison principale.

51 *bis*. Il faut faire insérer, toujours dans le même délai d'un mois, dans un journal d'annonces légales, un extrait de l'acte de société.

Cet extrait doit énoncer :

1° Les noms des associés;

2° La raison sociale (et l'enseigne s'il y en a une);

3° Le siège social;

4° Les noms des gérants (2-3);

5° L'époque où la société commence et celle où elle doit finir;

6° La date du dépôt fait aux 2 greffes;

7° L'indication que la société est en nom collectif (4).

52. Si dans le cours de la société d'importantes modifications sont apportées aux statuts, il y a lieu de les publier.

53. Voyons la sanction des formalités de publicité. L'absence de dépôt au greffe entraine la nullité de la société, et il en est de même du défaut d'insertion (art. 56, al. 3) (5).

---

(2) En principe, dans la société en nom collectif, tous les associés ont qualité pour gérer. Le sens de la désignation, dans les statuts, de certains associés comme gérants, est d'exclure les autres de ce droit. Si les statuts ne parlaient pas de la gestion, chaque associé aurait le droit d'engager la société.

(3) Remarquons qu'il n'y a pas lieu d'indiquer les apports des associés. Cette mention n'est requise que pour les sociétés en commandite ou anonymes. Pour les sociétés en nom collectif, la fortune de chaque associé étant le gage des créanciers sociaux, il n'y a pas besoin d'indiquer des apports déterminés; si en fait les apports sont mentionnés, cela concerne les associés et non les tiers.

(4) Cette indication fait savoir aux tiers qui deviendront créanciers de la société qu'ils pourront poursuivre chaque associé personnellement pour la totalité de la dette.

(5) On a publié l'extrait, mais on a oublié l'une des mentions exigées, par exemple l'indication que tel associé aura seul qualité

54. Il s'agit de savoir qui peut invoquer cette nullité de la société. L'art. 56 dit : « Les formalités prescrites par l'article précédent et par le présent article (il s'agit du double dépôt et de l'insertion) seront observées, à peine de nullité, *à l'égard des intéressés*, mais le défaut d'aucune d'elles *ne pourra être opposé aux tiers par les associés.* » Cette disposition contient une règle et une exception.

55. J'ai pour concurrent à mon commerce une société dont les statuts n'ont pas été déposés. Cette société me faisant beaucoup de tort, parce que le public se rend plutôt dans les magasins de cette société que chez moi, puis-je demander la nullité de la société? Non, car ce qui me cause ici préjudice, c'est la préférence que le public donne à ses marchandises. Je souffrirais le même préjudice si le commerce de cette société était tenu dans les mêmes conditions par un particulier, ou par une société valablement constituée.

56. Les créanciers sociaux peuvent-ils demander la nullité de la société? Non, car ils n'y ont pas d'intérêt. En effet, le maintien de la société leur procure un droit de gage exclusif sur l'actif social, à l'encontre des créanciers personnels des associés.

57. Mais ils peuvent avoir intérêt et par conséquent droit à demander la nullité d'une clause des statuts qui n'aurait pas été publiée. Par exemple, supposons une société entre A, A', A", etc., dont les statuts portent que A seul aura le droit de gérer. Cette clause n'ayant pas été publiée, A' contracte sous la raison sociale avec C qui croit que A' a qualité pour gérer. Si A' est insolvable, et que les autres associés refusent d'exécuter l'obligation en invoquant la clause des statuts, C pourra répondre que cette clause est nulle.

---

pour gérer. La société n'est pas nulle, car l'art. 57 n'a pas édicte la nullité. Seulement les associés ne pourraient pas opposer aux tiers la clause non publiée. Ainsi, dans l'espèce, elle sera valablement obligée par un contrat passé par un associé non gérant sous la raison sociale, car telle est la règle générale en l'absence d'une disposition spéciale des statuts. Or la clause qui déroge à cette règle est non avenue du moment qu'elle n'a pas été légalement publiée.

58. Les créanciers personnels d'un associé A peuvent-ils invoquer la nullité à l'encontre des créanciers sociaux? Oui et voici leur intérêt. Si la société est annulée, ils ne seront pas primés sur le fonds social par les créanciers sociaux; ils feront rentrer dans le patrimoine de leur débiteur A les biens apportés par lui à la société, et sur ces biens ils viendront en concours avec les créanciers sociaux. De même, s'ils viennent saisir un bien appartenant à leur débiteur A, et que la société fasse une demande en distraction de saisie en prétendant que ce bien a été apporté par A au fonds social, ils auront intérêt, pour s'opposer à cette demande, à invoquer la nullité de la société.

A) Malgré cet intérêt, on leur a contesté ce droit, par la raison qu'ils ne peuvent avoir plus de droits que leur débiteur A. Or, ce dernier ne peut pas opposer, nous l'avons vu, la nullité de la société aux tiers, il ne peut l'opposer qu'à ses co-associés (1). On ajoute que ce n'est pas pour eux, qui ont suivi la foi de leur débiteur, que la nullité a été établie.

Je réponds avec la jurisprudence que les termes de l'art. 56 précité sont généraux et n'excluent pas les créanciers personnels des associés. Il arrive parfois que les créanciers ont plus de droit que leur débiteur (2).

59. La nullité est d'ordre public, car la publicité est requise dans un but d'intérêt général. Donc la nullité ne peut être couverte par la ratification des associés ou par la prescription. La publicité tardive qui serait faite ne couvrirait pas davantage la nullité.

60. On ne peut pas opposer au demandeur en nullité qu'en fait il connaissait les statuts sociaux; les statuts non

---

(1) Il suit de là que les créanciers personnels de A pourraient certainement, tout comme A lui-même, opposer la nullité aux co-associés de leur débiteur (C. civ., art. 1166).

(2) Ainsi, en vertu de l'art. 941 C. civ., les créanciers du donateur peuvent, dans l'opinion générale, opposer le défaut de transcription d'une donation, alors que le donateur ne le pourrait pas. En effet, cet art. 941, tout comme notre art. 56, permet d'invoquer le défaut de publicité à toute personne intéressée.

publiés sont réputés, d'une façon absolue, ignorés des tiers (1).

61. *Administration de la société.* — La société est administrée par un ou plusieurs gérants. Si les statuts désignent le gérant (2), on les observe; c'est le cas du gérant *statutaire*, c'est-à-dire désigné par les statuts. S'ils ne l'indiquent pas, chacun des associés a le droit de gérer.

Qui a qualité pour gérer ?

62. Le gérant statutaire ne peut être révoqué par la majorité des associés. Comme il tient ses pouvoirs du contrat social auquel il a été lui-même partie, et qu'un contrat ne peut être résolu que d'un commun accord de ceux qui l'ont formé, il faut, pour sa révocation, que ce gérant y consente, ainsi que tous les associés.

Le gérant statutaire peut-il être révoqué ?

A) Au cas où ce gérant serait insolvable ou malhonnête (par exemple, s'il se faisait payer des pots de vin par les fournisseurs ou les clients), les associés n'auraient qu'un moyen de faire cesser ses fonctions, ce serait de demander la résolution du contrat au tribunal pour inexécution, de la part de l'une des parties (à savoir le gérant), de ses obligations (C. c. 1184).

63. Lorsqu'il n'y a pas de gérant statutaire, nous avons dit que tout associé a le droit de gérer. Pour plus de simplicité, ils peuvent, à la majorité, désigner, soit parmi eux, soit en dehors d'eux, un mandataire pour gérer au nom de la société.

---

(1) C'est le droit commun : la publicité d'un acte est en effet ordonnée pour éviter les contestations sur le point de savoir si en fait l'acte était connu ou non. De même que l'acte publié est réputé connu même par ceux qui, en fait, l'ont ignoré, de même l'acte non publié est réputé ignoré de ceux qui, en fait, l'ont connu. Il en est ainsi en cas de défaut de transcription ou de défaut de mutation en douane.

(2) Dans ce cas, c'est ordinairement l'un des associés qui est pris pour gérant; mais les statuts pourraient valablement désigner un tiers étranger à la société. Ce gérant étranger devrait alors, pour éviter que les tiers avec lesquels il contracte ne viennent dire plus tard qu'ils comptaient sur sa responsabilité personnelle, et qu'ils le croyaient associé, mentionner avec soin, dans toutes ses opérations, qu'il agit comme simple mandataire de la société.

Ils peuvent, à la majorité, révoquer ce mandataire qui, de son côté, peut renoncer au mandat, conformément au droit commun en matière de mandat, et par conséquent sauf dommages-intérêts, si la révocation (ou la renonciation) est intempestive ou abusive.

64. Le gérant peut faire tous les actes nécessaires pour le fonctionnement de la société, par exemple acheter des marchandises et les revendre, aliéner ou hypothéquer des immeubles de la société, représenter la société en justice s'il y a lieu d'intenter ou de subir un procès, transiger et même faire un compromis.

65. A quelle condition les actes du gérant obligent-ils la société? Suffit-il que l'acte soit dans l'intérêt de la société? ou qu'il soit signé par le gérant de la raison sociale?

Distinguons :

66. *1ᵉʳ cas*. — Le gérant contracte sous sa propre signature et pour une affaire étrangère à la société; pas de difficulté : la société n'est pas tenue.

67. *2° cas*. — Le gérant contracte sous la raison sociale et dans l'intérêt de la société; pas de difficulté : la société est tenue.

68. *3ᵉ cas*. — Le gérant contracte sous sa propre signature, dans l'intérêt de la société. Par exemple, la société n'ayant pas l'argent nécessaire pour un paiement, le gérant en emprunte en son propre nom (pour ne pas nuire au crédit de la société) : le prêteur peut-il poursuivre la société?

Controverse :

Je pense que la société n'est pas tenue.

J'invoque le texte de l'art. 22 C. de commerce.

D'autre part, l'ordonnance de 1673 exigeait formellement que le gérant eût employé la raison sociale pour que la société fût tenue (1).

---

(1) M. Lyon-Caen (Manuel) admet l'opinion contraire. Il écarte l'art. 22 en disant qu'il vise le *quod plerumque fit :* en général, quand le gérant contracte dans l'intérêt de S, il le fait sous la raison sociale. Le texte ne vise pas le cas où le gérant aurait contracté sous sa propre signature pour la société. Il est vrai que la

Nous apporterons à cette solution 2 tempéraments :

1ᶜ Le créancier pourrait poursuivre S obliquement (1166), puisque d'une part il est créancier du gérant, et que, d'autre part, le gérant est créancier de S à l'effet de se faire dégager de son obligation.

2° Le créancier pourrait même poursuivre S directement (par une action analogue à la *condictio sine causa* du Droit romain) jusqu'à concurrence de l'enrichissement réalisé par S à raison du contrat du gérant, par exemple si une somme de 1000 fr., empruntée par le gérant sous son propre nom, avait servi à payer une dette sociale.

69. *4ᵉ cas.* — Le gérant contracte sous la *raison sociale* pour une affaire *étrangère* à la société. Dans ce cas, la société est tenue. Par exemple, le gérant emprunte 1.000 fr. à C pour aller les jouer aux courses, et il signe son billet de la raison sociale ; le créancier pourra poursuivre la société en remboursement, sauf, bien entendu, le droit pour S de demander des dommages-intérêts au gérant pour avoir abusé de la raison sociale.

A) Toutefois, si le créancier C était de mauvaise foi, c.-à-d. s'il savait que le gérant empruntait dans son propre intérêt, la société le repousserait à raison de sa complicité dans le dol du gérant.

En résumé, on peut dire en général que, pour que la société soit obligée par les contrats du gérant, il faut et il suffit qu'ils aient été faits sous la raison sociale.

70. *Droits des créanciers de S.* — Ils peuvent saisir les biens de S ou la mettre en faillite. Ils ont le même droit à l'égard de chaque associé, puisque les associés sont tenus personnellement et solidairement de toutes les dettes sociales, ainsi que nous l'avons dit au début.

A) C, créancier de S, peut-il demander directement son paiement à un associé A, ou doit-il commencer par poursuivre

---

loi dit que la société sera obligée par le contrat passé par le gérant « pourvu que ce soit sous la raison sociale », mais c'est comme s'il y avait « pourvu que ce soit dans l'intérêt de la société », parce que, dans la pratique, les actes intéressant la société sont faits sous la raison sociale.

S? Il n'y a pas de texte qui lui défende de s'adresser directement à A, mais l'usage, conformément à l'équité, exige que C fasse constater que le gérant ne l'a pas payé.

L'associé A, qui aura payé le total de la dette, aura, bien entendu, un recours contre ses coassociés : il pourra demander à chacun d'eux une part de la dette correspondant à son intérêt dans la société.

71. *Modifications apportées aux statuts.* — Il faut le consentement de tous les associés. Le consentement de la majorité ne suffirait pas, car il est de principe qu'un contrat ne peut être modifié qu'avec le consentement de tous ceux qui y ont été partie.

72. De plus, les modifications devraient être publiées pour être portées à la connaissance des tiers, de la façon indiquée plus haut (50).

CHAPITRE II. — **De la Société en commandite.**

73. La société en Cte est une société qui comprend deux catégories bien distinctes d'associés :

Les uns, qui sont tenus indéfiniment et solidairement des dettes sociales : ce sont les *Ctés* ou associés en nom collectif ;

Les autres, qui ne sont tenus que jusqu'à concurrence d'une certaine somme qu'ils ont apportée ou promise : ce sont les *Ctaires* ou bailleurs de fonds.

Définition

74. Cette société a donc une raison sociale : elle comprend les noms des associés indéfiniment et solidairement responsables, c'est-à-dire des Ctés ; il ne faut pas y faire figurer les noms des Ctaires (1). Lorsqu'il n'y a qu'un Cté A, la raison sociale porte : A et Compagnie. Les mots « et Compagnie » sont nécessaires pour distinguer la société du Cté lui-même.

A t-elle une R. S. ?

75. Cette société est utile à la fois aux cçants et aux capitalistes.

Utilité.

---

(1) Autrement les commanditaires seraient considérés comme des associés en nom collectif et tenus solidairement des dettes sociales.

En effet, le cçant qui manque des ressources et du crédit nécessaires trouve par là le moyen de s'en procurer.

D'autre part, un capitaliste, en aidant de son argent ou de son crédit un cçant, trouve le moyen, sans faire lui-même le cce et sans devenir cçant, de participer aux bénéfices que peut procurer une exploitation cciale (1).

76. Mais, dira-t-on, le prêt à intérêt permet aussi bien au cçant de se procurer des fonds, et au capitaliste de faire fructifier son argent, étant donné que le taux est libre en matière de cce et qu'on peut prêter à 40 ou 50 0/0 (2).

Je réponds qu'un cçant sérieux ne voudra pas emprunter à un taux élevé, n'étant pas sûr de retirer de son commerce de quoi y faire face. Il préférera s'associer le capitaliste comme Ctaire. De cette manière, il ne lui servira de gros bénéfices que si l'état de ses affaires le permet.

Ordinairement le capitaliste se borne à stipuler un tant pour 100, 40 0/0 des bénéfices. Il peut aussi stipuler : 1° un intérêt fixe, par ex. 5 0/0 du capital par lui versé ; 2° un tant pour 100 dans les bénéfices.

77. Ainsi les Ctaires sont des associés et non pas des prêteurs d'argent. Conséquences :

1° Ils peuvent vérifier à tout moment la comptabilité et contrôler l'administration de la société ;

2° Ils ont droit à une part des bénéfices et non pas à un intérêt fixe : leur avantage dépend donc de la prospérité de la société ;

3° Si la société tombe en faillite, ils n'ont rien à réclamer tant que les créanciers sociaux ne sont pas absolument désintéressés. S'ils étaient des prêteurs d'argent, ils viendraient en concours avec ces créanciers ;

4° Ils ne peuvent pas opposer aux créanciers sociaux la

---

(1) Dans notre ancien Droit, les nobles ne pouvaient pas faire le commerce : la cte leur permettait de participer néanmoins aux bénéfices que procure le commerce.

(2) Dans notre ancien Droit le prêt à intérêt était défendu, et cela avait pour conséquence de développer beaucoup la pratique de la cte.

nullité de la société; ils ne peuvent l'invoquer qu'à l'égard de leurs coassociés, à savoir les Ctés et leurs co-Ctaires.

78. La société en Cte jouit de la personnalité morale, c'est-à-dire qu'elle a une existence indépendante des associés, pourvu, bien entendu, qu'elle soit régulièrement publiée (1).

Personnalité.

79. Les sommes versées par les Ctaires à S forment le gage des créanciers sociaux. Donc le gérant ne pourrait les leur restituer : s'il les leur restituait, les créanciers sociaux pourraient les forcer à les rendre, soit par une action de dol en cas de mauvaise foi, soit par nne sorte de *condictio sine causa.*

Défense au cté de restituer le capital au ctaire.

80. Quelquefois les Ctés, pour faire croire à la prospérité de S (2), disposent leurs livres de façon à faire ressortir de gros bénéfices, et ils distribuent ainsi aux Ctaires des dividendes (parts dans les bénéfices) qui sont fictifs. En réalité, ces dividendes sont pris sur l'actif, c'esta-dire sur le gage des créanciers; c'est comme si on rendait aux Ctaires une partie de leurs apports. Les créanciers sociaux pourraient forcer les Ctaires à rapporter ces dividentes fictifs.

Dividendes fictifs.

A) Mais les Ctaires ainsi actionnès peuvent-ils opposer leur bonne foi? Nous verrons cela plus loin, à propos des sociétés anonymes.

81. *Administration de la Cte.* — Cette administration appartient ordinairement aux Ctés ou à l'un d'eux. Elle pourrait aussi être confiée à un tiers; mais elle ne peut pas être confiée à un Ctaire; la loi ne veut pas qu'un Ctaire gère les affaires de la société (art. 27 et 28).

Qui administre la société ?

---

(1) Dans notre ancien Droit, la commandite n'existait, comme notre société en participation, que dans les rapports entre les associés; les tiers ne traitaient pas avec la société, mais avec les commandités s'engageant en leur propre nom. Il suit de là que cette société n'avait pas de raison sociale.

(2) Leur but est de décider les commanditaires eux-mêmes ou des tiers à mettre de nouveaux fonds en S, sous prétexte d'élargir des affaires si fructueuses.

82. Le motif pour lequel il est défendu aux Claires de gérer, même avec le consentement des Ctés, est double :

1° *L'intérêt des tiers.* — Si cette défense n'existait pas, je pourrais, en voyant le Claire B gérer les affaires de S, le prendre pour un Cté, c'est-à-dire pour un associé solidairement responsable, et, comme je le sais fort riche, faire crédit à S en comptant sur la solvabilité de B. Puis, quand viendrait le moment du paiement, B me dirait : « Je ne suis qu'un Claire, et j'ai versé mon apport : adressez-vous à S ou à A. »

Ce motif n'est pas le seul : autrement il faudrait décider (ce qui est contraire à l'art. 27) que le Claire B peut s'immiscer en vertu d'une procuration expresse du gérant, car alors les tiers n'auraient pas lieu de compter sur la responsabilité de B, simple mandataire : ils ne compteraient, en contractant avec B en cette qualité, que sur la responsabilité des Ctés et l'actif social. Aussi doit-on ajouter le motif suivant :

2° *L'intérêt des Ctés.* — Si B gérait, il pourrait, n'encourant qu'une responsabilité limitée, se laisser aller à faire des entreprises hasardeuses, et peut-être très légèrement préparées, qui entraîneraient la ruine de S. En effet, il se dirait : « Si l'entreprise réussit, j'aurai mon tant pour 100 dans les profits. Si elle entraîne, au contraire, la ruine de S, je ne perdrai que mon apport. »

83. Quand je dis que B ne peut pas s'immiscer, je vise les actes de gestion *extérieure*, consistant à entrer en relation avec le public au nom de la société.

84. Quant à la gestion *intérieure*, elle ne lui est pas défendue ; les tiers ignorent cette gestion et ne peuvent dès lors être trompés par elle sur la véritable qualité de B.

Voici des actes de gestion intérieure : être employé, caissier, teneur de livres, cocher, chauffeur, etc.

B peut également contracter avec S, être son banquier, lui fournir des marchandises (1).

---

(1) Ce qui lui est défendu, en effet, ce n'est pas de contracter avec S, c'est de contracter au nom de S avec des tiers.

85. Quelle est la sanction de la défense de gérer faite au Ctaire? En un mot, quid si le Ctaire a contracté des obligations au nom de S?

Ce Ctaire est tenu personnellement et solidairement des dettes qu'il a ainsi contractées.

Quid pour les dettes qu'il a contractées lui-même ?

86. Mais perd-il la qualité de Ctaire, et devient-il responsable, comme un Cté, même des dettes contractées, non par lui, mais par le gérant? Cela dépend. Le tribunal a ici un pouvoir d'appréciation (art. 28 modifié par la loi de 1863) :

Quid pour les dettes qu'il n'a pas contractées ?

87. Si les actes de gestion du Ctaire B ont été assez importants et nombreux pour tromper les tiers sur sa qualité, le tribunal le déclarera tenu, comme un Cté, personnellement et solidairement, de toutes les dettes sociales.

88. Au cas contraire, il pourra le déclarer tenu seulement d'une partie des dettes sociales, ou même simplement de celles qui proviennent de sa gestion.

Mais il ne saurait être soustrait à ces dernières, car ici la responsabilité est, non pas falcultative pour le tribunal, mais obligatoire et légale (85).

89. Il importe de faire ressortir le changement de législation survenu en 1863, en ce qui touche : 1° la défense faite au Ctaire de s'immiscer dans la gestion; 2° la sanction de cette défense.

Indiquez le changement opéré par la loi de 1863.

90. 1° D'après l'art. 27 du Code de 1807 (1), le Ctaire ne pouvait s'immiscer dans la gestion intérieure de S; il ne pouvait même pas être employé de S.

La loi de 1863 a supprimé les mots « ne peut être employé pour les affaires de la société ». C'est à raison de cette suppression que nous avons admis qu'aujourd'hui le Ctaire peut s'immiscer dans la gestion intérieure.

91. 2° D'après l'art. 28 du Code de 1807 (2), la sanction

---

(1) Voici ce texte : « L'associé commanditaire ne peut faire aucun acte de gestion, ni être employé pour les affaires de la société, même en vertu de procuration. »

(2) Voici ce texte : « En cas de contravention à la prohibition mentionnée dans l'art. précédent, l'associé commanditaire est obligé

de la prohibition de gérer était très rigoureuse : pour un seul acte de gestion, le Ctaire perdait cette qualité et était réputé Cté, et par suite responsable solidairement de toutes les dettes sociales.

L'art. 28 nouveau, tel qu'il a été modifié par la loi de 1863, fait, nous le savons, une distinction :

Quant aux dettes sociales contractées par le Ctaire, celui-ci en est nécessairement tenu, sa responsabilité est *obligatoire*.

Mais pour les dettes sociales qui ne proviennent pas de sa gestion, sa responsabilité est seulement *facultative* pour le tribunal : celui-ci peut, suivant le.nombre et la gravité des actes de gestion du Ctaire, le déclarer solidairement responsable pour toutes les dettes sociales ou pour quel-unes seulement.

Le gérant statutaire peut-il être révoqué ?

92. Le gérant de S doit être indiqué dans les statuts et même dans l'extrait qui doit être publié (L. 1867, art. 57). Dès lors, il ne peut pas être révoqué, si ce n'est en vertu d'un jugement, qui résout le contrat de société pour inexécution de la part du gérant de ses obligations (1184).

93. On se demande si les créanciers sociaux ont une action directe contre les Ctaires en versement de leur apport, ou s'ils ne peuvent les poursuivre que d'une façon oblique, du chef de la société, leur débitrice, par application de l'art. 1166 C. civ.

Voici l'intérêt de la question. Si les créanciers sociaux n'ont que l'action oblique, le Ctaire pourra leur opposer les exceptions qu'il pourrait opposer à S.

D'autre part, les Ctaires, n'étant pas considérés comme associés au regard des créanciers sociaux, pourront leur opposer la nullité de la société (1).

---

solidairement, avec les associés en nom collectif, pour toutes les dettes et engagements de la société. »

(1) Il y avait un autre intérêt avant la loi de 1856, abolitive de l'arbitrage forcé. Les contestations entre associés étaient soumises à cet arbitrage. Si donc les créanciers sociaux ne pouvaient atteindre le ctaire que par l'action de la société, ils devaient porter leurs réclamations devant les arbitres, tout comme aurait dû le

Nous admettons l'action directe. Les Ctaires répondent personnellement des engagements sociaux, tout comme les Ctés; il n'y a de différence que pour l'étendue de cette obligation personnelle : les Ctés sont tenus pour le tout, *in solidum,* tandis que les Ctaires ne sont tenus que jusqu'à concurrence du montant de la Cte.

94. On se demande si l'obligation du Ctaire d'effectuer sa mise est *cciale*, c.-à-d. s'il peut être poursuivi devant le trib. de cce.

D'après la jurisprudence, cette obligation est cciale; le fait de cter une maison de cce est une opération cciale, car je m'intéresse par là à des opérations de cce; je donne mandat aux ctés de les faire, et de m'engager ainsi jusqu'à concurrence de mon apport. Ce n'est pas à dire pour cela que je devienne cçant, car ma profession n'est pas de faire des ctes (1).

95. Il y a 2 sortes de sociétés en commandite; la commandite simple et la commandite par actions.

§ 1. — DE LA COMMANDITE SIMPLE.

96. *Formation* (comme au n° 45).

97. *Preuve.* — Il faut un écrit sous-seing privé (2) ou

---

faire la société elle-même; s'ils avaient une action directe, ils pouvaient la porter devant le tribunal de commerce.

(1) M. Thaller dit que l'obligation du ctaire n'est pas cciale; il donne 3 arguments :

1° L'acte de cce se fait ostensiblement; or le ctaire se dissimule au public;

2° L'acte de cce implique spéculation; or, le ctaire ne spécule pas, parce qu'il limite ses risques;

3° Aucun texte ne permet de considérer l'obligation du ctaire comme cciale, à la différence de ce que nous voyons pour la lettre de change, ou encore pour le billet à ordre qui contient la signature d'un cçant. La théorie de l'accessoire est inapplicable, car elle vise les actes faits par un cçant pour les besoins de son commerce; or tel n'est pas le cas du ctaire.

(2) L'acte sous-seing privé, nous le savons, doit être rédigé en autant d'originaux qu'il y a de parties ayant un intérêt distinct.

authentique. Mêmes observations que pour la société en nom collectif (46).

98. Quant à la publicité, mêmes règles que pour la société en nom collectif.

99. Il y a pourtant quelques différences au point de vue des mentions que doit contenir l'extrait (Voy. n° 51).

Ici on n'indique que les Ctés. Les tiers n'ont pas autant d'intérêt à connaitre les Ctaires, puisque ceux-ci ne sont pas solidairement responsables des dettes sociales (1). De plus, l'un des buts de la Cte serait manqué s'il fallait que les Ctaires se fissent connaitre; ce but, c'est de permettre à un cçant de trouver des ressources et un élément de crédit chez des personnes qui sont disposées à faire fructifier leurs capitaux dans des opérations cciales, mais qui tiennent à ce qu'on ignore leur intervention.

Au lieu d'indiquer les noms des Ctaires, on indique le montant du capital social, et, ce qui forme généralement l'élément le plus important de ce capital, les sommes fournies ou à fournir par les Ctaires.

Si on indiquait le nom d'un Ctaire dans la raison sociale, ce Ctaire perdrait cette qualité, et serait réputé Cté, et par suite tenu solidairement des dettes sociales.

100. Quant à la sanction des règles de publicité, c'est la même que pour les sociétés en nom collectif (53).

101. *De l'administration de la Société* (V. 81).

102. *Modifications apportées aux statuts* (V. n° 71).

§ 2. — DE LA COMMANDITE PAR ACTIONS.

103. Nous en parlerons dans le chapitre 4, après avoir traité dans le chapitre 3, auquel nous arrivons maintenant, de la société anonyme.

---

(1) Ce motif n'est pas tout à fait exact (et c'est pour cela que j'en indique un 2°) : en effet, ce qui fait la sûreté des tiers lorsque les apports ne sont réalisés qu'en partie, ou même ne le sont pas du tout, c'est la solvabilité des commanditaires; pour l'apprécier, il faudrait connaître les noms de ces derniers.

CHAPITRE III. — De la société anonyme.

Pour abréger : SA = Société anonyme.

104. La S A est celle où chaque associé, nommé action-naire, n'est tenu des dettes sociales que jusqu'à concurrence du montant de son action. Elle est gérée par des administra-teurs, qui contractent au nom de S, et obligent ainsi S sans s'obliger eux-mêmes, conformément au principe général du mandat, d'après lequel le mandataire ne fait que représenter le mandant.

Définition.

105. *Historique des S A*. — Il y a 4 phases à distinguer :

Comment divise-t-on l'histoire des S A ?

106. 1ʳᵉ *Phase* : Code de Commerce de 1807. D'après l'art. 37 de ce Code, les S A étaient soumises :

1° A la condition de l'autorisation préalable du gouver-nement pour leur constitution,

2° A la surveillance du gouvernement pendant toute la durée de la société.

L'autorisation était donnée par décret, après avis du Conseil d'Etat qui examinait les statuts, et voyait si la société était sérieuse, en un mot si les conditions de constitution présentaient des garanties suffisantes, soit pour la masse des souscripteurs à venir, soit pour les créanciers sociaux à venir. Souvent l'autorisation était refusée.

Quant à la surveillance du gouvernement, elle pouvait aboutir au retrait de l'autorisation, ce qui entraînait la dis-solution et la liquidation de la société.

107. Il s'ensuivit que les financiers préférèrent fonder des commandites par actions, qui étaient absolument libres, et permettaient de concentrer les mêmes capitaux.

Pourquoi fondait-on plutôt des soc. en com. par act. que des S A ?

108. Il se présenta donc la bizarrerie suivante : une S A à capital modique se trouvait sous la tutelle du gouverne-ment, et une société en commandite à gros capital, faisant par conséquent courir plus de risques à l'épargne publique, était libre.

Quelle est la bizarrerie qui se présentait dans cette première phase ?

Pour faire cesser cette anomalie, il y avait 3 moyens :

Ou bien supprimer l'autorisation et la surveillance du

Comm. aurait-on pu la faire cesser ?

gouvernement à l'égard des S A, et les rendre libres, comme l'étaient les commandites par actions ;

Ou bien soumettre les commandites par actions à l'autorisation et la surveillance du gouvernement comme les S A ;

Ou bien laisser toutes les sociétés en dehors de l'action du gouvernement, en réglementant seulement la constitution et le fonctionnement des sociétés par actions.

Ce 3e procédé fut employé par une loi de 1856 relativement aux commandites par actions, mais il n'en fut pas de même, du moins au début, pour les S A.

Quelle est la distinction que fit la loi de 1863 pour les S. A. ?

109. *2e Phase :* Loi du 23 mai 1863. Cette loi distingue les S A dont le capital excède 20 millions, et celles dont le capital n'excède pas ce chiffre.

Comment appelle-t-elle les S. A. d'un capital n'excédant pas 20 millions ?

110. Pour les premières, la loi de 1863 n'innove pas ; elles restent soumises à l'autorisation et à la surveillance du gouvernement.

111. Mais pour les S A n'excédant pas 20 millions, cette loi de 1863 les dispense de l'autorisation et de la surveillance du gouvernement ; elles sont libres, et, pour les distinguer des S A autorisées, la loi de 1863 leur donne le nom de « *sociétés à responsabilité limitée* ». — Pour remplacer, à l'égard des tiers, la garantie résultant de la tutelle du gouvernement, la loi de 1863 soumet les sociétés à responsabilité limitée à une réglementation analogue à celle que la loi de 1856 avait récemment établie pour les commandites par actions.

112. *3e Phase :* Loi du 24 juillet 1867.

Toutes les S A, sans distinguer selon l'importance de leur capital, sont affranchies de l'autorisation et de la surveillance du gouvernement.

Cette condition est remplacée par une réglementation que nous aurons à décrire. En conséquence, la loi de 1863 est abrogée par la loi de 1867. En un mot, les S A, quel que soit le chiffre de leur capital, sont soumises à une réglementation uniforme dans laquelle ne figurent plus l'autorisation et la surveillance du gouvernement ; c'est pourquoi l'on dit souvent que, depuis la loi de 1867, les S A sont libres.

113. Certes nous voyons dans la loi de 1867, art. 66, que certaines sociétés sont encore soumises à l'autorisation et à la surveillance du gouvernement : ce sont les *tontines* (1) et les sociétés d'assurance sur la vie (2) (3); mais ces conditions restrictives tiennent à l'objet de la société, et non plus à la forme anonyme.

114. Le législateur a-t-il bien fait de supprimer la condition de l'autorisation et de la surveillance du gouvernement en ce qui touche les sociétés anonymes? La question est douteuse; c'est l'éternel conflit entre la liberté et l'autorité.

N'y a-t-il pas
certaines sociétés
qui restent sou-
mises à l'aut. du
gouvern. ?

115. *4° Phase :* Loi du 1er août 1893.

Cette loi, ainsi que nous le verrons, maintient la loi précédente (L. de 1867) comme base de la réglementation des sociétés anonymes; elle se borne à la corriger et à la compléter. Son but principal est indiqué dans la disposition

---

(1) On appelle *tontine* une association dont les membres mettent en commun une certaine quantité de biens. Il est entendu que si l'un de ces membres vient à mourir, son apport ne retournera pas à ses héritiers, mais restera à la société, ce qui augmentera le revenu des survivants, si bien que le dernier survivant aura pour lui tout seul la totalité de l'actif social.

(2) Quel est le motif de cette autorisation? Pourquoi a-t-on cru devoir protéger plus spécialement le public pour ces sortes de sociétés? En général, ce sont de petits intérêts qui se groupent dans ces associations, et ces intérêts ne sont pas toujours dirigés par une exacte connaissance des chances auxquelles ils s'exposent. D'ailleurs, les opérations de ces sociétés sont faites généralement pour une longue échéance, et il n'est pas facile au public d'en apprécier exactement la portée.

(3) Ainsi, n'allez pas dire, comme on le fait souvent à l'examen, que les sociétés d'assurances sont soumises à l'autorisation du gouvernement. Cela n'est vrai que des sociétés d'assurances *sur la vie*; la liberté existe pour toutes les autres (assurances contre l'incendie, la grêle, la mortalité du bétail, les risques de mer (assurance maritime), etc. — Mais à l'inverse, toute société d'assurances sur la vie est soumise à l'autorisation préalable, quand bien même elle n'aurait pas la forme de S A. De même, si un simple particulier (et non une société) se livrait auxdites opérations d'ass. sur la vie, il devrait obtenir l'aut. du gouv. et se soumettre à sa surveillance.

suivante ajoutée par cette loi à la L. de 1867, comme art. 68 : « Quel que soit leur objet, les soc. en comm. ou anonymes, qui seront constituées dans les formes du C. de cce ou de la présente loi, seront *cciales* et soumises aux lois et usages du cce. » Ainsi une société, en réalité civile comme ayant un objet civil, est considérée et traitée comme cciale si elle a la forme de soc. en comm. par actions ou de soc. anon. Dès lors, elle a la personnalité, doit tenir des livres, encourt la faillite. Cette loi a été provoquée par la dissolution de la Cie du canal de Panama (qui était civile comme ayant pour objet une opération civile, l'exploitation d'un canal, c.-à-d. la location du passage dans un immeuble), afin de faciliter la liquidation de cette société. Voy. aussi, sur la L. de 1893, n°s 142, 150, 162, 217, 267.

Actions.

Qu'est-ce qui caractérise l'action et la distingue de l'intérêt ?

116. Nous avons déjà défini (41) la part d'associé qu'on appelle action, par opposition à celle qu'on appelle intérêt. C'est la cessibilité qui caractérise l'action. Ainsi :

Une part d'associé est-elle cessible, c'est-à-dire susceptible d'être transmise par le titulaire à un tiers qui prendra exactement la place du cédant dans la société ? C'est une action. Peu importe d'ailleurs le mode de cession, endossement, transfert, tradition, ou même signification faite par huissier à la société, conformément à la règle ordinaire en matière de cession de créance (C. civ., art. 1690) ; il faut et il suffit que la cession soit possible.

Au cas contraire, la part d'associé est un intérêt.

Il y a 2 autres systèmes :

N'y a-t-il pas un 2° système qui s'attache à la négociabilité ?

117. Dans un 2e système, pour qu'une part d'associé soit une action, il faut non seulement qu'elle soit cessible, mais de plus qu'elle soit *négociable*, c'est-à-dire susceptible de l'un des modes de cession spéciaux au commerce et qui sont : la tradition, le transfert et l'endossement.

Nous repoussons ce système, comme s'attachant à un caractère accessoire, secondaire. Qu'importe que la cession puisse être faite de telle ou telle façon ? L'important est de savoir si elle est ou non possible.

118. Dans un 3ᵉ système, ce qui caractérise l'action, c'est le fractionnement du capital en parties égales (C. Commerce, art. 34). Une part d'associé est une action, si elle représente une de ces parties.

Nous repoussons ce système : il conduirait à regarder comme actions les parts d'associé dans une société en nom collectif, lorsque, ce qui est le cas général, ces parts sont égales ; or cette société est le type de la société par intérêts. En un mot, rien n'empêche de faire dans une société des intérêts égaux, et j'ajoute que rien n'empêcherait de faire des actions inégales, par exemple des actions de 100 francs et des actions de 1000 francs. Si en pratique on fait les actions égales, c'est dans un but de simplification (1).

119. L'action est cessible, l'intérêt ne l'est pas, telle est la règle générale. Mais les statuts peuvent y déroger.

120. Ainsi il peut être convenu, dans une société en nom collectif que, si A vient à mourir, son fils aîné le remplacera dans la société, ou même que A pourra, quand il voudra, se substituer un tiers quelconque dans la société.

121. De même, à l'inverse, on pourrait restreindre la cessibilité de l'action, par exemple en disant qu'un actionnaire ne pourra céder son action qu'avec l'autorisation du Conseil d'administration, ou encore qu'il ne pourra la céder qu'à un autre actionnaire.

122. On distingue plusieurs espèces d'actions : les actions de *capital*, les actions de *jouissance*, les actions ou parts de *fondateurs*, les actions de *priorité*.

123. L'action de capital correspond à un apport soit en numéraire, soit en nature (immeuble, brevet d'invention, fonds de commerce, etc.).

Au 1ᵉʳ cas, l'action de capital est dite action de *numéraire*, et au 2ᵉ cas action *d'apport*. Elle confère dans les

---

(1) Cette simplification a lieu, par ex., pour la répartition des dividendes, pour l'admission aux assemblées d'actionnaires et le nombre de voix que chaque actionnaire y possédera, les appels de fonds quand les actions ne sont pas intégralement libérées, la répartition du capital social en cas de dissolution de la société, etc.

2 cas les mêmes droits. Ainsi soit une société dont les actions sont de 1000 fr. Si j'apporte un brevet d'invention estimé 100.000 fr., on me donnera 100 actions, absolument comme si j'avais apporté 100 billets de mille francs.

124. Il y a toutefois 3 différences :

1° L'action de numéraire n'est soumise qu'au *versement du quart* (à moins qu'elle ne soit inférieure à 100 fr., auquel cas il faudrait un versement immédiat de 25 fr.).

2° Les actionnaires d'apport n'ont *pas voix délibérative* dans l'assemblée constitutive, lorsqu'il s'agit d'accepter l'évaluation des apports en nature.

3° Les actions d'apport ne sont pas négociables pendant 2 ans.

125. L'action de jouissance est celle qui est donnée à l'actionnaire de capital, lorsque le montant de son action lui a été remboursé.

En général, à la fin de la société, le fonds social se réduit à peu de chose : c'est un vieux matériel tout usé, des bâtiments en mauvais état. Sur un tel actif, les actionnaires ne toucheraient pas grand'chose. Ainsi, après avoir touché de beaux dividendes pendant la durée de la société, ils se trouveraient ensuite réduits à la misère.

Aussi, afin de procurer aux actionnaires le remboursement du capital qu'ils ont risqué dans la société, les statuts décident généralement que, même après que le fonds de réserve (1/10 du capital social) se trouvera constitué par suite du prélèvement annuel du 20ᵉ des bénéfices conformément à la loi (L. de 1867, art. 36), on continuera d'opérer ce prélèvement (ou un prélèvement plus fort) à l'effet de rembourser les actions par voie de tirage au sort.

126. Lorsqu'un actionnaire est ainsi remboursé, il ne perd pas tous droits dans la société. Cela se comprend : il a couru des risques; si la société avait fait faillite, il aurait perdu le capital qu'il y a mis. Il est donc juste qu'il demeure dans la société et continue de participer à ses bénéfices.

On lui donne, à cet effet, une action de jouissance qui lui permet de toucher un dividende, diminué naturellement d'une certaine somme représentant l'intérêt du montant de l'action, au taux fixé par les statuts.

Ainsi supposons une action de 500 fr. ; les statuts décident que l'intérêt de l'argent est fixé à 3 0/0, ce qui fait 15 fr. par action. Si le dividende pour une certaine année est fixé à 60 fr., le porteur d'une action de jouissance touchera seule- 60 fr. — 15 fr. = 45 f.

127 Le dividende est généralement payé par la société en 2 fois. La 1re fois elle donne un acompte sur le dividende qui n'est pas encore fixé (il ne pourra l'être en effet qu'à la fin de l'année, après l'inventaire). Cet acompte n'est autre chose que l'intérêt du montant de l'action au taux fixé par les statuts, soit 15 fr. pour une action de 500 fr. en supposant que ce taux soit de 3 0/0. C'est ce qu'on appelle le *coupond'intérêt*.

La deuxième fois, la société sert le reste du dividende (60 fr. — 15 fr. = 45 fr. dans notre espèce); c'est ce qu'on appelle le *coupon de dividende*.

Eh bien, l'action de jouissance ne procure pas de coupon d'intérêt, mais elle continue de procurer le coupon de dividende.

128. La part de fondateur est un titre qui procure à son titulaire une certaine part des bénéfices de la société. Elle a pour objet de rémunérer, non pas un capital proprement dit, mais l'idée de former la société, les soins et les démarches, le temps qui ont été consacrés par certaines personnes à la fondation de la société. A cet effet, les statuts décident par ex. qu'il sera prélevé annuellement 1/10 des bénéfices pour rémunérer 100 parts de fondateur, qu'il sera attribué 20 parts à X, 10 parts à X', etc.

129. Les parts de fondateur sont ordinairement cessibles dans la même forme que les actions : à cet effet, elles sont au porteur, nominatives ou à ordre.

130. Les porteurs de parts de fondateurs n'ayant aucun capital engagé, ne sont pas associés comme les actionnaires; ils n'entrent donc pas dans les assemblées d'actionnaires· Lorsque la société est dissoute, ils n'ont droit à aucune part du capital.

Qu'est-ce que le coupon d'intérêt ?

Le coupon de dividende ?

L'action de jouissance donne-t-elle droit au coupon d'intérêt ?

Qu'est-ce qu'une part de fondateur ?

Sont-elles cessibles comme les actions ?

Celui qui a une part de fondateur est-il associé ?

Conséquences ?

Qu'entend-on par
actions
de priorité ?

131. Les *actions de priorité* sont émises dans les circons-tances suivantes. La société, étant dans de mauvaises affaires, a besoin de capitaux pour continuer ses opérations et éviter la faillite. Elle ne peut pas trouver de l'argent facilement, ou du moins elle n'en trouve qu'à un intérêt excessif. Elle émet alors de nouvelles actions, dites actions de priorité ou de préférence, et il est entendu que ses bénéfices futurs, jus-qu'à concurrence d'une certaine somme, par exemple 100.000 fr., serviront exclusivement à payer des dividendes aux nou-velles actions, et que, lorsque ce chiffre de bénéfices sera dépassé, l'excédent sera réparti entre toutes les actions, sans distinction entre les nouvelles et les anciennes. On peut con-venir aussi, dans l'émission des a. de. p., qu'en cas de disso-lution de S, les a. de. p. seront remboursées (en capital) avant les actions ordinaires.

131 *bis*. Les a. de. p. sont généralement prises par les actionnaires primitifs, auxquels est réservé un droit de pré-férence dans la souscription.

132. Si la société continue de mal aller, et qu'elle ait be-soin de nouveaux fonds, on émettra une nouvelle série d'ac-tions de priorité qui seront privilégiées sur les actions de priorité de la 1re série, et à plus forte raison sur les actions primitives.

Il paraît qu'il y a plusieurs sociétés, notamment en Amé-rique, qui ont été sauvées de la faillite, et sont même de-venues prospères au point de donner des dividendes aux actions primitives, après plusieurs émissions d'actions de priorité.

133. D'après l'art. 34 du C. cce de 1807, toutes les actions devaient être égales et conférer les mêmes droits. Donc l'Ass. générale des actionnaires ne pouvait pas créer des a. de prio-rité, à moins d'une clause formelle des statuts.

La L. du 9 juil. 1902 permet à cette Assemblée d'émettre des a. de priorité, à moins d'une défense prononcée par une clause formelle des statuts.

134. Ainsi, d'après la L. de 1902, le silence des statuts suffit pour que l'Ass. gén. des act. ait le pouvoir de créer des

a. de pté. Il faut qu'elle délibère dans les formes de l'art. 31 de la L. de 1867, c.-à-d. en réunion extraordinaire (la moitié du capital social doit être représentée). L'émission d'a. de pté apporte, en effet, un changement important à la constitution de la société.

135. Cette L. de 1902 oublia notamment deux questions :

1° Les sociétés fondées avant la loi de 1902 peuvent-elles profiter de cette loi et émettre des a. d. p.?

2° Les sociétés en cte par actions peuvent-elles émettre des a. de p.?

136. La loi du 16 nov. 1903 a comblé cette lacune et résolu les deux questions par l'affirmative.

137. *Cession des actions.* — Pour faciliter la cession des actions, on leur donne la forme de titres *au porteur, nominatifs* ou *à ordre.*

Quand les actions sont au porteur, on les cède par la simple remise matérielle du titre. Celui-là est réputé titulaire du droit, qui est propriétaire du titre. Or, celui-là est propriétaire du titre, qui en est possesseur de bonne foi (C. civ. 2279).

138. Quand les actions sont nominatives, on les cède par un *transfert* sur les registres de la société, c'est-à-dire par une mention opérée sur ces registres, constatant que l'action cesse d'appartenir à A pour appartenir à B.

Cession d'une action nominative.

139. On distingue le transfert de propriété, le transfert de garantie et le transfert d'ordre.

3 sortes de transfert?

a) Le transfert de propriété, comme le mot l'indique, a pour objet de transférer ce droit au bénéficiaire du transfert.

Transfert de propriété.

b) Le transfert de garantie donne au bénéficiaire un droit de gage sur le titre.

Transfert de garantie.

c) Le transfert d'ordre intervient dans le cas, d'ailleurs le plus ordinaire, où on vend l'action nominative par l'intermédiaire d'un agent de change. A (le cédant) transfère le titre à l'agent qui ensuite le transfère à l'acheteur B.

Transfert d'ordre.

140. Quand les actions sont à ordre, on les cède par endossement, c'est-à-dire par une mention au dos du titre, ainsi que nous le verrons pour les effets de commerce.

Cession d'une action à ordre.

141. Les formes au porteur, nominatives ou à ordre, qui facilitent beaucoup la cession, rendent l'action *négociable*. Un titre négociable, en effet, est celui qui présente l'une de ces trois formes.

142. *Montant minimum d'une action.* — Il faut distinguer selon que le capital social ne dépasse pas ou dépasse 200.000 fr.

Au 1ᵉʳ cas, le montant minimum de l'action est de 25 fr.;
Au 2ᵉ cas, il est de 100 fr. (L. du 1ᵉʳ août 1893).

Avant cette loi, le montant était, d'après la loi de 1867, pour le 1ᵉʳ cas de 100 fr., et pour le 2ᵉ cas de 500 fr.

143. L'abaissement du montant minimum des actions à 100 et à 25 (au lieu de 500 et de 100) a été expliqué par 2 motifs :

1° *Par l'intérêt national.* Il y a des actions de sociétés étrangères qui sont émises à 25 fr., et qu'on peut facilement se procurer en France. Ceux qui veulent ne risquer qu'une petite somme, abandonnent ainsi les sociétés françaises pour des entreprises étrangères. — Si ce motif est fondé, il faut avouer que l'innovation est insuffisante : il aurait fallu permettre aux sociétés françaises d'émettre des actions de 25 fr. même lorsque leur capital est supérieur à 200.000 fr. Il existe en ce sens au Sénat un projet de loi, qui a déjà été voté par la Chambre des députés.

2° *Par un intérêt démocratique.* Les ouvriers qui gagnent peu ne peuvent souscrire des actions de 500 fr. Ils pourront, au contraire, souscrire des actions de 25 ou même de 100 fr., et participer ainsi aux bénéfices réalisés par de grandes et puissantes compagnies (1).

144. *Souscription intégrale des actions.* — La loi exige cette souscription intégrale pour que la société par actions soit valablement constituée.

Le motif est que, si toutes les actions n'étaient pas souscrites, la société n'aurait pas les ressources qui, d'après les statuts, lui sont nécessaires.

---

(1) Ce moyen d'améliorer le sort de la classe ouvrière est bien douteux. Les gros sous doivent aller à la caisse d'épargne; les louis savent se défendre contre les monteurs de sociétés véreuses.

145. Il faut que les souscriptions soient sérieuses et non l'œuvre d'hommes de paille. Si donc les fondateurs, pour arriver plus vite à la formation de la société, font souscrire des paquets d'actions à des commis, à des amis ou parents, qui n'auraient certainement pas le moyen de les payer, ces souscriptions doivent être tenues pour non avenues.

Quid si certaines souscriptions ne sont pas sérieuses ?

146. *Versement*. — Distinguons les actions de numéraire et les actions d'apport.

147. *Actions de numéraire*. Si les actions sont de 100 fr. ou au-dessus, il suffit du versement d'1/4 par action.

Quel doit être le montant minimum du versement pour les actions de numéraire ?

148. Pourquoi veut-on un certain versement minimun, et ne se contente-t-on pas des souscriptions qui permettront à S de se procurer des fonds, au fur et à mesure de ses besoins, en faisant des appels de fonds aux souscripteurs?

Pourquoi la loi exige t-elle ce versement minimum ?

C'est une garantie que les souscriptions émanent de gens sérieux et capables de payer. Autrement, les souscriptions pourraient émaner d'individus insolvables et, quand S aurait besoin d'argent de ses actionnaires, elle n'en trouverait pas.

On veut ainsi écarter les coureurs de *primes*, c'est-à-dire des gens qui souscriraient toutes les actions, puis feraient la hausse par des manœuvres de bourse, et les vendraient ainsi en empochant la prime, c'est-à-dire l'excédent du prix de vente sur le montant de la souscription.

149. La loi n'exige pas le versement intégral; cela aurait embarrassé la caisse sociale de capitaux dont elle n'a pas actuellement besoin et donné à S la tentation de dépenses inutiles. Il vaut mieux laisser aux actionnaires ces capitaux qui peuvent leur être utiles dans leurs affaires particulières, sauf à les exiger d'eux lorsque S en a besoin.

Pourquoi la loi n'exige t-elle pas le versement intégral ?

150. Remarquons que les actions qui ne sont libérées que du 1/4 doivent demeurer nominatives. C'est seulement lorsqu'elles seront intégralement libérées que la société pourra les remplacer par des titres au porteur (1).

A quelle condition les actions peuvent être au porteur ?

---

(1) C'est une innovation de la loi de 1893. D'après la loi de 1867, il suffisait qu'elles fussent libérées de moitié.

Il importe, en effet, tant que l'action n'est pas libérée, que S sache quels sont les détenteurs actuels des titres pour demander des versements complémentaires.

Il faut même, pour le cas où ces détenteurs actuels seraient insolvables, qu'elle puisse connaitre la série de propriétaires successifs de l'action depuis la souscription. De cette façon, elle s'adressera à l'un quelconque de ces propriétaires, car ils sont tous solidaires du paiement intégral de l'action. Remarquons toutefois que, lorsqu'il s'est écoulé 2 ans depuis la cession, l'obligation du cédant, relativement à la libération de l'action, se trouve éteinte par prescription (L. de 1867, art. 3. tel qu'il a été modifié par la loi de 1893).

151. Si les actions ne sont que de 25 francs, il faut le versement intégral.

Le versement du quart, 6 fr. 25, serait trop faible, et ressemblerait à l'achat d'un billet de loterie. La petite épargne se laisserait aller trop facilement à souscrire des actions donnant lieu à un si faible déboursé, afin de profiter de la hausse que les prospectus font miroiter ; puis, au lieu de voir venir la hausse, ces petits actionnaires verraient venir des appels de fonds qui les dépouilleraient de leurs derniers sous.

152. Si les actions sont comprises entre 25 et 100 francs, la loi est muette. La jurisprudence admet avec raison que l'esprit de la loi est d'exiger un versement minimun de 25 francs.

153. Le versement doit être effectué en espèces. Ainsi un souscripteur ne pourrait remettre un effet de commerce ou un chèque. Du moins, s'il remet de telles valeurs en paiement avec l'acceptation du banquier chargé de recevoir les versements pour S, le versement ne sera définitif qu'après que ces valeurs auront été payées en espèces.

154. Toutefois on peut très bien opérer le versement par le procédé d'un virement. J'ai souscrit une action, et je dois payer 25 francs aü banquier de S. Il se trouve que j'ai moi-même un compte et des sommes disponibles chez ce banquier. Au lieu de retirer 25 francs de chez mon banquier, comme déposant, pour les lui remettre ensuite, comme

Celui qui a cédé une action non libérée entièrement demeure-t-il responsable des versements futurs ?

Pourquoi exige-ton pour les actions de 25 fr. le vers. intég. ?

Quel est le versement minimum pour une action de moins de 100 fr., mais de plus de 25 fr ?

Comment le versement doit-il être opéré ?

Peut-on remettre des effets de commerce ?

Peut-on opérer un virement ?

actionnaire, il est plus simple que je lui dise : « Débitez-moi de 25 francs, et passez cette somme au crédit du compte de S. »

155. *Actions d'apport*. — Elles doivent être entièrement libérées.

Les actions d'apport ne doivent-elles pas être entièrement libérées?

Ainsi, dans une société par actions d'un million divisé en 10.000 actions de 100 francs, A apporte un brevet d'invention évalué 25.000 francs : on ne pourra lui donner que 250 actions. Si la libération du 1/4 suffisait, on pourrait lui en donner 1000. V. n° 124.

156. *Droits que confère l'action*. — Il y en a 3 principaux :

Quels sont les droits de l'action?

L'action donne droit à un *dividende*, c'est-à-dire à une partie des bénéfices de S. Par exemple, s'il y a 100.000 francs à répartir entre les actionnaires, et qu'il y ait 1000 actions, chaque action donne droit à un dividende de 100 francs (127).

157. Il arrive souvent que la société ne peut réaliser des bénéfices que plusieurs années après sa fondation. Il en est ainsi notamment pour une société qui se propose de construire et d'exploiter un chemin de fer ou un canal. Pendant tout le temps de la construction (c'est ce qu'on appelle la *période préparatoire*), S n'aura que des dépenses à faire et ne gagnera pas un sou. Il est d'usage de payer aux actionnaires, pendant cette période préparatoire, les coupons d'intérêt.

Cas où S ne peut réaliser des bénéf. que longtemps après sa fondation.

Peut-on dans l'intervalle distribuer des coupons d'intérêt?

158. Cet usage a été justement critiqué au point de vue légal : il est clair que, par ces distributions aux actionnaires, on diminue le capital social qui dans la société anonyme forme l'unique garantie des créanciers sociaux. Au fond, c'est là une distribution de dividendes fictifs.

159. On justifie cet usage par un motif d'utilité. S'il en était autrement, les capitalistes, qui ont besoin pour vivre du revenu de leur argent, ne voudraient pas placer leurs fonds dans de telles entreprises, et alors certaines œuvres, qui intéressent au plus haut point la prospérité générale (chemins de fer, canaux, etc.), ne pourraient pas s'effectuer.

160. Faut-il, pour que la distribution d'intérêts aux

actionnaires pendant la période préparatoire soit valable, que cette distribution soit autorisée par une clause formelle des statuts? Controverse :

D'après quelques auteurs, cette clause est nécessaire, afin que les tiers qui font crédit à S en considération du capital social, soient avertis de la diminution qui doit affecter ce capital pendant la période préparatoire.

D'après la jurisprudence, cette clause est inutile. Ces dépenses sont légalement faites, au même titre que celles relatives au salaire des employés et aux frais généraux. Ce sont, en un mot, des dépenses relatives à l'administration intérieure de S, qui ne regardent pas les tiers, et que les administrateurs de S autorisent librement.

161. Que comprend la période préparatoire? Est-ce seulement le temps de l'exécution des travaux nécessaires pour que S puisse fournir des services au public? Ou bien la période comprend-elle en outre le temps qui s'écoule jusqu'à ce que S réalise des bénéfices? Controverse.

La jurisprudence admet que des intérêts peuvent être payés aux actionnaires jusqu'à ce que S fasse des bénéfices.

162. Chaque actionnaire peut prendre part aux assemblées générales d'actionnaires; nous verrons que ces assemblées ont pour but de régler la constitution de la société, son administration, son fonctionnement, les modifications qu'il convient d'apporter à ses statuts, etc. Les statuts règlent le nombre d'actions qu'il faut posséder pour être admis dans ces assemblées (1) (2).

Nous verrons d'ailleurs que pour celles qui ont trait à la constitution même de la société, tout actionnaire, ne possédât-il qu'une action, peut y prendre part et y voter.

163. L'action confère le droit à une partie de l'actif social

---

(1) Plusieurs actionnaires, ne possédant pas séparément le nombre d'actions nécessaires, peuvent se réunir et désigner un mandataire, qui représentera à l'assemblée le total de leurs actions (L. 1893, art. 4).

(2) Pour que les actionnaires puissent délibérer en connaissance de cause, la loi leur donne, du moins dans la S A, le droit de prendre connaissance de l'inventaire.

en cas de dissolution de S, après, bien entendu, que tout le passif est éteint.

164. Des actionnaires qui veulent agir contre les administrateurs (soit pour leur demander des dommages-intérêts à raison de leurs fautes de gestion, soit pour faire prononcer la nullité ou la dissolution de S), ont le droit, lorsque le total de leurs actions représente au moins le 20ᵉ du capital social, de se concerter et de désigner un mandataire unique qui poursuivra en son propre nom.

165. C'est une dérogation à la règle « nul en France ne plaide par procureur ».

Si on avait appliqué cette règle, tous les actes de la procédure auraient dû être signifiés à chacun des actionnaires poursuivants, ce qui eût causé des complicatious et des frais inutiles.

166. *Obligations.* — Il y a des titres qui offrent une grande analogie avec les actions, mais qu'il faut se garder de confondre avec elles, ce sont les *obligations*.

Comme les actions, en effet, les obligations sont ordinairement, non seulement cessibles, mais *négociables*, c'est-à-dire qu'elles peuvent être au porteur, nominatives ou à ordre.

167. Expliquons ce que c'est qu'une obligation :

Quand une société a besoin d'argent, soit qu'elle ait fait des pertes, soit qu'elle veuille développer ses opérations (naturellement, c'est toujours ce dernier motif qu'elle invoque pour ne pas compromettre son crédit), il lui faut des sommes considérables Pour les emprunter, elle offre au public des titres appelés obligations, par lesquels elle s'engage :

1° A les rembourser, dans tel délai, à tel prix, qu'on appelle la *valeur nominale* de l'obligation ;

2° A payer, en attendant ce remboursement, un certain intérêt qui est généralement de 3 0/0 de la valeur nominale.

168. S fait vendre ces titres par des banquiers ou dans ses propres bureaux. Le prix de vente est très variable. Il dépend du crédit de S, et de l'abondance des capitaux sur le marché. Ainsi S émet des titres d'une valeur nominale de 100 francs, rapportant 3 francs d'intérêt, au prix de 60 francs.

La somme de 60 francs est le prix d'émission. La différence entre la valeur nominale et le prix d'émission (100-60) se nomme *prime de remboursement*.

169. Quelquefois la société, afin d'attirer davantage, par l'appât éventuel d'un gros gain, ceux qui ont quelque argent à placer, décide que les obligations dont les numéros sortiront les premiers au tirage, bénéficieront d'un lot : on dit alors que ces obligations sont à lots (2).

170. Il y a de grandes différences entre l'obligation et l'action :

171. Au point de vue de la nature du droit :

L'action est une part d'associé.	L'obligation est la créance d'un prêteur d'argent.
Ainsi l'actionnaire est un associé.	Ainsi l'obligataire n'est qu'un prêteur d'argent.
Il suit de là que les actionnaires seuls ont le droit de diriger la société par leurs votes.	Les obligataires n'ont pas voix délibérative dans les questions intéressant la marche de la société, la nomination de ses administrateurs, etc. (1).

Qu'est-ce qu'une obligation à lots ?

Quelles sont les différences entre l'obligation et l'action ?

---

(1) Une société ou une ville ne peut émettre des obligations à lots qu'avec l'autorisation d'une loi.

(2) Notre législation est critiquée sur ce point. On trouve qu'on fait aux actionnaires une situation injustement préférable à celle des obligataires, que ceux-ci n'ont pas un rôle suffisant et proportionné à leurs risques.

Il y a des sociétés où le capital-obligations est bien supérieur au capital-actions. C'est ce qu'on remarque dans les grandes Compagnies de Chemins de fer, ce qu'on a vu dans la Compagnie du Panama, ce qu'on voit dans la société du Crédit foncier. (On pourrait faire la même remarque, a *fortiori*, dans la gestion financière des grandes villes (Paris, Lyon, Marseille). Un Conseil municipal, dont les membres n'ont pas d'intérêt pécuniaire à la bonne administration de la fortune de la commune, et qui n'ont d'autre but que de contenter des électeurs dont la plupart n'y ont pas plus d'intérêt, peuvent se laisser aller à gaspiller les finances dont ils ont la garde, et à compromettre le gage des créanciers de la commune).

Ainsi des actionnaires qui ont engagé un capital relativement

172. Au point de vue du revenu rapporté par ces titres :

L'action donne droit à un *dividende*, qui est une partie des bénéfices.	L'obligation donne droit à un *intérêt fixe*, qui doit être payé tant qu'il y a de l'argent dans la caisse sociale, quand même la société ne ferait aucun bénéfice.
Le dividende est donc très variable : il dépend de la prospérité de la société.	

173. Au point de vue des variations des cours de ces titres :

Le cours des actions est très variable, car il dépend des bénéfices et de la prospérité de la société.	Le cours des obligations (en supposant une société sérieuse et jouissant d'un bon crédit) est à peu près stationnaire.

174. Au point de vue des droits que confèrent ces titres en cas de dissolution de la société.

A la dissolution de la société, l'actionnaire a droit à une partie du fonds social, mais il n'y a droit qu'après que les obligations sont remboursées intégralement.	Dans ce cas, l'obligataire n'a droit qu'au remboursement de l'argent qu'il a prêté à la société (c'est-à-dire au paiement de la valeur nominale de l'obligation), mais il y a droit avant que les actionnaires puissent prendre quoi que ce soit dans la société. C'est ce qu'on exprime communément en disant : « Les obligataires doivent être payés avant les actionnaires. »

minime, peuvent, par des entreprises folles, gaspiller le capital social, qui se compose, pour la plus grosse part, de l'argent des obligataires, et ceux-ci doivent assister les bras croisés à la ruine de la société et à leur propre perte. Les actionnaires auront perdu quelques milliers de francs, et les obligataires des millions.

On peut répondre que rien ne forçait les obligataires à apporter leur argent à une société, sans prendre des garanties. Ils auraient pu stipuler un droit de contrôle et de *veto* dans la marche de la société.

175. Au point de vue du cas où le capital des titres est remboursé avant la fin de la société :

1° L'actionnaire remboursé n'est pas déchu de tout droit dans la société ; on lui délivre, à la place de son action de capital, une action de jouissance, qui lui procure à peu près les mêmes droits (126).

Lorsqu'un obligataire est remboursé, il n'a plus rien à réclamer à la société.

2° Le remboursement des actions ne s'opère que si l'état des bénéfices le permet, et au moyen de prélèvement faits sur ces bénéfices.

Le remboursement des obligations, aux époques indiquées dans l'acte d'émission, est obligatoire, et doit être opéré même sur le capital social.

176. Il y a des cas où l'action se rapproche, dans une large mesure, de l'obligation.

1° Parfois l'objet de la société est tel que les opérations fructueuses ne peuvent commencer qu'au bout d'un assez long délai. Il est dans l'usage de distribuer aux actionnaires un certain revenu qui naturellement est pris sur le capital social (157). Dans ce cas, les actions se trouvent ressembler, dans cette période préparatoire, à des obligations, puisqu'elles rapportent un revenu fixe qui est pris sur le capital social en l'absence de tout bénéfice.

2° Dans certains cas, quand il s'agit d'une société dont le bon fonctionnement intéresse l'utilité publique, le bien-être général, comme les Compagnies de chemins de fer, l'Etat garantit à la société un minimun de bénéfices, c'est-à-dire que, si ce minimum n'est pas atteint, l'Etat le complète de ses propres deniers.

De cette façon, les actions sont assurées d'un revenu minimum, et prennent dans cette mesure le caractère d'obligations.

177. *Formation de la S. A.* Un banquier, Lévy par ex., veut former une S. A. au capital de 2 millions représentés par 20.000 actions de 100 francs au porteur, à l'effet de fabriquer et vendre des automobiles. Il est d'accord à cet effet :

1° Avec Durand, propriétaire, qui apportera à la société un immeuble situé rue de Seine, numéro 10, valant 500.000 fr., moyennant 5.000 actions d'apport.

1° Avec Gustave, inventeur d'un moteur électrique, qui apporte son brevet d'invention estimé 100.000 francs, moyennant 1000 actions d'apport. Il restera à trouver 1 million 400.000 francs en émettant 14.000 actions de numéraire, qu'on tâchera de faire prendre au public. Lévy, Durand et Gustave vont pour cela fonder une S. A.

Voyons comment ils s'y prendront.

178. Ils commencent par rédiger un projet de statuts, et le signent.

179. Ce projet peut être rédigé soit par acte notarié, soit par acte sous-seing privé (1).

180. Lorsque les statuts sont rédigés par acte sous-seing privé, il faut un double original, dont l'un reste au siège social, et l'autre doit être déposé chez le notaire devant lequel devra avoir lieu la déclaration des souscriptions et des versements.

181. Les statuts indiquent notamment la dénomination de la société et le siège social, ils énoncent le capital social. Dans notre espèce, ce capital comprend 2 éléments : les apports en nature faits par Durand et Gustave, et une somme d'argent, qui proviendra des souscriptions d'actions.

182. Les statuts étant rédigés, il s'agit de trouver des souscripteurs d'actions.

Montrez par un exemple la formation d'une société anonyme ?

---

(1) Avant la loi de 1867, il fallait un acte notarié.

D'après la loi de 1867, un acte sous-seing privé suffit. Toutefois on admettait, sous l'empire de cette loi, qu'il fallait un acte notarié lorsque les statuts conféraient aux administrateurs le droit d'hypothéquer les immeubles sociaux. En effet, la constitution d'hypothèque exigeant un acte notarié, on en concluait que le pouvoir de la constituer l'exigeait également. La loi de 1893 a ajouté à la loi de 1867 un art. 69, aux termes duquel le pouvoir d'hypothéquer peut être conféré aux administrateurs même par des statuts sous-seing privé.

Pour cela, Lévy lance des prospectus chez les gens, banquiers, commerçants, artisans aisés qui, d'après les renseignements qu'il se procure, peuvent avoir des capitaux plus ou moins gros à placer. Il joint à ces prospectus des bulletins de souscription que les amateurs n'auront qu'à lui retourner avec leur signature et l'indication du nombre d'actions qu'ils prennent. Le prospectus ajoute souvent que si les demandes d'actions dépassent le nombre disponible (14.000 dans mon espèce), les souscriptions seront réduites proportionnellement.

183. Plaçons-nous au jour fixé pour la clôture des souscriptions. Si à ce moment les actions ne sont pas entièrement souscrites, le projet de société tombe (1).

184. Le nombre des souscripteurs importe peu, pourvu que toutes les actions soient souscrites. Toutefois la loi de 1867, art 23, exige qu'il y ait au moins 7 actionnaires (2).

Il faut au moins 7 actionnaires.

185. Supposons toutes les actions souscrites. Il faut ensuite que chaque souscripteur paie le prix total de ses actions, si elles sont au porteur. Si elles sont nominatives, les statuts peuvent n'exiger que le versement immédiat du 1/4.

Le versement se fait généralement au moment de la souscription.

N'y a-t-il pas lieu à une déclaration notariée ?

186. Les actions étant souscrites et libérées conformément à la loi, l'un des fondateurs, Lévy, par exemple, va chez un notaire. Il déclare que le capital est souscrit, et que les versements réglementaires ont été opérés. Le notaire dresse acte de cette déclaration.

Quels documents faut-il joindre à l'acte de déclaration ?

187. Lévy remet au notaire, pour être joint à cet acte :

---

(1) Pour éviter cela, Lévy souscrit ordinairement lui-même toutes les actions que le public n'a pas prises; il en souscrira même un peu plus, afin d'appliquer une réduction proportionnelle des souscriptions, faire croire ainsi que les actions sont fort recherchées du public, et déterminer une hausse à la faveur de laquelle il écoulera une partie de son stock avec bénéfice.

(2) Ce nombre de 7 actionnaires nous vient d'Angleterre où l'on exige 7 fondateurs.

1° La liste nominative des souscripteurs, le nombre des actions souscrites par chacun d'eux, et l'état des versements effectués.

2° Un double des statuts s'ils sont sous-seing privé (ou une expédition s'ils sont notariés) (1).

188. Le notaire n'a pas à vérifier la vérité des souscriptions et des versements : il n'a qu'à constater la déclaration.

Si donc les souscriptions sont fictives, et que les versements n'aient pas été effectués, cela n'empêche pas la déclaration d'avoir lieu. Seulement le déclarant s'expose à une peine correctionnelle édictée par la loi de 1867.

189. Quel est le but de cette formalité de la déclaration notariée? Si elle n'existait pas, les fondateurs pourraient mettre la société en marche avec des souscriptions et des versements insuffisants, à l'insu des souscripteurs réels, dans l'espérance de placer le reste des actions plus tard en faisant antidater les souscriptions pour dissimuler l'irrégularité. Dans ces conditions, il arriverait souvent que la société péricliterait faute de capitaux suffisants, et les souscripteurs véritables perdraient le montant de leurs actions.

190. La société projetée ayant son capital, il s'agit d'approuver les apports et les avantages particuliers. Cette approbation doit être donnée par une assemblée d'actionnaires appelée assemblée constitutive (2).

---

(1) Si le notaire, devant lequel Lévy fait sa déclaration, est le même que celui qui a rédigé les statuts (ce qui est le cas ordinaire), il est inutile de joindre cette expédition, puisque le notaire a la minute entre les mains.

(2) Remarquons bien que cette assemblée n'a pas pour mission, comme on le dit souvent à tort, d'approuver les statuts. Ces statuts ont été approuvés individuellement par chaque souscripteur, par cela seul qu'il a souscrit.

On aurait pu considérer, par la même raison, que par cette souscription il ratifiait aussi implicitement les apports et avantages particuliers, puisqu'ils font l'objet de clauses des statuts. Mais la loi a craint les abus. Elle a pensé que les souscripteurs n'étaient pas suffisamment renseignés, au moment de la souscription, sur la valeur exacte des apports et avantages. C'est pourquoi elle exige que ces apports et avantages fassent l'objet d'une délibération

Cette assemblée doit se réunir 2 fois : aussi dit-on qu'il y a 2 assemblées constitutives.

191. Dans la 1re, les actionnaires nomment un ou plusieurs commissaires chargés de faire un rapport sur les apports et avantages.

A) Le rapport doit être imprimé, et tenu à la disposition des actionnaires 5 jours au moins avant la 2e réunion (L. de 1867, art 4. et 24).

192. La 2e assemblée constitutive entend le rapport des commissaires, les observations que peuvent présenter les apporteurs et bénéficiaires d'avantages particuliers, et vote.

193. 2 cas peuvent se présenter :

194. Si les apports sont approuvés, l'assemblée désigne, aussitôt après, les premiers administrateurs et le commissaire de surveillance, et la société est définitivement constituée.

195. S'il n'y a pas approbation (parce que l'estimation des statuts parait exagérée), 2 cas peuvent se présenter :

Ou bien les apporteurs ne veulent pas réduire l'estimation, et alors le projet de société échoue.

Ou bien les apporteurs sont disposés à réduire l'estimation à un chiffre qui est accepté. Dans ce cas il y a controverse :

D'après l'opinion générale, les fondateurs modifieront le

---

spéciale d'une assemblée d'actionnaires, et elle subordonne à l'approbation de cette assemblée la constitution définitive de la société. Pour plus de garantie, la loi exige, non pas une seule réunion, mais 2 réunions successives, comme nous allons le dire au texte.

Comme avantages particuliers, nous citerons, par ex., l'allocation de 10 0/0 des bénéfices, faite à Lévy à raison des services qu'il a rendus pour la constitution de la société, l'allocation de 10 0/0 faite aux membres du Conseil d'administration pour les indemniser des soins qu'ils consacrent à la gestion. Il y a doute toutefois pour ce dernier cas, car on peut dire que l'avantage est fait à la fonction et non à l'individu, et que dès lors on doit la considérer non comme un avantage particulier, mais comme un élément des frais généraux (Thaller n° 352).

projet de statuts en substituant la nouvelle estimation, et la société se trouvera constituée.

D'après d'autres (sic Thalier n° 539), la société ne peut se former, à moins qu'il y ait unanimité de tous les actionnaires. En effet, j'ai souscrit en vue de certains statuts dont j'ai pris connaissance. Si ces statuts ne sont pas maintenus tels quels, la condition de ma souscription est défaillie, et je ne dois pas être lié parce qu'il plaît à la majorité de modifier ces statuts (1).

196. Après avoir approuvé les apports et avantages particuliers, la 2ᵉ assemblée constitutive désigne les premiers administrateurs et le commissaire de surveillance.

197. Cette nomination faite, la société est constituée; il n'y a plus qu'à la publier.

198. Ainsi bien des obstacles peuvent s'opposer à la constitution de la société. Il n'est pas facile d'arriver à faire souscrire par le public, à une époque déterminée, toutes les actions de numéraire, et encore moins d'obtenir le versement soit de la totalité, soit même du 1/4.

199. Quand on y est parvenu, les fondateurs sont encore exposés à perdre leur peine, et à voir le projet échouer devant l'assemblée constitutive; celle-ci peut ne pas remplir les conditions prescrites pour la validité de l'approbation à donner aux apports et avantages.

200. Pour arriver d'une façon sûre et rapide à la constitution de la société, et soustraire le projet à toute discussion, même en ce qui touche les apports et avantages, les fondateurs procèdent souvent aujourd'hui de la façon suivante :

201. Lévy, Durand et Gustave ne font pas appel au public pour la souscription des actions de numéraire. Lévy les souscrit toutes lui-même; comme il faut au moins 7 actionnaires,

---

(1) On peut répondre que la souscription est faite sous la condition que les apports seront vérifiés et diminués, s'il y a lieu, par l'assemblée constitutive. Le souscripteur n'apprécie pas les apports, il n'a pas les documents pour cela; il s'en rapporte à l'assemblée ultérieure, et envisage l'estimation des statuts comme un maximum susceptible d'être réduit par cette assemblée.

il fait souscrire quelques actions par 6 hommes de paille (par ex. 6 de ses amis, domestiques ou commis).

Pour faire le versement, Lévy se borne à mettre au crédit de S le montant du capital en numéraire, soit 1 million 400.000 francs dans notre espèce ; c'est un simple mouvement d'écritures dans lequel il ne risque rien.

Lévy se rend ensuite chez un notaire devant lequel il déclare que le capital est souscrit et intégralement versé ; il dépose un double des statuts, et y joint la liste des souscripteurs et l'état de leurs versements.

Après cette déclaration, Lévy convoque l'assemblée constitutive, où naturellement Lévy et ses hommes de paille, qui représentent seuls le capital en numéraire, approuveront à l'unanimité les apports en nature et les avantages particuliers, s'il y en a.

L'assemblée désignera pour administrateur Lévy et pour commissaire de surveillance un de ses employés quelconque.

Ensuite Lévy fera publier la société qui se trouvera ainsi régulièrement constituée.

Finalement Lévy prendra pour lui (et ses hommes de paille) toutes les actions.

202. Lévy mettra alors la société en train, et tâchera de lui donner au moins une apparence de prospérité. Puis il mettra ses actions en vente le plus cher possible afin de réaliser un gros bénéfice. Ceux qui achèteront les actions n'auront ainsi à discuter aucune clause des statuts, pas plus les apports que le reste ; ils devront prendre leurs renseignements avant d'acheter, ce qu'ils négligeront généralement de faire.

203. *Publicité de la S. A.* Les administrateurs doivent, dans le mois de la constitution de la société, remplir les formalités suivantes :

204. Il faut déposer une expédition (ou un double si les statuts sont rédigés par acte sous-seing privé) au greffe du tribunal de commerce du siège social, et une autre au greffe de la justice de paix du même lieu.

Où doit-on déposer une expédition des statuts ?

205. A ce dépôt, il faut joindre :

1° Une expédition de la déclaration notariée des fondateurs relativement à la souscription et aux versements ;

2° Une copie de la liste des souscripteurs ;

3° Une copie, certifiée conforme par les administrateurs, du procès-verbal des délibérations des assemblées constitutives.

206. Toute personne pourra consulter au greffe les pièces déposées, et s'en faire délivrer copie à ses frais.

207. Il faut faire insérer dans un journal d'annonces légales un extrait des statuts.

Cet extrait indique :

1° Le caractère anonyme de la société ;

2° L'objet de la société ;

3° Le montant du capital social ;

4° L'époque où la société commence et celle où elle finit ;

5° Le siège social ;

6° Les noms des administrateurs ;

7° La date du dépôt au greffe du tribunal de commerce et à celui de la justice de paix.

208. Il faut faire afficher les divers documents soumis au dépôt, d'une façon apparente, dans les bureaux de la société.

209. Toute personne pourra se faire délivrer, au siège social, une copie des statuts, moyennant une somme de 1 franc. En pratique, les statuts sont imprimés, et on en délivre gratuitement un exemplaire à tout requérant.

210. Il faut mentionner, dans tous les actes, factures, circulaires, publications et autres documents imprimés ou autographiés, émanés de la société : 1° la dénomination de la société (c'est-à-dire l'enseigne, puisqu'il n'y a pas ici de raison sociale (39), 2° le caractère anonyme de la société, 3° le montant du capital social en toutes lettres (L. de 1867, art. 64 (1).

---

(1) Ainsi, en tête de toute facture ou de tout prospectus du Comptoir d'Escompte de Paris, on lit ces mots en tête : « Comptoir d'Escompte de Paris, société anonyme au capital de 100 millions de fr. »

211. Voyons la sanction des formalités relatives à la formation de la société anonyme. Il y a 2 sanctions :

La nullité de la société,

La responsabilité des fondateurs, ou, d'une façon générale, de ceux qui sont cause de la nullité. Cette responsabilité peut être civile ou pénale.

212. La nullité de la société est prononcée par l'art. 41 de la loi de 1867, qu'il faut compléter par l'art. 67 de la même loi.

La cause de nullité peut tenir, soit à l'inobservation des conditions prescrites par les lois de 1867 et de 1893 (1), soit à l'inobservation des règles ordinaires pour la validité des contrats en général (2).

Nous avons vu plus haut, à propos de la société en nom collectif, la nullité tenant au défaut de publicité. Les mêmes règles sont ici applicables, c'est-à-dire que la *nullité vaut dissolution*, de telle sorte que la société sera liquidée en observant les statuts.

213. La jurisprudence, pour simplifier, assimile à cette nullité pour défaut de publicité, la nullité qui tient à l'inobservation de l'une des conditions prescrites pour la constitution même de la société (3).

214. La société étant annulée, voici le conflit qui se pré-

---

(1) Il n'y a pas eu souscription intégrale du capital, ou versement du 1/4 ou de la totalité des actions (selon qu'elles sont nominatives ou au porteur) ; les assemblées constitutives n'ont pas rempli les conditions requises pour la validité des votes ; ou encore les formalités de publicité n'ont pas été régulièrement observées : par ex. on n'a pas fait les dépôts aux greffes, ou on ne les a fait qu'incomplètement ; on n'a pas mentionné dans l'extrait toutes les indications prescrites par la loi.

(2) Par ex. certains souscripteurs sont incapables (mineurs ou interdits). Certaines souscriptions ont été le résultat du dol ou de la violence.

(3) Cette assimilation est justement critiquée par M. Thaller (n° 547). Les 2 situations sont bien différentes, et il est illogique de les traiter de même. Au 1ᵉʳ cas (vice dans la publicité), la société a été régulièrement constituée. Au 2ᵉ cas, cette constitution n'est pas valable ; on devrait donc considérer les statuts comme nuls et non avenus.

sente. Les actionnaires disent au liquidateur : « Rendez-nous nos versements ; puisque la société est nulle, ces paiements n'ont pas de cause. »

D'autre part, les créanciers disent au liquidateur : « Payez-nous avec l'argent versé par les actionnaires, et même, si leurs actions ne sont pas entièrement libérées, faites des appels de fonds pour nous payer. »

Dans ce conflit, les créanciers doivent l'emporter. Tant pis pour les actionnaires : en souscrivant, puis en nommant dans l'assemblée constitutive des administrateurs, ils ont donné mandat à ces derniers de les obliger envers les tiers, du moins dans la mesure du montant de leurs actions. Les actionnaires seront réduits à un recours en dommages-intérêts contre les personnes auxquelles la nullité de la société est imputable.

C'est ainsi que lorsqu'un entrepreneur de roulage a l'imprudence ou le malheur d'avoir des charretiers maladroits qui laissent les voitures tomber dans un précipice, non-seulement il perd ses chevaux et ses voitures, mais il doit payer à ses clients la valeur du chargement, sauf, bien entendu, son recours, généralement illusoire, contre les charretiers.

215. La nullité peut-elle se couvrir, soit par la ratification, soit par le temps (c'est-à-dire par la prescription de l'action en nullité)?

216. Sous l'empire de la loi de 1867, la nullité ne pouvait pas se couvrir (1) (2) (3).

---

(1) Toutefois la jurisprudence admettait que les actionnaires ne pouvaient plus invoquer la nullité au bout de 30 ans.

(2) Cela donnait lieu à des chantages. Un individu peu scrupuleux achetait une action dans une riche compagnie, puis il étudiait les statuts, recherchait si toutes les formalités requises avaient été remplies, et, lorsqu'il avait découvert une cause de nullité, il allait trouver les administrateurs et leur disait : « Si vous ne me payez pas telle somme, je vais, en ma qualité d'actionnaire, demander la nullité de la société. »

(3) Pourquoi la nullité ne pouvait-elle pas se couvrir? C'est qu'elle était considérée comme fondée sur l'ordre public, et par conséquent comme absolue. On disait aussi que la société était inexistante, les formalités de constitution étant requises *ad solemnitatem* :

217. D'après la loi de 1893, au contraire (modification apportée à l'art. 8 de la loi de 1867), la nullité peut se couvrir par 10 ans (1).

218. La nullité est encore couverte lorsque sa cause a cessé. Par exemple, certains actionnaires n'avaient pas fait les versements réglementaires avant la constitution de la société, et ils les ont faits depuis (2).

219. La nullité étant prononcée, les personnes lésées, notamment les actionnaires et les créanciers sociaux, pourront demander des dommages-intérêts à certaines personnes. Ces personnes responsables sont :

1° Les fondateurs (3).

---

or un acte inexistant ne peut devenir valable par le temps. De même les actionnaires ne pouvaient pas, même par leur volonté unanime, ratifier une telle société. Il fallait liquider la société, et en refaire une nouvelle qui fût régulière.

(1) On pourrait croire qu'il s'agit là de l'application de l'art. 1304 C. civ. Ce n'est pas exact. Sans doute le délai de notre prescription est le même, mais le fondement en est bien différent. La prescription de l'art. 1304 est fondée sur une ratification tacite. Ici, il s'agit d'une nullité fondée sur l'ordre public, qui n'est pas susceptible par conséquent de ratification, et qui ne devrait pas, d'après le droit commun, se couvrir par le temps. Le législateur de 1893 a dérogé ici au droit commun par le motif que, la société ayant fonctionné d'une façon satisfaisante pendant 10 ans, malgré son vice de constitution, il est sans inconvénient de la maintenir, tandis que son annulation lèserait de graves intérêts.

La différence avec la prescription de l'art. 1304 apparaît bien nettement au point de vue suivant : le point de départ de l'art. 1304 est le jour où le vice a cessé. Au contraire, le point de départ de notre prescription, c'est le jour du contrat. Non seulement la cessation du vice ne fait pas courir, dans notre cas, le délai pendant lequel on pourra demander la nullité de la société, mais elle couvre immédiatement cette nullité, ainsi que nous allons le dire.

(2) Ou encore certaines actions n'ont été souscrites qu'après la constitution de la société, c'est-à-dire après la deuxième assemblée constitutive.

Ou encore la liste des souscripteurs n'avait pas été déposée chez le notaire ou dans les greffes ; les administrateurs la déposent après la constitution.

(3) Cette expression est un peu vague. Elle comprend, d'après M. Thaller (n⁰ˢ 654 et suiv.) :

2° Ceux qui ont fait des apports en nature, lorsque ces apports n'ont pas été soumis à l'approbation de l'assemblée des actionnaires : les apporteurs auraient dû veiller à l'observation de cette formalité (1).

220. Quelle est la mesure de cette responsabilité civile ?

Les actionnaires peuvent demander aux fondateurs la réparation du préjudice que leur cause la nullité de S. Donc, si S est dans de mauvaises affaires, et que même à supposer qu'elle ait été valablement constituée, elle n'en serait pas moins ruinée, parce que cette ruine résulte de cas fortuits dont les fondateurs ne sont pas cause, les actionnaires n'auront rien à leur demander, car ce n'est pas l'annulation qui ici fait le préjudice, c'est l'insuccès des opérations.

Il en est de même aujourd'hui pour les créanciers sociaux (L. de 1893, art. 5) (2).

221. Au reste, les fondateurs ne peuvent plus être poursuivis en dommages-intérêts lorsque la cause de nullité a cessé d'exister, sauf dans un cas, c'est quand il ne s'est pas encore écoulé 3 ans depuis la fondation de la société (L. de 1893, art. 3, modifiant l'art. 8 de la loi de 1867) (3).

1° Ceux qui ont signé les statuts,

2° Ceux qui ont fait la déclaration notariée,

3° D'une façon générale, tous ceux qui auront en fait coopéré, d'une façon plus ou moins ostensible, à la constitution de la société. Cette formule comprend les banquiers qui, par leurs prospectus, ont invité leurs clients à souscrire les titres, en leur en faisant valoir les avantages, et en leur adressant même des bulletins de souscription tout préparés.

(1) On se demande si les commissaires de surveillance sont responsables. Nous ne le pensons pas. Ils n'ont pas pour mission de vérifier que la constitution de S est régulière : leur mission ne commence qu'après la constitution de S. et elle a pour objet uniquement de contrôler la gestion des administrateurs pour en rendre compte aux actionnaires.

(2) Avant cette loi, la jurisprudence admettait que les créanciers pouvaient considérer les fondateurs, responsables de la nullité de la société, comme tenus solidairement de tout le passif social.

(3) Le motif de ce maintien d'actions en indemnité, malgré la couverture du vice, c'est qu'autrement les fondateurs pourraient commettre des irrégularités dans la constitution de S et s'exonérer

222. *Responsabilité pénale.* — Elle est réglée par les art. 15 et 45 de la loi de 1867.

Tout d'abord il peut y avoir lieu contre les fondateurs à la poursuite pour escroquerie, conformément au droit commun (C. pénal, art. 405) (1).

223. Il n'y aurait pas véritablement escroquerie si mes manœuvres frauduleuses avaient pour but d'attirer des versements, non pour me les approprier d'une façon exclusive, mais pour en bénéficier partiellement comme membre de la société, dans la caisse de laquelle ces fonds seront versés. Aussi a-t-il fallu un texte formel pour assimiler ce cas à l'escroquerie. L'art. 15 de la loi de 1867 cite les faits suivants :

1° Le fait de simuler des souscriptions ou des versements pour en obtenir d'autres.

2° Le fait, toujours pour provoquer des souscriptions ou des. versements, de publier de mauvaise foi les noms de personnes désignées, contrairement à leur volonté, comme étant ou devant être attachées à un titre quelconque à la société (2).

---

ensuite de toute responsabilité, en convoquant rapidement une assemblée d'actionnaires pour couvrir le vice.

(1) Par exemple, je fonde une société pour exploiter une mine d'or, dont je prétends être propriétaire dans l'Afrique du Sud ou ailleurs, alors que je ne suis propriétaire de rien du tout. Je fabrique de faux plans, de faux titres de propriétés, de faux actes de concession, de faux rapports de prétendus ingénieurs attestant l'abondance et la richesse du minerai. Je déclare vendre ma mine à la société projetée moyennant 10 millions. Je fais lancer par des banquiers, qui peuvent être de bonne foi et ne sont pas chargés de prendre des renseignements, surtout si je leur donne une bonne commission sur les souscriptions, des prospectus alléchants. Les actions sont souscrites, les versements effectués; je touche le prix de ma prétendue mine, et je laisse les actionnaires et leurs administrateurs avec mes plans et mes rapports.

Ou bien encore je suis vraiment propriétaire d'un champ, mais comme il n'y a aucun minerai dans ce champ, j'y en fais transporter quelques voitures. Je fais ensuite découvrir ce minerai par de véritables ingénieurs de grande réputation, qui ignoreront ou feindront d'ignorer ma supercherie.

(2) Ainsi on mentionne dans les statuts, comme devant former

224. Il n'y a pas lieu aux peines de l'escroquerie, mais à une simple amende de 500 à 10,000 fr. (susceptible d'ailleurs d'être réduite par des circonstances atténuantes), s'il n'y a pas eu chez le fondateur qui a inexactement certifié la souscription intégrale et le versement réglementaire, d'intention frauduleuse, par exemple, il a voulu arriver plus tôt à la constitution de la société, mais il n'a pas eu l'intention de détourner à son profit l'argent des actionnaires. Encore ce délit n'existe-t-il que si le fondateur a, dans ces conditions, délivré des actions.

Fonctionnement de la société anonyme.

225. Cette société est représentée par des *administrateurs* dont la gestion a lieu sous l'autorité des *assemblées générales d'actionnaires* et sous le contrôle d'un commissaire de surveillance ou *censeur.*

226. Les premiers administrateurs sont nommés par la 2ᵉ assemblée constitutive pour une durée qui ne peut pas excéder *6 ans.*

227. Ils peuvent être désignés aussi *dans les statuts.* Dans ce cas, les administrateurs ne peuvent pas être révoqués, parce que leur nomination est une clause des statuts. Aussi la loi décide-t-elle que leurs fonctions ne durent que *3 ans.*

228. Les administrateurs doivent être nécessairement actionnaires. En pratique, ils sont choisis parmi les plus

le premier conseil d'administration, des personnes connues pour jouir d'une grande fortune, de beaucoup de crédit, d'une grande influence politique, alors que ces personnes ignorent l'abus qu'on fait de leurs noms, et l'existence même de ce projet de société.

Souvent en pratique les fondateurs sont plus prudents. Ils offrent gratuitement aux personnages en question un certain nombre d'actions libérées, ne leur demandant en retour que de vouloir bien faire partie du 1ᵉʳ conseil d'administration indiqué dans les statuts, ce qui est accepté d'autant plus volontiers par ces personnages, qu'ils n'ont pas de risques à courir, mais simplement de bons jetons de présence à gagner.

gros actionnaires, parce que leur intérêt personnel est une garantie de bonne gestion.

229. Les statuts déterminent le nombre minimum d'actions qu'il faut posséder pour être administrateur. Ces actions doivent être *nominatives* (si elles sont au porteur, on les convertit en actions nominatives), *inaliénables*, frappées d'un *timbre* indiquant l'inaliénabilité, et *déposées* dans la caisse sociale.

230. Ces actions forment un véritable gage qui garantit la créance de S contre les administrateurs à raison de leurs fautes de gestion. C'est pourquoi il devra être opéré un transfert de garantie de ces actions au profit de S.

L'ensemble des actions de tous les administrateurs garantit les fautes de l'un quelconque d'entre eux. Ainsi, s'il y a 3 administrateurs A, A', A", que A commette une faute, et que ses actions ne suffisent pas pour indemniser S, S se paiera sur les actions de A' et de A", sauf recours de ces derniers contre A.

231. Il suit de là que, si un administrateur décède, démissionne ou est révoqué, il ne peut pas, bien qu'il soit déclaré quitte de tout compte après vérification de sa gestion, reprendre les actions par lui déposées, car ces actions contribuent à garantir la gestion des administrateurs restés en fonctions (1).

232. Les administrateurs (à part ceux qui sont désignés par les statuts) peuvent être révoqués librement par l'assemblée ordinaire annuelle. Ils sont rééligibles par la même assemblée. D'ailleurs, les administrateurs nommés par l'assemblée ordinaire, de même que ceux nommés primitivement par l'assemblée constitutive, ne reçoivent leurs fonctions que pour une durée maximum de 6 ans (2).

---

(1) Cette garantie de S n'est pas fameuse. En effet, lorsqu'on aura découvert les fautes, le crédit de S sera fortement atteint, les actions seront dépréciées, et par suite le gage en question se trouvera illusoire.

(2) Ils sont généralement soumis à un renouvellement partiel. Supposons qu'il y ait 3 administrateurs : les statuts disent que tous

233. Les administrateurs obligent S sans s'obliger eux-mêmes. Ils sont, en effet, les mandataires de S. Or on sait que le mandataire oblige le mandant qu'il représente, sans s'obliger lui-même.

234. Remarquons d'ailleurs que, lorsqu'il y a plusieurs administrateurs (il pourrait très bien n'y en avoir qu'un seul), ils ne peuvent individuellement représenter S; celle-ci est représentée, non par chaque administrateur, mais par le Conseil d'administration. Lorsqu'il y a une mesure à prendre, le Conseil délibère et vote. Pour plus de simplicité, le Conseil peut déléguer ses pouvoirs, pour une catégorie spéciale d'affaires, à l'un de ses membres; c'est ce qu'on appelle l'administrateur délégué.

234 bis. Les noms des premiers administrateurs doivent être publiés; si certaines clauses des statuts leur donnent plus ou moins de pouvoirs que n'en a un mandataire général, ces clauses doivent être publiées également (L. de 1867, art. 57).

235. Les administrateurs sont responsables de leurs fautes envers la société.

236. Cette responsabilité est-elle solidaire? En un mot S peut-elle demander des dommages-intérêts à A à raison des fautes de A' ou de A"? Oui, certainement, en tant que cette responsabilité s'exerce sur les actions que ces 3 administrateurs ont dû déposer dans la caisse sociale pour garantie de leur gestion : le total de ces actions répond des fautes de l'un quelconque des administrateurs.

237. Mais supposons que ces actions soient insuffisantes : peut-on poursuivre A personnellement et pour le tout à raison des fautes de A'?

On distingue :

S'il s'agit d'une mesure qui a été prise à tort par le Conseil d'administration, les administrateurs qui ont pris cette mesure sont solidaires à raison de leur faute commune; mais

---

les 2 ans on élira un administrateur; les 2 premières fois, l'administrateur sortant sera désigné par le sort. De cette façon, les 2 administrateurs restants mettront le nouveau au courant des affaires.

ceux qui étaient absents de la délibération, ou qui ont voté contre la mesure, ne sont pas tenus.

S'il s'agit d'un acte fait par un administrateur individuellement, par ex. il a volé la caisse de S, ou a donné des renseignements à X, concurrent de S, afin de couler S au profit de X, cet administrateur sera seul responsable.

238. Souvent, pour se décharger des détails de l'administration, le Conseil nomme un employé supérieur, appelé *directeur*, ayant les connaissances spéciales nécessaires pour bien diriger l'entreprise sociale, par ex. un ingénieur des ponts et chaussées s'il s'agit d'un chemin de fer. Ce directeur peut être pris en dehors des actionnaires, et le Conseil peut le révoquer librement.

Dans ce cas, les fautes du directeur engagent la responsabilité des administrateurs envers S, comme s'ils avaient commis ces fautes eux-mêmes (1).

239. Quant aux pouvoirs des administrateurs, ils comprennent d'une façon générale tous les actes nécessaires à la marche de S. En pratique, les statuts fixent ces pouvoirs d'une façon très large.

240. Un administrateur ne doit pas prendre ou conserver un intérêt dans une entreprise ou dans un marché fait avec S (ou pour le compte de S) (L. de 1857, art. 40). Par ex., une société qui fabrique des automobiles, passe un marché avec un industriel X, en vertu duquel X lui fournira, à certaines conditions, les métaux dont elle a besoin. A, administrateur de S, ne pourra pas s'associer avec X; s'il est déjà associé, il devra immédiatement briser cette association (2-3).

---

(1) Le directeur ne passe pas de marché au nom de S; il ne correspond pas avec les fournisseurs et clients de S. Le seul maître de la maison, c'est le capital social, représenté par le Conseil d'administration, dans la mesure des pouvoirs que lui confèrent les statuts. Le directeur n'est qu'un employé supérieur du Conseil.

(2) En somme, il y a là une application de la maxime qu'un mandataire ne doit pas avoir un intérêt personnel contraire à celui de son mandant. Autrement ce mandataire serait placé entre son devoir qui serait de faire un contrat avantageux pour son mandant, et par conséquent funeste à lui-même, et son intérêt qui est d'agir

241. La prohibition ne s'applique pas à des opérations isolées, mais à une suite d'opérations : cela résulte des expressions « entreprises et marchés » employées par l'art. 40 (1).

242. D'autre part, elle ne s'applique pas aux entreprises et marchés qui ont fait l'objet d'une adjudication publique : cela résulte des travaux préparatoires (2).

243. La prohibition souffre exception lorsque l'assemblée générale a autorisé le marché ou l'entreprise entre S et l'un des administrateurs. Mais il faut dans ce cas qu'il soit rendu compte à cette assemblée, chaque année, de l'exécution du marché.

---

en sens contraire : cette situation serait trop dangereuse pour le mandant. Par application de cette idée, nous avons vu qu'un tuteur ne peut pas acheter les biens de son pupille, etc.

(3) M. Thaller cite comme contraire à cette règle la pratique des *filiales*. Supposons, dans mon exemple, que la société « l'Automobile » emploie une partie de son capital à fonder une société « Les Forges et aciéries modèles » ayant pour but de préparer et vendre les métaux dont elle a besoin dans sa fabrication. La 2ᵉ société sera « filiale » de la 1ʳᵉ. La société « *L'Automobile* » ayant toute influence dans la société « *Les Forges* », parce qu'elle y possède beaucoup d'actions, les administrateurs de l'une seront administrateurs de l'autre. Dans ce cas, ils pourront sacrifier les intérêts de l'une à ceux de l'autre, suivant qu'ils auront un intérêt plus grand dans celle-ci, ce qui est contraire à notre règle. — Cette pratique présente un autre inconvénient, c'est que, si la société filiale fait faillite, cette faillite entraînera souvent celle de la société mère, qui a une grande partie de ses capitaux chez sa fille.

(1) Une société de banque a parmi ses administrateurs un homme A, qui est lui-même banquier pour son propre compte. A pourra emprunter de l'argent à S ou lui en prêter.

(2) Un marchand de charbon est administrateur d'une société de chemins de fer. Cette société met en adjudication, au rabais, la fourniture du charbon qui lui est nécessaire. A peut très bien se porter adjudicataire. Il n'y a pas à craindre qu'il n'abuse de sa situation pour avoir un meilleur prix, puisque ce prix est fixé par une concurrence publique, après affiches.

Cela n'est pas sans inconvénient. En effet, A peut très bien se laisser entraîner, s'il est d'accord avec la majorité du conseil d'administration, à tromper S sur la quantité ou la qualité.

244. Les administrateurs ne doivent pas distribuer des *dividendes fictifs*.

Dans la S A, on ne peut pas distribuer la totalité des bénéfices aux actionnaires; la loi ordonne le prélèvement d'1/20 pour constituer le fonds de réserve, jusqu'à ce que ce fonds ait atteint le 1/10 du capital social (L. de 1867, art. 36).

Cette réserve forme un surcroit de garantie pour les créanciers sociaux, et sert d'autre part à S à faire face aux pertes extraordinaires, par exemple si elle a été victime d'un vol, ou d'un abus de confiance d'un de ses caissiers.

Après ce prélèvement, les bénéfices sont répartis entre les actionnaires; la part de chaque action dans les bénéfices se nomme *dividende* (156).

245. Lorsque les bénéfices résultant de l'inventaire ne sont pas réels, par exemple parce que l'inventaire a été mal fait, soit par suite d'erreur, soit sciemment dans le but de faire croire à la prospérité de S, les dividendes ainsi distribués sont *fictifs*. Ces sommes sont en réalité prises sur le capital, c.-à-d. sur le gage des créanciers sociaux. Cette distribution donne lieu à plusieurs questions (Comp. 80).

246. *1ʳᵉ question.* — Peut-on faire rapporter par les actionnaires les dividendes fictifs qu'ils ont reçus?

En principe, la sociéte, représentée par de nouveaux administrateurs, plus habiles à calculer ou plus consciencieux, devrait pouvoir faire rapporter ces dividendes fictifs aux actionnaires qui les ont touchés, et les créanciers sociaux devraient avoir le même droit, puisque ces dividendes fictifs sont une portion du capital social, c'est-à-dire de leur unique gage.

La loi de 1867 a dérogé à ce principe en faveur des actionnaires, et pour ne pas détourner les capitaux des S A qui sont fort utiles à la prospérité générale. Elle distingue selon que l'actionnaire a reçu le dividende fictif de bonne ou de mauvaise foi.

247. Si l'actionnaire est de *bonne foi*, il n'est pas tenu à restitution (L. de 1867 art. 10 al. 3 *a contrario*). Les créanciers sociaux n'auront qu'une action en dommages-intérêts contre les administrateurs qui ont fait un inventaire inexact, et le censeur qui n'a pas signalé les erreurs dans son rapport. fict. qu'il a reçus de bonne foi ?

248. La question de savoir si les dividendes fictifs pouvaient être répétés des actionnaires de bonne foi était controversée avant la loi de 1867 (et elle l'est encore aujourd'hui lorsque ces dividendes sont payés, non à des actionnaires, mais à des commanditaires dans la commandite simple : V. n° 80). Cette question n'était elle pas controversée? Ne l'est-elle pas encore aujourd . dans un certain cas ?

Dans un 1er système les actionnaires ne devaient pas la restitution. En effet, les dividendes sont des *fruits civils*. Or le possesseur gagne les fruits qu'il a perçus de bonne foi (C. civ. art. 549 et 550). De plus, l'obligation de restituer les dividendes détournerait les capitalistes des S A (246). Montrez que l'act. peut garder les divid fictifs ?

Dans un 2e système les actionnaires devaient restituer. Les dividendes fictifs ne sont pas des fruits, mais une *portion du capital*. Certes les actionnaires sont très intéressants, mais les créanciers sociaux dont le gage a fondu en dividendes fictifs, le sont aussi, et il n'est pas juste que les actionnaires s'enrichissent à leurs dépens. Montrez qu'il doit les restituer ?

249. L'actionnaire est de mauvaise foi. C'est ce qui arrive lorsqu'il savait que l'inventaire majorait les bénéfices. Il en est de même, d'après la loi, lorsqu'il n'y a pas eu d'inventaire du tout, car l'actionnaire a commis alors une faute lourde (assimilable au dol) en recevant des dividendes sans s'informer s'il y avait un inventaire et sans en demander communication. Quid si l'act. a reçu les div. fict. de mauv. foi ? Quand est-il de mauv. foi ?

Dans ce cas, la société et les créanciers sociaux pourront se faire restituer les dividendes fictifs. Toutefois, par faveur pour les actionnaires, cette action en responsabilité se prescrit par 5 ans (L. de 1867 art. 10).

250, *2e question*. — Quelle est la responsabilité de l'administrateur et du censeur, qui ont autorisé la distribution de dividendes fictifs? Ils encourent une responsabilité civile et une responsabilité pénale. L'adm. et le cens. qui ont autorisé

la distribution de divid. fictifs ne sont-ils pas responsables civilement ?

Envers qui ?

Pendant combien de temps ?

Les divid. réels d'une certaine année deviennent-ils fictifs par suite de pertes postérieures ?

251. Tout d'abord ils sont tenus de dommages-intérêts envers S et envers les créanciers sociaux.

Par combien de temps se prescrit l'action en responsabilité? Je pense qu'il y a lieu d'appliquer le droit commun, à savoir la prescription de 30 ans (1).

252. *Responsabilité pénale.* Les administrateurs qui ont distribué des dividendes fictifs en l'absence d'inventaire ou en vertu d'un inventaire frauduleux (c'est-à-dire dans lequel les bénéfices ont été sciemment majorés), sont passibles des peines de l'escroquerie (Art. 45 de la loi de 1867) (2).

253. 3e *question.* — Faut-il dire que des dividendes, distribués conformément à des inventaires réguliers indiquant des bénéfices réels, deviennent fictifs après coup, et sont sujets à répétition, lorsque par la suite la société subit des pertes qui entament son capital?

Par exemple, soit une société au capital d'un million. La

---

(1) M. Thaller (n° 661 *in fine*) dit que la prescription est de 3 ans, par la raison suivante. La distribution de dividendes fictifs constitue un délit passible des peines de l'escroquerie (L. de 1867). Or l'action publique à raison de ce délit se prescrit par 3 ans. D'ailleurs l'action civile est soumise à la même prescription que l'action publique. Donc l'action en responsabilité civile est éteinte par 3 ans (Inst. cri. art. 638).

Je réponds que d'abord la distribution des dividendes fictifs ne constitue pas un délit lorsque l'inventaire qui majore les bénéfices, est entaché, non de fraude, mais d'erreur.

A supposer même qu'il y ait délit, les administrateurs demeureraient tenus de l'action en dommages-intérêts pendant 30 ans (quoiqu'ils soient libérés de l'action publique au bout de 3 ans), car ils doivent les dommages-intérêts, non seulement en vertu du délit, mais aussi en vertu du mandat. C'est l'action civile née du délit qui se prescrit par 3 ans comme l'action publique, et non pas l'action en reddition de compte du mandat (action *mandati directa*).

Les créanciers sociaux peuvent de même poursuivre les administrateurs pendant 30 ans, en exerçant obliquement (C. civ. art. 1166) l'action *mandati directa*.

(2) Ce texte ne prononce pas formellement cette peine contre les censeurs qui ont approuvé de mauvaise foi cette distribution. Mais le droit commun suffit pour les en rendre passibles, car ils se sont rendus complices du délit des administrateurs.

1re année de sa constitution, elle marche très bien et fait 100.000 francs de bénéfices qui, après prélèvement du 20e pour le fonds de réserve, sont distribués aux actionnaires.

L'année suivante, la société perd 200.000 francs, par suite d'un vol, ou de la faillite d'un débiteur. Son capital n'est plus entier; il est réduit maintenant à 800.000 francs plus le fonds de réserve (5000 francs) = 805.000 francs.

Faut-il dire dès lors que les prétendus bénéfices réalisés l'année précédente, et qui ont été distribués en dividendes pour 95.000 francs, cessent en réalité d'être des bénéfices à raison de cet événement postérieur, et que la société ou les créanciers sociaux peuvent faire rapporter ces dividendes aux actionnaires, après les avoir informés de la perte? On admet que non : autrement les actionnaires ne seraient jamais tranquilles. Les bénéfices doivent être considérés pour l'année en cours et non par rapport à l'ensemble des opérations de la société.

254. Voici une question inverse de la précédente. Pendant la 1re année, la société ne réussit pas; elle perd 200.000 francs de son capital; mais l'année suivante elle fait un bénéfice de 100.000 francs, c'est-à-dire que, pour cette année-là, l'excédant de ses recettes sur ses dépenses de toute nature est de 100.000 francs.

Peut-elle les distribuer aux actionnaires comme dividendes? Dira-t-on au contraire que ces bénéfices cessent d'avoir ce caractère à raison des pertes antérieures, que dès lors, il faut les appliquer à reconstituer l'intégralité du capital, et que les dividendes, qui seraient distribués dans ce cas, seraient fictifs et sujets à restitution.

Je pense que le bénéfice de l'année peut être valablement donné aux actionnaires. On ne doit pas plus ici se préoccuper du passé que, dans la question précédente, on ne doit se préoccuper de l'avenir (1).

Le deviennent-ils par l'effet de pertes antérieures ?

---

(1) Je parle ici au point de vue légal. En pratique, il sera prudent de suspendre la distribution des dividendes jusqu'à ce qu'on ait reconstitué, au moyen des bénéfices, le capital social dans son intégralité.

255. On se demande si les administrateurs peuvent, au nom de la société, racheter les actions de celle-ci?

En un mot, une société peut-elle acheter ses propres actions?

256. Il est bien certain qu'elle peut faire cette opération avec le produit de ses bénéfices. L'opération ne nuit pas aux créanciers sociaux, puisque le capital reste intact. D'autre part, elle procure divers avantages aux actionnaires :

1° La société soutient ainsi les cours de ses actions, et même les fait monter par des demandes abondantes, ce qui augmente son bon renom et son crédit.

2° Les actionnaires, grâce à ces cours bien soutenus, ont la possibilité de vendre leurs actions un bon prix le jour où ils ont besoin d'argent.

3° Supposons qu'une panique amène une baisse considérable des actions de S; par ex. on a fait courir de faux bruits, d'après lesquels S est sur le point d'être ruinée et de tomber en faillite. La société, qui sait que ces bruits sont faux, achètera bien vite ses propres actions à vil prix, et ainsi les droits des actionnaires qui auront gardé leurs titres, se trouvent beaucoup élargis, puisqu'ils n'auront plus à subir le partage avec ceux qui ont vendu leurs titres à S (1).

La société pourra aussi, une fois que les bruits seront dissipés, et que la solidité de ses affaires sera démontrée, revendre sur le marché les actions qu'elle a achetées à vil prix, et réaliser un important bénéfice.

257. Mais la société pourrait-elle employer son *capital* à acheter ses propres actions? Nous pensons que non, car le capital est le gage des créanciers sociaux. L'opération consiste en somme à rembourser ce capital aux actionnaires au mépris des droits des créanciers. Donc l'achat est nul comme constituant un remboursement déguisé des actions achetées,

---

(1) Il y a là un moyen commode pour les actionnaires bien renseignés et notamment pour les administrateurs de S, de s'enrichir au détriment des actionnaires mal renseignés qui cèdent à la panique. Ils pourront même déterminer cette panique en faisant lancer de fausses nouvelles dans la presse.

et par suite une réduction du capital social, et dès lors les créanciers pourront se faire restituer par les actionnaires vendeurs le prix qu'ils ont illégalement touché.

258. La question est plus douteuse lorsqu'il s'agit d'une société qui a le droit, d'après les statuts, de spéculer sur les titres, et par suite d'acheter en général des actions pour les revendre à bénéfice. Si, dit-on, elle peut faire cela sur des actions étrangères, pourquoi ne pourrait-elle le faire sur les siennes?

Je réponds que l'opération est plus dangereuse pour les créanciers sociaux, car la société peut être entraînée à acheter ses propres actions à des cours exagérés, non pour les revendre très prochainement à bénéfice, mais pour soutenir les cours, et faire croire à sa prospérité.

259. Au reste, l'opération se trouve validée, si la société a revendu ensuite ses actions avec un bénéfice, ou du moins sans perte, car son capital se trouve alors reconstitué (*cessante causa, cessat effectus*).

260. D'autre part, il est généralement impossible en fait aux créanciers sociaux de faire restituer aux actionnaires vendeurs le prix des actions qu'ils ont vendues à S. La raison est qu'ils ne pourront connaitre ces actionnaires vendeurs, l'opération ayant lieu par l'intermédiaire d'agents de change qui doivent le secret à leurs clients.

261. *Assemblées d'actionnaires dans la société anonyme.* — On distingue les assemblées constitutives, ordinaires et extraordinaires.

N'y a-t-il pas plusieurs espèces d'assemblées d'actionnaires ?

262. L'assemblée constitutive doit être composée d'un nombre d'actionnaires représentant au moins la *moitié* du capital social.

Comment doit-être composée une assemblée constitutive ?

263. On ne tient pas compte, pour l'appréciation de ce capital, des apports en nature.

264. De plus, ceux qui ont fait des apports et stipulé des avantages, ne peuvent voter sur la question d'approbation même pour les actions de numéraire qu'ils ont souscrites, car ils seraient juges et parties.

265. Il ne suffit pas, pour que le vote relatif à l'approbation des apports et avantages soit valable, que l'assemblée constitutive soit régulièrement formée, c'est-à-dire que la moitié du capital social soit représentée. Il faut que les actionnaires qui ont voté pour l'approbation représentent 1/4 des actionnaires et 1/4 du capital en numéraire.

266. Si la 1/2 du capital n'est pas représentée, l'Assemblée ne peut prendre qu'une délibération provisoire. Les fondateurs publient cette délibération en convoquant les actionnaires à nouveau. Il suffit, à cette 2e assemblée, que le 1/5e du capital social soit représenté. Les délibérations provisoires primitives demeurent définitives si elles sont approuvées par cette 2e assemblée.

267. Ordinairement les statuts décident que, pour avoir voix délibérative aux assemblées d'actionnaires, il faut posséder un certain nombre d'actions (1) (2).

Celui qui n'a qu'une seule action peut-il prendre part et voter à l'assemblée constitutive ?

268. Cette disposition ne s'applique pas pour les assemblées constitutives, car les statuts ne sont pas encore en vigueur. Donc tout actionnaire, n'eût-il qu'une seule action, peut venir à ces assemblées, et y jouit d'au moins une voix.

269. Toutefois, les statuts, quoique non encore approuvés, sont appliqués sur un point : c'est en ce qui touche la pluralité des voix pour ceux qui possèdent un grand nombre d'actions.

Les assemblées ordinaires ont-elles lieu souvent ?

270. *Assemblées ordinaires.* — Il doit y en avoir au moins une par an.

---

(1) Aux termes de la loi du 1er août 1893 sur les sociétés par actions, lorsque des actionnaires n'ont pas individuellement assez d'actions pour assister aux assemblées générales et y voter, ils peuvent se réunir et déléguer l'un d'eux pour les représenter.

(2) Un actionnaire qui ne peut ou ne veut assister à une assemblée, a le droit de s'y faire représenter par un mandataire quelconque. Il n'est pas tenu de prendre ce mandataire parmi les actionnaires, à moins de clause contraire des statuts. Cette clause est d'ailleurs assez souvent insérée pour éviter l'immixtion dans les assemblées de tiers étrangers à la société.

271. Ces assemblées nomment ou révoquent les administrateurs et les commissaires de surveillance, approuvent les comptes, autorisent la distribution des dividendes, etc.

272. Pour avoir droit de vote dans l'assemblée ordinaire, il faut posséder le nombre d'actions exigé par les statuts.

273. Dans les 15 jours avant la réunion de l'assemblée générale, tout actionnaire peut prendre, au siège social, communication de l'inventaire et de la liste des actionnaires, et se faire délivrer copie du bilan résumant l'inventaire, et du rapport du censeur.

274. De plus, on n'applique pas, en général, l'égalité du droit de suffrage. Le nombre de voix est proportionnel au nombre d'actions. Si celui qui a 10 actions, par ex., a une voix, celui qui en a 50 a 5 voix, et ainsi de suite proportionnellement.

Ce système est très rationnel. Celui qui court de gros risques donne plus d'attention à son vote : il porte plus d'intérêt à la bonne administration de la société.

275. Toutefois, pour ne pas que les gros actionnaires écrasent les petits, la loi ne veut pas qu'un même actionnaire ait plus de *10 voix*.

276. Une assemblée ordinaire ne délibère valablement que si le *quart* du capital social est représenté. Si cette condition n'est pas remplie, les administrateurs convoquent une nouvelle assemblée qui délibérera valablement, quel que soit le capital représenté.

277. *Assemblées extraordinaires*. — Ce sont celles qui ont à délibérer sur des modifications aux statuts, sur des propositions de continuation de la société au-delà du terme fixé, ou de dissolution anticipée, l'émission d'actions de priorité, etc.

278. Une assemblée extraordinaire ne délibère valablement que si elle est composée d'un nombre d'actionnaires représentant la *moitié* du capital social. C'est la même condition que pour les assemblées constitutives.

Pour combien de temps
les censeurs sont
nommés ?

279. *Censeurs ou Commissaires de surveillance.* — Ils sont nommés pour un an par l'assemblée générale des actionnaires.

Leurs attributions?

280. Ils sont principalement chargés de faire un rapport aux actionnaires sur la marche de la société.

En fait pourquoi
leur contrôle
n'est-il pas très
sérieux ?

281. Généralement ils sont désignés sur la présentation des administrateurs; aussi leur contrôle n'est guère sérieux: ils se bornent à déclarer que tout va le mieux du monde dans la meilleure des sociétés, ou que du moins, si cela va mal, c'est que cela ne peut pas aller autrement, et que les administrateurs n'en ont pas moins droit à tous les éloges.

Comment
se renseignent ils
sur les affaires
de la société ?

282. Pour faire leur rapport, il faut qu'ils prennent connaissance des livres de la société. Ils peuvent en exiger la communication *dans les 3 mois* qui précèdent la tenue de l'assemblée (L. de 1867, art. 33).

CHAPITRE IV. — Société en commandite par actions.

Quel était le
grand obstacle à la
formation des
S A avant la loi
de 1867 ?

283. La forme de la S A est évidemment la plus commode pour concentrer de grands capitaux, et douer la société d'une durée très longue, en la mettant à l'abri des destinées individuelles de ses membres. Mais le code de commerce de 1807 rendait difficile la constitution de ces sociétés en exigeant *l'autorisation du gouvernement.*

La condition
de l'autorisation
préalable pour la
S A n'eut-elle pas
pour résultat de
développer
la comm. p act. ?

Les financiers, ne pouvant fonder les S A à leur gré, se portèrent vers la commandite par actions, dont la constitution avait été laissée absolument libre par le code de commerce; ils se mirent à fonder des sociétés en commandite à gros capitaux, qu'ils obtenaient en émettant une grande quantité d'actions accessibles à toutes les bourses (1).

---

(1) Comment se fait-il que le Code de commerce, qui avait soumis les S A à la garantie de l'autorisation du gouvernement, aient laissé les commandites par actions absolument libres? C'est que le législateur ne soupçonnait pas alors l'importance des capitaux

284. Celle liberté ne tarda pas à engendrer des abus; de vastes escroqueries furent organisées sous la forme de sociétés en commandite par actions. Des financiers créaient des entreprises qui n'avaient rien de sérieux, et ne servaient qu'à attirer l'argent des gogos. Comme la classe laborieuse est la plus facile à tromper, on émettait, pour soutirer l'argent des petits épargnistes, des actions accessibles aux plus modestes travailleurs; on faisait des actions de 20, de 10 et même de 5 fr.

285. Lorsque les fondateurs avaient fait verser le plus d'argent possible, on s'apercevait que l'entreprise était irréalisable. Les actionnaires perdaient leurs mises; il n'y avait que les fondateurs qui s'enrichissaient, car ils avaient empoché l'argent et s'arrangeaient pour ne pas le rendre.

286. Le législateur a empêché ces abus par une loi de 1856 qui soumet les commandites par actions à un règlement sévère. Cette loi de 1856 a été abrogée par la loi du 24 juillet 1867 qui contient une réglementation générale des commandites par actions et des S A, et dont le titre 1er est exclusivement consacré aux commandites par actions.

287. En général, les règles que nous avons exposées pour la constitution des S A s'appliquent aux commandites par actions; il nous suffira donc d'indiquer les différences :

288. Au point de vue de l'existence d'*associés indéfiniment responsables* :

Société en commandite par actions.	Société anonyme.
Il y en a au moins un, qui est le gérant de la société.	Il n'y en a pas, les administrateurs obligent la société sans s'obliger eux-mêmes, conformément au principe général de la représentation du mandant par le mandataire.

qu'on pouvait concentrer dans cette forme de société; il pensait aussi un peu naïvement que la responsabilité personnelle, solidaire et indéfinie des gérants, serait une suffisante garantie contre les abus.

La liberté des commandites par actions ne donna-t-elle pas lieu à des abus ?

289. Conséquence 1. Au point de vue de la coexistence des qualités de *gérant et d'actionnaires* :

Le gérant ne doit pas être actionnaire (co. art. 27 et 28); s'il l'était, il perdrait le bénéfice de n'être tenu que dans la limite de son action; il serait personnellement et indéfiniment responsable de toutes les dettes sociales.	Les administrateurs peuvent être actionnaires; bien plus, ils doivent l'être, et en pratique ce sont les plus gros actionnaires qui sont désignés comme administrateurs.

290. Conséquence 2. — Au point de vue de la *raison sociale* :

Il y a une raison sociale.	Il n'y en a pas.

291. Conséquence 3. — Au point de vue de la nécessité d'un *fonds de réserve* :

Le fonds de réserve est facultatif; aux yeux de la loi, la responsabilité personnelle et indéfinie du gérant est une suffisante garantie pour les tiers.	Le fonds de réserve est imposé par la loi. Pour le constituer, on doit prélever et mettre de côté, chaque année, 1/20 des bénéfices. Ce prélèvement cesse d'être obligatoire lorsque la réserve atteint le 1/10 du capital social.

292. Conséquence 4. — Au point de vue de la nécessité de convoquer l'assemblée générale des actionnaires, pour délibérer sur la dissolution de la société en cas de *perte des 3/4 du capital social :*

Il n'y a pas lieu pour cela à convoquer cette assemblée. Qu'importe que la plus grande partie du capital soit perdue? Le gérant est toujours là, et il est tenu indéfiniment de toutes les dettes sociales.	Il y a lieu de convoquer l'assemblée générale des actionnaires pour délibérer sur la dissolution et la liquidation immédiate de la société.

293. Au point de vue de la *révocabilité* du gérant et des administrateurs :

Le gérant est irrévocable.

Quant aux administrateurs, il faut distinguer : Pour ceux qui sont désignés par les statuts (et qui d'ailleurs ne peuvent être désignés que pour 3 ans) ils sont irrévocables. Quant à ceux qui sont nommés au cours de la société, ils sont essentiellement révocables.

294 Au point de vue de la *durée des pouvoirs* du gérant ou des administrateurs :

Les pouvoirs du gérant durent indéfiniment.

Les pouvoirs des administrateurs ne peuvent excéder 6 ans.

295. Au point de vue de la *surveillance* :

Elle est exercée par un *conseil de surveillance* d'une façon permanente.

Elle est exercée par des *censeurs* ou commissaires de surveillance d'une façon intermittente.

Les censeurs ne peuvent prendre communication des livres de la société anonyme que dans les 3 mois qui précèdent l'assemblée générale.

Les censeurs peuvent être pris en dehors de la société.

a) Les membres de ce conseil ne peuvent être pris que parmi les actionnaires.

Le nombre des commissaires n'est pas déterminé par la loi; souvent il n'y en a qu'un seul.

b) Le nombre des membres du conseil doit être de 3 au moins.

296 Au point de vue du *nombre minimum des actionnaires* :

Ce nombre n'est pas déterminé par la loi.

Il faut 7 actionnaires au moins.

297. Au point de vue de la *réglementation des assemblées d'actionnaires* :

La loi ne s'en occupe pas : ce sont les statuts de la société qui doivent les déterminer.

La loi règle la tenue de ces assemblées et la façon d'y voter.

CHAPITRE V. — Sociétés à capital variable.

Comment es sociétés sont-elles généralement indiquées en pratique?

298. Ces sociétés sont plus connues en pratique sous le nom de sociétés *coopératives*; elles ont été organisées par la loi de 1867 (art. 48 et s.) comme un moyen d'améliorer le sort de la classe ouvrière.

Elles ont pour but de permettre aux ouvriers de se grouper, de réunir un petit capital, et de travailler ainsi pour leur propre compte, au lieu de travailler au compte d'un patron, en un mot d'échapper à la condition du salariat.

Est-ce une forme particulière de société?

299. La société à capital variable n'est pas une forme particulière de société. La variabilité du capital est une modalité, c'est-à-dire un caractère accessoire qui peut s'adjoindre à toute espèce de société, qu'elle soit anonyme, en commandite, ou en nom collectif.

Quel est le caractère particulier de cette société.

300. Remarquons que cette société, même lorsqu'elle a la forme anonyme, est fondée sur l'*intuitus personæ*, c'est-à-dire sur la confiance personnelle que les associés ont les uns dans les autres.

Quand elle est par actions, ne jouit-elle pas de certaines faveurs?

301. Les sociétés anonymes (ou plus généralement par actions) à capital variable, jouissent de faveurs particulières quant aux conditions de leur constitution.

302. Nous savons que, d'après la loi du 1er août 1893, il faut, lorsque les actions sont de 25 frs., que le capital soit entièrement versé.

Eh bien, dans notre cas, il suffira que le 1/10 seulement du capital soit versé.

Il suffira donc que chaque actionnaire paie 2 fr. 50 (1).

____

(1) Cela n'est même pas nécessaire, car la loi n'exige pas que chaque action soit libérée du 1/10; il suffit que le 1/10 du capital social soit versé. Ainsi, supposons qu'un actionnaire sur 10 verse intégralement ses 25 frs, la société pourra être constituée, quoique les 9/10 des actionnaires n'aient pas versé un sou.

303. D'autre part, le capital social peut être augmenté, pourvu que l'augmentation ne dépasse pas 200.000 fr. par an, par l'adjonction de nouveaux associés, et cela en vertu d'une délibération de l'assemblée ordinaire des actionnaires.

304. A l'inverse, chaque associé a le droit de se retirer de la société, en exigeant la restitution de son apport. Toutefois ce droit de retraite cesse lorsque le capital social se trouve réduit à son dixième. En effet, si tous les actionnaires se retiraient, ils épuiseraient, par la reprise de leurs apports, tout l'actif social, et il ne resterait plus rien pour payer les créanciers sociaux.

Le droit de retraite n'est-il pas limité?

305. Ce droit de retraite est fondé sur l'*intuitus personæ* qui doit exister dans ces sociétés. Du moment que l'un des actionnaires n'a plus confiance dans les autres, il doit avoir le droit de sortir de la société.

Sur quoi est-il fondé?

306. Réciproquement la société jouit du droit d'exclusion à l'égard de ceux de ses membres qui lui paraissent profiter de la société sans lui rendre aucun service.

La société n'a-t-elle pas le droit d'exclusion?

Bien entendu, quand la société renvoie un de ses membres, elle doit lui rendre son apport.

Pourquoi?

307. Ce droit d'exclusion cesse lorsque le capital social se trouve réduit au dixième, par la même raison qui fait cesser dans le même cas le droit de retraite.

Ce droit n'est-il pas limité?

308. Si les sociétés anonymes à capital variable jouissent, comme nous venons de le dire, de certaines décisions de faveur, en revanche elles sont soumises à une certaine règle rigoureuse quant au chiffre de leur capital. Elles ne peuvent se constituer avec un capital supérieur à 200.000 fr., et ce capital ne peut pas être augmenté au delà de 200.000 fr. par an.

Les sociétés à capital variable ne subissent-elles pas une certaine restriction quant à leur capital?

Le motif de cette restriction est l'*intuitus personæ* qui doit se rencontrer dans ces sociétés. Pour que ce but soit rempli, il faut que les associés puissent se bien connaître entre eux; or pour cela il faut qu'ils ne soient pas trop nombreux.

Pourquoi?

CHAPITRE V. — Sociétés en participation
(C. de commerce art. 47 et s.)

309. Les sociétés en participation sont très fréquentes dans le commerce où elles présentent la plus grande utilité.

Exemple : A, se promenant sur les quais du Havre, apprend que toute la cargaison de blé d'un navire est à vendre pour 100. Il pense que ce serait une très bonne affaire d'acheter le tout, mais il ne peut disposer que de 50. Il va expliquer la chose à son confrère B. A et B font alors une société en participation, en convenant que B fournira 50 à A, que A achètera la cargaison, et qu'il la revendra seul (ou qu'ils se la partageront pour en vendre chacun une partie), et qu'ils partageront ensuite le bénéfice ou la perte résultant de l'opération.

Autre exemple. A, libraire, rue Soufflot, apprend que les héritiers d'un magistrat veulent vendre sa bibliothèque. Il pense que c'est une bonne affaire d'acheter le tout, mais il ne dispose pas de la somme nécessaire. Il propose à son confrère B de faire l'affaire à deux : la convention qu'ils concluent est une société en participation.

310. Pour que ces associations, si utiles au commerce, puissent se conclure facilement, le législateur les a dispensées de toute espèce de formes, soit pour leur constitution, soit pour leur preuve.

Elles se forment par le seul consentement, et se prouvent de toute espèce de manières (témoins, livres de commerce, présomptions).

311. Qu'est-ce qui caractérise la société en participation, et la distingue des autres sociétés de commerce? Controverse :

D'après un 1ᵉʳ système, c'est qu'elle est formée en vue d'une affaire déterminée, et non pour toute une série d'opérations.

D'après l'opinion généralement suivie, c'est que cette société n'existe pas au regard du public; elle n'a d'existence et ne produit d'effet que dans les rapports entre les associés.

Par conséquent, *elle ne constitue pas une personne morale*, et n'est soumise à *aucune formalité de publicité*. L'associé en participation A contracte avec les tiers en son nom personnnel, et non au nom de la société; les tiers ne connaissent que lui et n'ont d'action que contre lui.

TITRE IV. — **Des séparations de biens.**

312. Ce titre serait mieux appelé « De la publicité du régime matrimonial des commerçants », car il vise 2 choses :

1° La publicité du contrat de mariage des commerçants (art. 67-70).

2° La publicité des séparations de biens, séparations de corps et divorces (art. 65 et 66).

§ 1er. — Publicité du contrat de mariage des commerçants.

313. Nous supposons, pour fixer les idées, que c'est le mari M qui est commerçant. Les règles de publicité seraient exactement les mêmes si c'était la femme F qui fît le commerce.

Distinguons si M était déjà commerçant en se mariant, ou s'il ne l'est devenu que depuis son mariage.

314. Si M est commerçant au moment où il se marie, et qu'il ne fasse pas de contrat de mariage, il n'y a lieu à aucune publicité.

315. S'il y a contrat, il y a lieu à publicité.

A cet effet, le notaire qui a reçu le contrat doit en rédiger un extrait, et en envoyer :

Une 1re copie au greffe du tribunal de commerce.

— 2° — — du tribunal civil.

— 3° — à la Chambre des Notaires du domicile de M.

— 4° — à la Chambre des avoués du même domicile.

316. L'extrait déclare tout simplement si les époux sont mariés en communauté, sous la séparation de biens ou sous le régime dotal (art. 67). La loi ne parle pas du régime sans communauté, parce qu'il est peu pratiqué. On ne mentionne pas les diverses clauses du contrat, ni les apports, par discrétion, et pour ne pas entraver les mariages.

Quelle est
la sanction de
cette
prescription ?

317. La sanction de cette prescription consiste dans une amende de 100 francs contre le notaire. De plus, il est responsable de dommages-intérêts envers ceux auxquels sa négligence aurait porté préjudice (art. 68).

Lorsque M
devient commerç.
au cours
du mariage,
y a-t-il lieu de
donner
de la publicité
au contrat
de mariage ?

318. Aucun des époux n'est commerçant au moment du mariage. Puis, dans le cours du mariage, l'un d'eux, le mari M, se fait commerçant : y a-t-il lieu de donner de la publicité au contrat de mariage ? Distinguons :

319. S'il y a communauté, aucune publicité n'est requise. Le mari sera le premier, d'ailleurs, à montrer aux tiers son contrat de mariage dans ce cas, car la communauté est favorable à son crédit.

320. S'il y a séparation de biens ou régime dotal, M doit, dans le mois à compter du jour où il aura commencé son commerce, publier son contrat de mariage suivant les formes ci-dessus (315) (art. 69).

Quelle est la
sanction ?

321. La sanction de cette prescription est que, si M tombe en faillite, il pourra être condamné aux peines de la banqueroute simple.

La jurisprudence
n'ajoute-t elle
pas une autre
sanction à l'égard
de la femme
dotale qui est
devenue
commerçante ?

322. Si c'est la femme F qui s'est faite commerçante, et qu'elle soit mariée sous le régime dotal, la jurisprudence ajoute cette sanction qu'elle ne pourra pas opposer aux tiers, envers qui elle s'est engagée, son *incapacité dotale*. En effet, cette incapacité ne s'applique pas en matière de délit ou de quasi-délit, et on peut considérer ainsi le fait par la femme de ne pas s'être conformée à cette prescription. Par conséquent, les créanciers commerciaux de cette femme pourront saisir et faire vendre même les immeubles dotaux.

§ 2. — PUBLICITÉ DES JUGEMENTS PORTANT SÉPARATION DE BIENS, SÉPARATION DE CORPS OU DIVORCE.

Ne doit-on pas
publier
non seulement
le jugement, mais

323. *Séparation de biens.* Non seulement le *jugement* prononçant la séparation de biens doit être publié, mais il en est de même de la *demande*. En effet, le jugement rétroagissant au jour de la demande (C. civ. 1445 *in fine*), les tiers ont grand intérêt à connaître la demande de séparation de biens, puisque les engagements que contracte ensuite le mari ne peuvent plus être exécutés sur les biens de la communauté.

324. La publicité de la demande se fait comme plus haut (315).

325. Quant à la publicité du jugement, elle a lieu de la même manière. De plus, le jugement doit être *lu* à l'audience publique du tribunal de commerce.

326. Les règles que nous venons d'indiquer s'appliquent aux civils tout comme aux commerçants ; elles n'ont rien de spécial aux commerçants. Il en est ainsi même pour la lecture du jugement au tribunal de commerce.

327. *Séparation de corps.* La publicité ne s'applique qu'au *jugement* et non pas à la *demande;* cela se comprend, puisque nous avons vu en Code civil qu'ici le jugement ne rétroagit pas.

328. La raison de la publicité du jugement de séparation de corps est qu'il en résulte forcément la séparation de biens, que les tiers ont évidemment intérêt à connaître.

329. Ici la lecture devant le tribunal de commerce n'a lieu que pour les commerçants. Sauf cette remarque, les formalités de publicité sont exactement les mêmes que pour la séparation de biens (324).

330. La sanction est l'inexistence de la séparation de biens au regard des tiers (art. 66).

331. *Divorce.* La loi de 1886, complémentaire de la loi de 1884, qui a rétabli le divorce, soumet à la publicité suivante les jugements de divorce, soit qu'il s'agisse de commerçants, soit qu'il s'agisse de civils :

Un extrait du jugement doit être affiché comme il est dit plus haut (324). De plus, cet extrait doit être inséré dans un journal de la localité (ou du département s'il n'y en a pas dans la localité).

TITRE V. — **Des Bourses de commerce, agents de change et courtiers.**

332. On distingue la Bourse des effets publics et la Bourse des marchandises.

CHAPITRE Ier. — **Bourse des effets publics et autres.**

Qu'est-ce que la Bourse ?

333. On appelle ainsi la réunion, dans un lieu fixé par la loi et sous la surveillance du gouvernement, des agents de change et de tous ceux qui ont des effets publics et autres à vendre ou à acheter.

Quelle en est l'utilité ?

334. La Bourse a pour effet de concentrer les demandes et les offres en un même lieu et dans un même moment.

Il en résulte 2 avantages :

335. 1° Les rapports des commerçants se trouvent facilités.

Si j'ai à parler à plusieurs personnes, il me sera plus aisé de les rencontrer à la Bourse que d'aller les chercher à leur domicile, où peut-être je ne les trouverais pas. Les associations pourront aussi se conclure plus facilement.

336. 2° Cela permet d'établir un *cours*, c'est-à-dire un prix courant.

Le cours est constaté par les agents de change.

Quelle est l'utilité des cours ?

337. La détermination du cours présente de l'utilité à bien des points de vue :

1° J'offre de vous vendre un titre moyennant 100 frs. Pour savoir s'il vaut approximativement ce prix, vous consulterez, si vous avez la prudence de ne pas croire purement et simplement mes affirmations, le cours de ce titre à la Bourse.

2° Il y a, dans une masse à partager (actif de communauté, de succession, de société), des titres cotés à la Bourse. On estimera ces titres, à l'effet de composer les lots des copartageants, d'après la cote de la Bourse.

3° Lorsqu'il y a lieu de vendre des titres appartenant à

un mineur ou à un interdit, la loi de 1880 dit que cette vente sera faite au cours moyen du jour.

4° Pour la perception des droits de mutation par décès, le fisc estime les titres d'après leur cours au moment du décès, etc.

338. Les effets publics comprennent essentiellement les rentes sur l'Etat et les Bons du Trésor (il s'agit, bien entendu, de l'Etat et du Trésor français) (1).

On range également dans les effets publics les rentes émises par les *Etats étrangers*, les actions et obligations émises par des sociétés, villes ou départements, *avec l'autorisation du gouvernement*.

339. On vend également à la Bourse beaucoup d'autres effets que des effets publics, par ex. des actions et obligations des Compagnies de chemins de fer ou des Compagnies industrielles quelconques, françaises ou étrangères.

340. C'est le syndicat des agents de change qui fixe les valeurs admises au marché.

341. *Agents de change.* — Ce sont des officiers ministériels nommés par décret et ayant le *monopole* de servir d'intermédiaires entre les vendeurs et les acheteurs d'effets publics et autres cotés à la Bourse.

(Voy. l'appendice Opérations de Bourse).

342. Si j'ai un titre à vendre, je peux certainement chercher moi-même quelqu'un qui voudra l'acheter (2), et lui vendre le titre directement.

Mais si, ne voulant pas me donner cette peine, j'ai recours à un *intermédiaire*, je ne suis plus libre de prendre n'importe qui, il faut que je prenne un agent.

Marginalia:
Qu'entend-on par « Effets publics »

Ne vend-on a la Bourse que des effets publics?

En quoi consiste le monopole des agents de change?

---

(1) Nous avons vu en Economie politique, que les rentes sur l'Etat constituent la *Dette consolidée*, et les Bons du Trésor la *Dette flottante*.

(2) Je suppose ici qu'il s'agit d'un titre au porteur.

Si c'est un titre nominatif, il faut l'intervention d'un agent de change qui certifie que le transférant est bien la personne dont le nom figure sur le titre.

C'est en cela que consiste le *monopole* des agents.

343. On se demande si le monopole s'applique à toutes les valeurs, non seulement à celles qui sont effectivement admises à la cote officielle par le syndicat, mais aussi à celles qui sont susceptibles d'y être admises. Controverse.

La jurisprudence admet que le monopole ne s'applique qu'aux valeurs *admises à la cote* (elles peuvent très bien, d'ailleurs, n'être pas effectivement cotées lorsque le syndicat estime qu'elles ne font pas l'objet de négociations suffisantes).

L'opinion contraire invoque le texte de l'art. 76, C. de commerce, qui fait porter le monopole sur les « effets susceptibles d'être cotés ».

344. D'après une L. du 13 avril 1898, les agents ont le monopole des valeurs admises à la cote. Si un coulissier (agent de change marron, libre, non qualifié officiellement) est chargé par son client de négocier une telle valeur, il doit transmettre l'ordre à un agent et est tenu de représenter le bordereau de l'agent. La sanction est une amende fiscale, parce que, d'après cette L. de 1898, tout bordereau d'agent doit être présenté à un agent du fisc. Il y a exception pour les rentes sur l'Etat dont le législateur n'a pas voulu entraver l'achat : les coulissiers jouissent ici d'une tolérance. Quant aux valeurs non admises à la cote, elles appartiennent au marché libre, donc aux coulissiers.

345. Lorsque des titres dépendant d'une succession vacante (ou acceptée bénéficiairement) sont au nombre de ceux admis à la cote par le syndicat, y a-t-il lieu au monopole des agents? La jurisprudence dit que non. On sait que les valeurs mobilières doivent être vendues, aux termes du Code de procédure, aux enchères publiques, après affiches et insertions, par un officier public désigné par le Président du tribunal civil, ordinairement par un notaire. La jurisprudence admet que cette règle doit être suivie même pour les titres cotés à la Bourse, et qu'il n'y a pas lieu ici au monopole des agents.

346. Voyons la sanction du monopole, en supposant

qu'une vente d'un titre coté à la Bourse ait eu lieu par l'intermédiaire d'une personne quelconque autre qu'un agent de change. Il y a une sanction civile et une sanction pénale.

347. La sanction civile est double :

1° La négociation est nulle, c'est-à-dire que les parties ne sont liées ni entre elles, ni envers l'intermédiaire. Toutefois la jurisprudence n'autorise pas la répétition de ce qui a été fourni en vertu du contrat : ainsi le vendeur ne peut se faire restituer ses titres ni l'acheteur son prix.

2° Le syndicat des agents peut demander des dommages-intérêts à l'intermédiaire et aux parties.

Quelle est la sanction civile du monopole ?

348. La sanction pénale est une amende contre la personne qui a usurpé les fonctions d'agent. Cette peine peut être prononcée également contre les contractants, mais seulement quand ils sont commerçants ou banquiers.

Quelle est la sanction pénale ?

349. Comme les charges d'agents sont très chères (elles dépassent parfois 2 millions), les agents peuvent s'adjoindre des bailleurs de fonds intéressés, qui sont de véritables associés, mais il faut que l'agent apporte dans cette société au moins le 1/4 de la valeur de la charge.

Les agents ne peuvent-ils pas s'adjoindre des b. d. f. intéressés ?

350. Cette société ressemble à la commandite. Nous venons d'indiquer une première différence : c'est que l'agent doit être propriétaire au moins du 1/4 de la charge, tandis que le commandité peut ne posséder qu'une part bien inférieure du fonds social; il peut même n'y rien posséder du tout.

Cette société ne ressemble t-elle pas à la commandite ?

Indiquez des différences ?

351. Une deuxième différence est que cette société n'existe pas au regard du public : l'agent est seul en nom; c'est l'agent qui traite et non pas la société.

Toutefois cette société doit être publiée aux termes du décret de 1890 sur les agents de change, ce qui implique sa personnalité morale.

352. On peut ajouter une autre différence. Dans la commandite, un commanditaire ne peut pas s'immiscer dans la gestion extérieure, même en vertu d'un mandat à lui donné par le gérant. Le bailleur de fonds d'un agent peut au contraire faire des actes de gestion, non seulement intérieurs mais même extérieurs. Il n'y a pas à craindre, en effet, que les tiers se trompent sur la qualité de ce bailleur de fonds, qu'ils le prennent pour l'agent lui-même, et comptent sur sa fortune personnelle, car l'agent est bien connu. D'ailleurs tous les actes doivent être signés de l'agent lui-même, ou par une personne investie de ses pouvoirs ; les tiers savent donc que c'est l'agent qui est seul responsable envers eux.

Quelles sont les principales attributions des agents ?

353. Voici les principales attributions des agents :

Ils ont le monopole de servir d'intermédiaires entre les vendeurs et les acheteurs d'effets publics ou autres.

L'agent ne doit-il pas le secret ?

354. Remarquons qu'ils doivent le secret à leurs clients.

Ainsi l'agent que je charge de m'acheter une action ne me fait pas connaître le vendeur, pas plus qu'il ne me fait connaître à ce dernier.

355. Le secret ne saurait être opposé par un agent à la Chambre syndicale, qui a toujours le droit de contrôler les opérations des membres de la corporation, sous la condition, bien entendu, du secret.

L'agent n'est-il pas personnellement responsable de l'exécution ?

356. L'agent est personnellement responsable de l'exécution du contrat. Le client vendeur ne connait que l'agent pour le paiement du prix (354), et l'agent doit payer quand même l'acheteur ne paierait pas. De même, quand j'ai acheté des titres par un agent, celui-ci est personnellement responsable envers moi de la livraison des titres ; je n'ai aucune action en livraison contre le vendeur que je ne connais pas et n'ai pas le droit de connaître.

Les agents n'ont ils pas le monopole de la négociation des effets de commerce ?

En usent ils ?

357. Les agents ont le monopole de la négociation des lettres de change, billets à ordre, et tous titres négociables. Mais, en fait, ils n'usent pas de ce monopole. Ils laissent cette attribution aux banquiers, se trouvant suffisamment occupés par la négociation des effets publics ou autres.

Ne décident-ils pas l'admission d'un titre à la cote ?

358. Ils constatent les cours de la Bourse, et déterminent les valeurs qui sont admises à la cote officielle.

359. Lorsqu'une société quelconque demande au syndicat

des agents d'admettre ses titres à la cote, pourquoi le syndicat rejette-t-il souvent cette demande? Ce refus peut tenir à deux raisons :

1° Parce que les titres en question ne méritent pas grande confiance, et que dès lors le syndicat ne veut pas en encourager la circulation, ce qui pourrait aboutir à ruiner et décourager l'épargne.

2° Parce que ces titres ne paraissent pas très nombreux et de nature à donner lieu à des échanges importants.

360. Ils constatent le cours des matières métalliques (or, argent, etc.).

361. Ils peuvent faire aussi, concurremment avec les courtiers en marchandises, le courtage des ventes et achats des métaux. En fait, ils n'usent pas de cette attribution.

CHAPITRE II. — **Bourse des marchandises.**

362. *Définition*. — C'est la réunion, dans un lieu fixé par la loi et sous la surveillance du gouvernement, des courtiers en marchandises, et de tous ceux qui ont à vendre ou à acheter des marchandises quelconques (autres que les effets publics et autres cotés à la Bourse des effets publics).

Qu'est ce qu'une Bourse de marchandises?

363. L'utilité de cette Bourse est de concentrer les demandes et les offres de marchandises, et d'établir le cours des diverses marchandises qui y font l'objet des marchés habituels (334).

Quelle est l'utilité de cette Bourse?

SECTION I. — DES COURTIERS

364. Le mot courtier vient de « couratier » faiseur de courses.

La mission essentielle du courtier C est en effet de faire les démarches nécessaires pour mettre une certaine personne A en rapport avec une autre personne B pour un certain contrat.

Quelle est la fonction des courtiers?

365. Ainsi à celui qui veut vendre, le courtier cherche un acheteur; à celui qui veut acheter, un vendeur.

Telle est la fonction des *courtiers en marchandises*.

Quelle est la fonction du courtier en marchandises?

366. A celui qui veut louer un emplacement sur un navire pour le transport des marchandises, le courtier cherche un armateur;

A l'armateur qui a un navire à louer, il cherche un chargeur.

Telle est la fonction des *courtiers maritimes.*

367. A celui qui veut assurer un navire ou des marchandises exposées aux risques de mer, le courtier cherche un assureur;

A l'assureur il cherche des assurés.

Telle est la fonction des *courtiers d'assurances maritimes.*

368. A celui qui veut faire transporter des marchandises par terre ou par rivière, le courtier cherche un voiturier ou un batelier;

Au voiturier ou batelier, il cherche des clients ayant des marchandises à faire transporter.

Telle est la fonction du *courtier de transport par terre et par eau.*

369. Une fois que le courtier a mis les parties en présence, son rôle est terminé. Il ne traite pas au nom de l'une d'elles; ce sont les parties qui arrêtent elles-mêmes les conditions de leur contrat.

370. Toutefois, quand elles se sont mises d'accord, elles peuvent (et c'est ce qu'elles font en pratique) charger le courtier de rédiger les clauses du contrat, parce qu'il a mieux l'habitude de cette rédaction, et qu'il donnera aux conventions des parties plus de clarté, d'ordre et de précision.

371. Le courtier n'est nullement responsable de l'exécution des obligations que les parties contractent l'une envers l'autre.

372. Il suit des explications précédentes, qu'il y a 4 sortes de courtiers :

1° Les courtiers en marchandises,

2° Les courtiers maritimes ou courtiers interprètes conducteurs de navires,

3° Les courtiers d'assurances maritimes,

4° Les courtiers de transports par terre et par eau (1).

Courtiers en marchandises.

373. Ils étaient autrefois en nombre limité et jouissaient d'un monopole. Lorsqu'on voulait vendre (ou acheter) des marchandises par l'intermédiaire d'autrui, on devait s'adresser à un de ces courtiers privilégiés.

Les courtiers en marchandises n'avaient-ils pas autrefois un monopole ?

374. Ce monopole a été supprimé par une loi de 1866. Donc tout le monde peut s'établir courtier en marchandises (2).

Quelle loi a supprimé ce monopole ?

375. Pourquoi a-t-on supprimé le privilège des courtiers en marchandises ? Pour plusieurs raisons :

Quels étaient les inconvénients du monopole ?

1° Une raison de principe. Ce monopole était une atteinte à la liberté du travail.

2° Le monopole avait donné lieu à des abus : assurés de la clientèle, les courtiers se montraient négligents dans leurs fonctions.

---

(1) On ajoute quelquefois les courtiers-gourmets-piqueurs de vins. Ces courtiers, qui n'existent qu'à Paris pour l'entrepôt des vins, et sont nommés par le ministre du commerce, ont, par monopole, les attributions suivantes :

1° Ils servent d'intermédiaires, dans un entrepôt (par ex. à l'entrepôt de Bercy), dans la vente des boissons. Certes, si je veux acheter du vin à Bercy, je peux m'y aboucher directement avec un marchand de vins qui y possède un dépôt. Mais si je veux me servir d'un intermédiaire, je ne suis pas libre dans mon choix, je dois prendre un courtier-gourmet-piqueur de vins.

2° Dans le cas précédent, si je veux faire goûter par un connaisseur, ne m'en rapportant pas à moi-même, le vin que je me propose d'acheter, je ne peux pas choisir un tiers quelconque, par ex. un de mes amis que je considère comme bon connaisseur, je dois prendre un de ces courtiers.

3° Ces courtiers sont chargés des expertises lorsqu'il y a contestation sur la qualité des vins, par ex. si je prétends que celui qui m'a été livré par le vendeur n'est pas celui que j'ai acheté, ou que le voiturier chargé de me l'amener l'a falsifié, par ex. en soutirant du vin pour le remplacer par de l'eau ou par du vin inférieur.

(2) On a usé et abusé de cette liberté ; les courtiers en marchandises pullulent aujourd'hui ; aussi y en a-t-il peu qui gagnent largement leur vie.

Il n'y avait même pas de concurrence entre eux. Pour l'éviter ils se spécialisaient, l'un s'occupant du café, un autre des huiles, un autre des farines, etc. Ainsi le commerçant n'avait pas un choix suffisant : il ne désignait plus son courtier, celui-ci lui était en quelque sorte imposé, et c'était le commerçant qui devait être à ses ordres, à peu près comme cela arrive aujourd'hui dans certaines administrations où le public subit le bon plaisir des employés.

Les courtiers en marchandises priv. n'étaient-ils pas soumis à diverses obligations ?

376. Les courtiers en marchandises étaient soumis à diverses obligations, analogues à celles des agents de change.

377. Ils devaient mentionner sur un *carnet* leurs opérations de courtage, et les reporter sur un livre spécial.

378. Ils ne pouvaient pas avoir, dans leurs opérations, un *intérêt* autre que celui de gagner leurs honoraires.

Ainsi un courtier chargé d'acheter mille kilos de café ne pouvait pas en acheter deux mille : mille pour son client, et mille pour lui. En un mot il ne pouvait pas vendre ou acheter pour son propre compte.

379. Ils ne pouvaient même pas faire des actes de commerce étrangers à leur courtage. Ainsi, un courtier en grains ne pouvait pas être en même temps marchand de laine ou de coton.

380. Enfin le courtier ne pouvait pas, à la différence de ce que nous avons vu pour l'agent de change, former une société pour acheter et exploiter sa charge.

Aujourd'hui encore n'est-il pas défendu au courtier d'avoir un intérêt ?

381. Le courtage étant libre, ces restrictions ne sont plus applicables. Toutefois la loi de 1866 défend encore au courtier libre, dans l'intérêt des parties, *d'avoir un intérêt* dans l'opération pour laquelle il s'entremet, à moins de le déclarer aux contractants. La sanction est une peine correctionnelle.

Qu'est-ce que les courtiers inscrits ?

Quelles sont leurs prérogatives ?

382. Bien que le courtage des marchandises soit devenu libre en vertu de la loi de 1866, cette loi établit une certaine catégorie de courtiers en marchandises, appelés *courtiers inscrits*, qui ont seuls le droit de faire certaines opérations, et jouissent ainsi exclusivement de certaines prérogatives des anciens courtiers privilégiés. Ces courtiers inscrits ont seuls le droit :

1° De procéder aux ventes *volontaires* de marchandises *neuves* (1) aux *enchères* publiques *en gros*.

Remarquons bien que le courtier inscrit chargé de procéder à une vente, ne peut se porter lui-même acheteur. C'est l'application du Droit commun : il ne faut pas que ce courtier soit pris entre son devoir, qui est de vendre cher, et son intérêt, qui serait d'acheter bon marché. La sanction consiste en ce que le courtier sera rayé de la liste des courtiers inscrits, sans préjudice des dommages-intérêts aux parties lésées.

2° De procéder à la vente de marchandises déposées dans un *magasin général*, ou qui ont, d'une façon générale, fait l'objet d'un *gage commercial* (2).

3° De procéder aux ventes de marchandises *ordonnées par le tribunal de commerce*. Ce tribunal peut d'ailleurs désigner d'autres officiers publics.

4° D'*expertiser* les marchandises déposées dans les *magasins généraux*, à moins que les parties ne se mettent d'accord pour désigner un expert quelconque.

5° De constater le *cours officiel des marchandises*.

383. Ces courtiers sont dits « inscrits » ou encore « assermentés », parce qu'ils sont marqués sur une liste spéciale dressée par le tribunal de commerce, et doivent prêter serment devant ce tribunal de remplir leur charge honnêtement.

Pour pouvoir être porté sur cette liste, il faut présenter certaines garanties de moralité, de capacité et payer un certain droit.

Pourquoi ce nom de courtiers « inscrits » ?

---

(1) Pour les marchandises qui ne sont pas neuves, il faut le ministère d'un commissaire-priseur, ou encore d'un notaire, huissier, greffier de justice de paix.

(2) Quant aux choses faisant l'objet d'un gage civil, la compétence appartient aux commissaires-priseurs, notaires, huissiers, greffiers de justice de paix.

§ 2. — DES COURTIERS PRIVILÉGIÉS.

384. Nous ne visons ici que les courtiers maritimes, les courtiers d'assurances maritimes et les courtiers de transport par terre et par eau, parce que le courtage des marchandises est devenu libre. Voici les règles générales applicables à ces courtiers.

Organisation.

385. Ils sont nommés par décret sur la proposition du ministre du commerce. Pour être nommable, il faut :

1° Avoir la jouissance des droits de citoyen français.

2° Avoir été commerçant ou du moins avoir travaillé pendant 4 ans chez un commerçant ou chez un notaire.

3° N'être pas dans un cas d'incapacité prévu par la loi.

Cautionnement.

Droit de présentation.

386. Ils doivent fournir un cautionnement, comme les officiers ministériels, ce qui entraine pour eux le droit de présenter leur successeur, c'est-à-dire pratiquement le droit de vendre leur charge.

Obligations.

387. Ils sont soumis à certaines obligations ou prohibitions.

1° Ils doivent tenir un carnet où ils relatent les opérations dans lesquelles ils s'entremettent.

2° Ils doivent reporter ces opérations, et, d'une façon générale, tous les actes faits par leur ministère, sur un livre spécial (C. de commerce, 84), qui doit être tenu avec un soin particulier (pas de ratures, ni interlignes, ni abréviations).

3° En cas de faillite, ils sont déclarés banqueroutiers.

Prohibitions.

388. 1° Ils ne peuvent faire une société pour acheter ou exploiter leur charge, ce qui est une importante différence avec les agents de change.

2° Ils ne peuvent faire aucun acte de commerce pour leur compte, même en dehors des affaires rentrant dans leur charge.

3° Ils ne peuvent s'intéresser à aucune opération de commerce, et particulièrement aux affaires pour lesquelles ils s'entremettent.

Attributions.

389. Nous avons suffisamment indiqué plus haut les

attributions des diverses espèces de courtiers privilégiés (365 et s.).

TITRE VI. — **Du gage et des commissionnaires.**

390. Ce titre du Code de commerce a été complètement remanié par la loi du 23 mai 1863. Dans le Code de 1807, ce titre avait simplement pour rubrique « Des commissionnaires »; il ne parlait pas du *gage*.

Quel est
le changement
apporté par la loi
de 1863 au titre 6
du C. de comm.?

Section I. — Du gage.

391. Nous devons distinguer 2 phases dans la législation : la 1re, antérieure à la loi du 23 mai 1863; la 2e, postérieure à cette loi. Nous décrirons ensuite, dans un 3e paragraphe, l'institution des Magasins généraux.

§ 1. — Du gage commercial avant la loi de 1863.

392. Le Code de commerce n'ayant formulé aucune règle dans cette matière, on appliquait purement et simplement les dispositions du Code civil sur le gage (art. 2074 et s.). Ces dispositions peuvent se résumer ainsi :

393. Au point de vue de la constitution du gage, il fallait :

1° Un écrit *authentique* ou *sous-seing privé enregistré*, constatant le montant et l'échéance de la dette, et décrivant aussi exactement que possible l'objet remis en gage.

2° La mise du créancier gagiste en *possession* de la chose engagée (ou des titres constatant la créance, si le gage avait pour objet une créance).

3° Dans le cas où le gage avait pour objet une créance, il fallait *signifier* la constitution du gage au débiteur de la créance engagée, ou obtenir son acceptation dans un acte authentique (1).

394. Au point de vue de la réalisation du gage, c'est-à-dire de sa conversion en argent pour payer le créancier, il

---

(1) Ce 2e mode (acceptation du débiteur par acte authentique) n'est pas indiqué dans l'art. 2075. Aussi est-il repoussé par certains auteurs.

Droit Commercial.   7

fallait *obtenir un jugement* ordonnant la vente du gage, et cette vente ne pouvait avoir lieu qu'aux enchères publiques devant un officier public que désignait le tribunal.

§ 2. — DU GAGE COMMERCIAL D'APRÈS LA LOI DE 1863 ACTUELLEMENT EN VIGUEUR (2)

La loi de 1863 sur le gage commercial n'est-elle pas insérée au Code de commerce ?

Comment a lieu la constitution du gage ?

Pour les meubles corporels ?

395. La loi du 23 mai 1863 a réglé le gage commercial; elle a pour cela donné uue nouvelle rédaction aux art. 91 et 92 du Code de commerce.

396. Au point de vue de la constitution du gage, la loi distingue plusieurs cas.

397. Le gage a pour objet un meuble *corporel* (bijoux, œuvres d'art, marchandises quelconques).

Aucune formalité n'est requise. Le gage se prouve, aussi bien à l'égard des tiers qu'entre les parties elles-mêmes, de toutes manières, conformément aux règles générales de l'art. 109 C. de commerce, c'est-à-dire par la correspondance, les livres de commerce, ou même par témoins et par présomptions.

Une seule condition est exigée, c'est la mise en possession du créancier gagiste. A cet effet, le constituant doit livrer la chose au créancier (ou à son mandataire) (1).

Ainsi donc pas besoin d'acte authentique ni d'acte sousseing privé enregistré.

398. Le gage a pour objet un meuble *incorporel*, c'est-

---

(2) Déjà, avant la loi de 1863, le législateur avait simplifié les règles du gage au profit de certains établissements de crédit pratiquant le prêt sur gage (Monts de piété, Banque de France, Comptoir d'Escompte, Crédit Foncier, Magasins généraux). La loi de 1863 n'a fait que généraliser ces dispositions en les étendant à tous les cas de gage en matière commerciale.

(1) Nous avons déjà dit, dans le Droit civil de 2ᵉ année, le motif de cette condition de la mise en possession. C'est l'intérêt des tiers qui, sans cela, pourraient être déterminés à faire crédit au débiteur, en considération d'abjets précieux qui seraient bien matériellement entre les mains du débiteur, mais qui s'y trouveraient grevés d'une constitution de gage. Ces tiers seraient ensuite exclus, après la saisie et la vente de ces objets, par le privilège des créanciers gagistes.

à-dire une créance. Il faut sous-distinguer, selon la nature du titre qui constate la créance.

399. Il s'agit d'un titre *négociable*.

Si c'est un titre *au porteur*, tout se passera comme pour les meubles corporels (397), c'est-à-dire qu'il suffira de mettre le créancier en possession de ce titre.

Si c'est un titre *à ordre*, il y aura lieu à un endossement pignoratif ou endossement de garantie (1).

Si c'est un titre *nominatif*, on fera, sur les registres de la société qui a émis ce titre, un transfert de garantie.

400. Il s'agit d'un titre *non négociable*. Dans ce cas, on applique les formalités du Code civil (393).

401. S'il s'agit de donner en gage un *fonds de commerce*, il y a lieu d'appliquer la loi du 1er mars 1898, qui a ajouté à l'art. 2075 C. civil l'alinéa suivant : « Tout nantissement d'un fonds de commerce devra, à peine de nullité vis-à-vis des tiers, être inscrit sur un registre public tenu au greffe du tribunal de commerce dans le ressort duquel le fonds est exploité. »

402. Au point de vue de la *réalisation* du gage, c'est-à-dire de sa conversion en argent pour payer le créancier C, la loi de 1863 simplifie beaucoup les formalités du Code civil.

Il suffit qu'à l'échéance de la dette, C fasse à son débiteur D *sommation* de payer. *Huit jours* après cette sommation, C, s'il n'a pas été payé, peut faire vendre le gage (il n'a pas besoin, pour cela, de demander l'autorisation du tribunal).

403. La vente doit avoir lieu publiquement et aux enchères par le ministère d'un courtier inscrit, pour les marchandises, et d'un agent de change pour les valeurs de Bourse.

404. Peut-il être convenu entre D et C que, si C n'est pas

---

(1) Cet endossement est rare. J'ai besoin d'argent, et je possède un titre à ordre, par exemple une lettre de change ou un billet à ordre. Au lieu d'emprunter de l'argent en donnant cet effet en garantie, il est bien plus simple que je le fasse escompter par un banquier.

payé à l'échéance, il gardera définitivement la chose engagée en toute propriété? C'est ce qu'on appelle le pacte commissoire de gage. Je pense que ce pacte est valable aujourd'hui, à raison de la loi de 1886 relative à la liberté du taux de l'intérêt en matière commerciale.

405. Il est vrai que l'article 93 prohibe cette clause, mais cette prohibition était la conséquence de la limitation du taux de l'intérêt; l'excédent du gage sur la créance pouvait, en effet, se trouver bien supérieur au taux légal maximum de 6 0/0. Mais, depuis la loi de 1886, l'intérêt étant libre, la prohibition du pacte commissoire n'a plus de raison d'être.

§ 3. — MAGASINS GÉNÉRAUX (pour abréger M. G.).

Qu'est-ce qu'un magasin général ?

406. Un M. G. est un vaste immeuble qui reçoit en dépôt, moyennant salaire, des marchandises plus ou moins encombrantes que leurs propriétaires ne peuvent garder chez eux.

Quelle est l'origine de cette institution ?

407. C'est la loi du 28 mai 1858 qui a institué et réglementé chez nous les M. G. à l'image des docks d'Angleterre.

Quelle est la différence entre un magasin général et un entrepôt ?

408. Il ne faut pas confondre le M. G. avec un entrepôt. L'entrepôt est un immeuble où les marchandises n'entrent que d'une façon provisoire, et simplement le temps nécessaire pour accomplir les formalités de douane (vérification de la nature et du poids des marchandises, acquittement des tarifs douaniers). En pratique, ce sont souvent les mêmes immeubles qui servent à la fois d'entrepôt et de M. G.; il en est ainsi par ex. de l'entrepôt de Bercy pour les vins.

Quelle est l'utilité d'un magasin général ?

409. Le M. G. facilite beaucoup, soit la mise en gage, soit la vente des marchandises qui y sont déposées. Montrons cela par un exemple :

A, marchand de vin, dépose au magasin général M, sous le n° 50, 100 hectolitres de vin.

M remet à A deux titres, unis entre eux comme le sont 2 timbres-poste, c'est-à-dire facilement séparables, au gré de A. L'un de ces titres se nomme *récépissé*, et l'autre *warrant*.

Chacun de ces titres porte le numéro des marchandises déposées.

410. Le warrant est un bulletin de gage; A s'en servira, en le séparant du récépissé, s'il a besoin de donner la marchandise en gage à un créancier. Par ex. A a besoin d'emprunter 950 fr. Il dit à B : « Prêtez-moi 950 fr., je vous les rendrai avec 50 fr. d'intérêt le 1ᵉʳ juillet prochain ». B consent, pourvu que A lui donne en gage les marchandises déposées en M sous le nº 50. Alors A détache son warrant, sur lequel il écrit : « Le 1ᵉʳ juillet prochain, je paierai à B ou à son ordre la somme de 1000 fr. Signé : A », et il le remet à B (1).

411. B, avant de lâcher son argent à A, informe M (2), qui en prend note, qu'il est porteur du warrant nº 50, et que ce warrant est de 1000 fr., payables le 1ᵉʳ juillet prochain.

412. Cela n'empêche nullement A de vendre la marchandise nº 50 à un tiers quelconque C, en lui endossant le récépissé, qui est le titre de propriété des marchandises; seulement C ne pourra exiger de M la livraison des marchandises qu'en consignant à M le montant du warrant. Ainsi, si C a acheté à A la marchandise moyennant 10.000 fr., il versera à M 1000 fr. et ne paiera à A que le reste, soit 9000 fr.

413. Le 1ᵉʳ juillet, jour de l'échéance du warrant, si B n'est pas payé par A, il commence par faire protester le warrant, puis il s'adresse à M, et là il est sûr de trouver :

Ou les marchandises qu'il fera vendre, aux enchères publiques et par courtier inscrit, 8 jours après le protêt, pour se payer du warrant.

Ou bien le prix du warrant qui aura été consigné par le porteur du récépissé à l'effet d'enlever les marchandises.

414. Si B est payé par A à l'échéance, il lui restitue le warrant, et c'est A qui va trouver M.

415. Si les marchandises ont été enlevées par le porteur

---

(1) On voit que le warrant est un billet à ordre garanti par un gage.

(2) Cette information est facile à faire, car B se trouve à ce moment avec A dans le magasin, où A lui montre la marchandise et la lui fait apprécier.

du récépissé C, A se fait remettre les 1000 fr. que C a dû consigner à M.

416. Si les marchandises y sont encore, A peut les faire vendre aux enchères, 8 jours après l'échéance du warrant, et, sur le prix, il prendra la valeur du warrant, soit 1000 fr.; le reste demeurera consigné en M à la disposition de C quand il se présentera (1).

A qui le magasin peut-il délivrer la marchandise?

417. Quant à M, il remet la marchandise à celui qui lui représente à la fois : 1° le récépissé; 2° le warrant ou sa valeur.

418. Toutefois, si la marchandise est vendue aux enchères publiques à la requête du porteur du warrant (B ou A), il est clair que l'adjudicataire pourra enlever la marchandise à la seule condition de payer le prix d'adjudication à M. M devra, sur cette somme, remettre le montant du warrant à son porteur, et tiendra le reste à la disposition du porteur du récépissé quand il se présentera.

L'indemnité d'assurance n'est elle pas subrogée à la ch assurée ?

419. Lorsque la marchandise déposée en M est assurée contre l'incendie, et qu'elle vient à brûler, l'indemnité d'assurance est subrogée à la marchandise au regard des porteurs du récépissé et du warrant (2).

---

(1) C n'a pas à se plaindre, car il devait savoir, puisqu'il n'avait que le récépissé, que le warrant était quelque part, et par M il pouvait savoir également son montant et la date d'échéance. Pour éviter la vente des marchandises, il n'avait qu'à consigner à M, au moment de l'échéance, la valeur du warrant, pour être remise au porteur de ce warrant.

(2) Cette décision est formellement donnée par la loi de 1858 sur les Magasins généraux (art. 10). Elle passait généralement à cette époque comme dérogeant au droit commun. En effet, l'indemnité était considérée généralement comme représentant les primes versées, et non pas la chose assurée. Il fallait une clause expresse du contrat de gage ou de constitution d'hypothèque, dite « clause de subrogation à l'indemnité d'assurance », pour qu'il en fût autrement. Mais aujourd'hui cette décision est devenue le droit commun en vertu d'une loi du 19 février 1889, qui subroge d'une façon générale l'indemnité d'assurance à la chose assurée.

SECTION II. — DES COMMISSIONNAIRES EN GÉNÉRAL (ART. 94 ET S.).

420. Le contrat de commission ressemble beaucoup au *mandat*, et les auteurs ne sont pas d'accord sur le critérium de la distinction.

Par ex. je vous charge de m'acheter un cheval ou de vendre ma bibliothèque : y a-t-il commission ou mandat?

Il y a 3 principaux systèmes sur ce point :

421. D'après X, c'est la *gratuité*, qui forme le caractère essentiel du mandat. Si donc je vous donne une rémunération pour le service que vous me rendez, il y a commission ; sinon c'est un mandat.

Ce système est généralement repoussé. En effet, il résulte d'un article formel du code civil (art. 1986) que la gratuité est de la nature du mandat, mais non de son essence ; en un mot, le mandat peut très bien porter une clause formelle, aux termes de laquelle le mandataire recevra du mandant une certaine rémunération : l'opération n'en demeure pas moins un mandat.

422. D'après Y, c'est la *représentation* du préposant par le préposé qui forme le critérium.

Si, pour l'opération dont je vous ai chargé, il a été entendu que vous agiriez, non seulement pour mon compte, mais aussi *en mon nom*, en un mot que vous me représenteriez (c'est-à-dire que le contrat serait réputé fait entre le tiers et moi et non entre le tiers et vous), alors il y a mandat.

Si au contraire il a été entendu que vous traiteriez, pour mon compte sans doute, mais en votre propre nom (c'est-à-dire que le contrat par vous passé pour mon compte se formerait uniquement entre le tiers et vous, et nullement entre le tiers et moi), il y a commission.

Ce système est arbitraire : pourquoi donc le commissionnaire ne pourrait-il pas, s'il a reçu de son commettant des instructions en conséquence, traiter au nom de ce dernier, tout comme un mandataire? On n'en voit aucune bonne raison. Il est vrai qu'en général le commissionnaire agit en son propre nom, mais cela n'a rien de nécessaire.

423. D'après Z (et c'est le système qui parait prévaloir aujourd'hui), il faut s'attacher à la nature de l'acte que je vous charge d'opérer pour mon compte. Si c'est un acte commercial, il y a commission; au cas contraire, il y a mandat.

Quel intérêt
y a t il
à distinguer la
commission
du mandat?

424. Reste à déterminer l'intérêt de la question de savoir si le contrat intervenu entre nous, et en vertu duquel je vous ai chargé de faire une certaine opération pour moi, est un mandat ou une commission. Cet intérêt existe à plusieurs points de vue :

1° Au point de vue du droit pour vous d'exiger de moi une *rémunération*, lorsque notre convention est muette sur ce point. S'il y a mandat, je ne vous dois rien. S'il y a commission, je vous dois rémunération.

2° Au point de vue de l'existence d'un *privilège* pour garantir les sommes dont je vous suis redevable, soit que vous ayez fait des avances pour moi, soit que je vous aie promis une rémunération.

S'il y a mandat, vous n'avez pas de privilège; s'il y a commission, vous avez un privilège.

3° Au point de vue de l'*étendue des affaires* que vous pouvez traiter pour mon compte.

Le mandat peut être spécial ou général (C. civ. art. 1987).

La commission est toujours spéciale, c'est-à-dire relative à telle catégorie d'affaires déterminées.

425. *Question.* — Je vous donne commission d'acheter pour moi un objet O moyennant 100, et vous l'achetez moyennant 120.

Il est certain que vous ne pouvez me forcer à prendre O pour 120. Mais pouvez-vous me forcer à le prendre pour 100?

La question est célèbre; elle était déjà controversée entre les jurisconsultes romains pour le mandat (1) et l'est

---

(1) Les Romains n'admettant pas la représentation, le mandat pour eux ressemblait à notre commission. Les Sabiniens disaient que le mandataire ne pouvait pas forcer le mandant à prendre le marché pour 100; les Proculiens admettaient le contraire.

encore aujourd'hui dans le cas de commission. Je pense que le commissionnaire ne peut forcer le commettant à prendre la chose pour 100. La commission n'a pas été exécutée, et le commissionnaire ne saurait avoir une action en remboursement d'une dépense qu'il n'a pas pu faire pour le compte du commettant (1).

Voyons l'intérêt de la question. Il semble au premier abord que je ne puisse être que très satisfait de me voir offrir la chose par vous moyennant 100, comme c'était mon intention.

Mais en y réfléchissant, on remarque que la chose peut avoir considérablement baissé de valeur, par ex. elle ne vaut plus aujourd'hui que 10. Si je suis obligé de la prendre pour 100, je perds 90, et vous ne perdez que 20. Il vaut mieux pour moi vous la laisser, en disant que vous n'avez pas exécuté la commission, car ainsi je ne perdrai rien, et c'est vous seul qui souffrirez de la baisse en perdant 110 (120-10) (2).

---

(1) Certains auteurs (notamment M. Lyon-Caen) admettent la solution contraire. Le commettant ne peut pas se plaindre puisque le commissionnaire lui offre le marché dans les conditions où il l'avait voulu. Je réponds que le marché n'a pas été exécuté, et ne pouvait l'être, puisque la chose valait 120 et non 100. Le commissionnaire ne peut dire au commettant : « Tenons le marché pour exécuté dans les conditions où vous l'avez ordonné; supposons qu'il a été exécuté », alors qu'en réalité la commission n'a pas été exécutée.

(2) Dans le système opposé au mien, le commissionnaire peut spéculer à la hausse sur le dos du commettant : en effet, vous achèterez toujours la chose au cours actuel (120 francs), quoique supérieur au prix que je vous ai fixé (100 francs), en vous disant : « Si la chose monte, je la garderai pour moi en disant que je n'ai pu exécuter la commission; si elle baisse considérablement, je la passerai au commettant qui subira le plus gros de la perte, car quant à moi, je ne perdrai jamais que 20 ». Le commissionnaire a ainsi toutes les chances de gain, et quant aux risques, il ne les subit que pour une faible partie, le gros danger étant pour le commettant. Cette situation est évidemment inique.

M. Lyon-Caen répond que si le commettant souffre les risques de perte, il n'est pas vrai qu'il n'ait pas les chances de gain lorsqu'il y a hausse des cours. Ainsi, supposons que la chose atteigne la

Qu'est-ce qu'un consignataire ?

Le commissionnaire est-il personnellement responsable de l'exécution du contrat?

Qu'est-ce que la clause de « ducroire »?

426. On appelle particulièrement « consignataire » le commissionnaire chargé de vendre. Ainsi, si je suis fabricant de parapluies et que je vous envoie mes produits avec la commission de les vendre, vous êtes mon consignataire.

427. En général, le commissionnaire *ne garantit pas* la solvabilité du tiers avec lequel il traite pour le compte de son commettant. Par ex., vous vendez pour mon compte 30 pièces de vin, et les acheteurs ne vous paient pas : tant pis pour moi; vous n'êtes pas obligé de me payer ce prix de votre poche; vous n'avez pas à me restituer ce que vous n'avez pas reçu (1).

De même, si vous achetez pour mon compte 100 rames de papier à un fabricant et que celui-ci fasse faillite avant de vous les avoir livrées, vous n'êtes pas obligé d'en acheter de votre poche chez un autre fabricant pour me les livrer.

En un mot, le commissionnaire n'est pas tenu d'indemniser le commettant de l'inexécution du contrat de la part du tiers.

428. Tel est le principe. Mais il peut y être dérogé par une

---

valeur de 200; je peux, d'après M. Lyon-Caen, aller vous trouver et vous dire : « Vous avez acheté la chose moyennant 120; eh bien, voici les 120, donnez-moi la chose. »

Nous pensons que cette décision ne compense pas le risque que court le commettant en cas de baisse. En effet, dans ce cas, le commissionnaire ne manquera pas de transporter l'affaire au commettant, tandis qu'en cas de hausse, le commettant sera bien embarrassé pour prouver que le commissionnaire a fait l'opération moyennant 120. Ce serait là en général un droit purement théorique.

(1) Je suppose, bien entendu, qu'il n'y a ni dol ni faute de votre part à vous commissionnaire.

S'il y a *faute* (par ex. vous n'avez pas pris de renseignements sur ceux auxquels vous avez vendu mon vin à crédit), vous me devez des dommages-intérêts.

S'il y a *dol*, non seulement vous me devrez des dommages-intérêts, mais de plus vous pouvez être passible des peines de l'escroquerie. Par ex., vous vendez mon vin à crédit, non à des clients sérieux, mais à des compères qui se hâtent de le revendre au comptant et en partagent le prix avec vous.

clause particulière du contrat de commission qu'on appelle clause de « *ducroire* » (1).

En vertu de cette clause, le commissionnaire, nommé alors « *commissionnaire ducroire* », garantit personnellement l'exécution du contrat. Dans ce cas, le droit de commission est évidemment plus élevé : il est généralement du *double*, et représente en réalité 2 choses :

1° *Le droit de commission proprement dit* destiné à indemniser le commissionnaire pour ses démarches et son temps.

2° *Une prime d'assurance* : le commissionnaire ducroire assure en effet le commettant contre le risque de l'insolvabilité des tiers (2).

429. *Du privilège du commissionnaire C.* — C a un privilège sur les choses qu'il détient à raison de la commission et pour le compte du commettant; ce privilège garantit les sommes que le commettant peut devoir à C à raison de la commission, c'est-à-dire : 1° le salaire de C; 2° les avances que C fait souvent au commettant.

Sur quoi porte le privilège de C?

Que garantit ce privilège?

Par exemple, je suis tanneur et vous êtes commissionnaire en cuirs. Je vous envoie mes produits pour que vous les vendiez moyennant une rémunération de 5 pour 100. En attendant que vous ayez opéré cette vente, j'ai besoin d'argent, et vous m'avancez dix mille francs. Ou encore je vous charge de m'acheter des cuirs en poils (peaux brutes) qui constituent la matière première de ma fabrication, et vous avancez tout ou partie de la somme nécessaire pour payer les bouchers : vous avez encore privilège sur

---

(1) Ce mot vient de l'italien « *del credere* », le commettant *croit* dans le commissionnaire; c'est en lui seul qu'il place sa confiance, et non pas en ceux avec qui le commissionnaire traitera pour son compte.

(2) Il y a toutefois une importante différence entre le commissionnaire ducroire et un assureur. L'assuré ne peut recourir contre l'assureur qu'à la condition de *prouver le sinistre*. Au contraire, le commettant n'a pas besoin, pour se faire payer par le commissionnaire ducroire, de prouver que le tiers avec lequel ce dernier a contracté, ne peut pas exécuter ses obligations.

cette marchandise pour garantir le remboursement (1).

430. Ce privilège est fondé sur l'idée de gage. Je vous constitue tacitement en gage les marchandises que je vous ai chargé de vendre (ou d'acheter), pour sûreté des *avances* que vous me faites à cette occasion, et de la *rémunération* que je vous dois pour la commission.

431. Toutefois il y a de notables différences entre le privilège du commissionnaire C et celui du créancier gagiste ordinaire G.

1° G doit, avant d'opérer la vente, faire une sommation au débiteur.

C n'a pas de sommation à faire, puisqu'il est précisément chargé de vendre par le débiteur (2).

2° G doit attendre 8 jours après la sommation avant de faire opérer la vente, pour laisser au débiteur le temps de payer.

C peut vendre la marchandise sur laquelle il a privilège sans attendre aucun délai.

3° G doit faire vendre le gage aux enchères publiques et par courtier inscrit.

C vend à l'amiable, conformément aux instructions de son commettant.

432. Outre le privilège, C a le droit de *rétention*. Il peut dire au commettant : « Je garde les marchandises que vous m'avez chargé de vendre (ou d'acheter) jusqu'à ce que vous m'ayez remboursé mes avances ».

SECTION 3. — DES COMMISSIONNAIRES POUR LES TRANSPORTS PAR TERRE ET PAR EAU.

433. Le contrat de transport est un contrat par lequel une personne s'engage envers une autre à faire parvenir en un certain lieu des personnes ou des marchandises.

---

(1) Le privilège du commissionnaire acheteur est contesté par certains auteurs, mais la jurisprudence l'admet.

(2) Je vise ici le commissionnaire vendeur. Pour le commissionnaire acheteur, je pense qu'il devrait remplir les mêmes formalités que G, parce que le motif donné au texte pour en dispenser le commissionnaire vendeur ne lui est pas applicable.

434. Ce contrat peut être envisagé à deux points de vue :

1° Au p. d. v. de son *objet*. A cet égard, il s'applique soit à des personnes (voyageurs), soit à des choses (marchandises). Nous ne parlerons que du transport des marchandises.

2° Au p. d. v. de la *voie* par laquelle il s'accomplit. A cet égard, il faut distinguer :

a) Les *routes* (transport par terre). Il faut assimiler, en principe, les chemins de fer aux routes : inutile de dire pourquoi le code de 1807 ne parle pas des chemins de fer. Dans ce cas, le transporteur (qu'il s'agisse de routes ou de voies ferrées) se nomme *voiturier*; et le moyen de locomotion est la voiture (ou wagons pour les chemins de fer);

b) *Les cours d'eau* (transport par eau); j'entends par là les fleuves, rivières et canaux. Le transporteur se nomme *batelier*, et le moyen de locomotion est le bateau;

c) *La mer* (transport par mer). Le transporteur ici est le *capitaine*, et le moyen de locomotion est le *navire*.

435. Nous n'avons pas à parler du transport par mer, qui fait l'objet d'un cours spécial (V. mes Principes de Droit maritime).

436. Nous ne parlerons que du transport par terre et par eau. Comme d'ailleurs le transport par eau suit les mêmes règles que le transport par terre, nous n'envisagerons que ce dernier cas. De plus, pour fixer les idées, nous supposerons en général un transport par route, sauf à indiquer, au fur et à mesure, les particularités relatives aux chemins de fer.

437. On appelle *expéditeur* celui qui confie des marchandises à un voiturier pour être transportées, et *destinataire* celui auquel les marchandises sont adressées et devront être remises par le voiturier à l'arrivée (1).

____

(1) Quelquefois les qualités d'expéditeur et de destinataire sont réunies dans la même personne. Il en est ainsi quand, devant déménager, je charge un voiturier V de transporter mes marchandises à mon nouveau domicile, ou, plus souvent encore, lorsque, partant en voyage, je confie à V des malles qui devront m'être remises à moi-même à l'arrivée.

438. Comment se fait-il que le destinataire D, qui n'a pas été effectivement partie au contrat de transport, où n'ont figuré que E (l'expéditeur) et V (le voiturier), soit investi de la créance qui en dérive au profit de E contre V, et soit tenu des obligations qui en dérivent également au profit de V contre E?

Le premier résultat tient à ce que E a stipulé de V, non seulement à son propre profit, mais aussi au profit de D. Il y a là une application des principes généraux sur la stipulation pour autrui, qui est valable quand telle est la condition d'un contrat qu'on fait pour soi-même, et que le stipulant ne peut révoquer, une fois qu'autrui a déclaré sa volonté d'en profiter (c. civ. art. 1121). Or E a fait le contrat de transport pour lui-même, parce qu'il avait un intérêt quelconque à faire remettre les marchandises à D, par ex. pour se libérer de son obligation de vendeur de délivrer la chose vendue. Il a donc fait sa propre affaire, en stipulant de V qu'il remettrait la chose à D; voilà pourquoi la stipulation est valable, et elle devient définitive lorsque D manifeste la volonté de recevoir les marchandises.

439. Mais comment se fait-il que D soit personnellement tenu de payer le prix de transport à V?

N'y a-t-il pas là, de la part de E, une promesse du fait d'autrui qui devrait être considérée comme nulle? Je réponds que cette obligation est une condition de la stipulation. Du moment que D invoque la stipulation pour recevoir les marchandises, il doit en subir la condition, en payant le prix (1).

---

(1) Telle est l'explication donnée d'ordinaire, des liens d'obligation qui se forment entre D et V. En voici une autre :

D peut être considéré comme cessionnaire des actions acquises par E contre V, avec obligation corrélative de payer à V ce que E lui doit pour le transport. Il en est ainsi lorsque E envoie à D une chose qu'il lui a vendue. Seulement, en pratique, pour éviter les complications et les frais, il n'y a pas lieu, pour la cession de la créance E V, aux formalités ordinaires de la cession de créance prescrite par l'art. 1690.

440. On appelle *commissionnaire de transport* celui qui se charge de faire transporter des marchandises pour autrui, en un mot qui traite avec un voiturier pour le compte d'autrui. Par ex., je ne veux pas me donner la peine de chercher un voiturier pour un transport dont j'ai besoin; je charge un commissionnaire de traiter pour mon compte.

441. Cela arrive surtout lorsque le transport doit s'effectuer par plusieurs voituriers successifs; il peut m'être difficile de me mettre en rapport avec chacun d'eux pour chaque partie du trajet, car je manque des renseignements nécessaires : je charge alors un commissionnaire de ce soin.

442. Le plus souvent, le premier voiturier V fait l'office de commissionnaire de transport. Il transportera lui-même les marchandises dans son rayon, et, arrivé à l'extrémité, il traitera pour moi avec un 2ᵉ voiturier V', qui à son tour remettra, au bout de son trajet, les marchandises à V″, et ainsi de suite jusqu'à destination.

442. Nous diviserons nos explications de la façon suivante :

1° Du voiturier;

2° Du commissionnaire de transport.

§ 1. — DU VOITURIER.

443. Pour simplifier, je supposerai qu'il n'y a qu'un seul voiturier V (nous verrons le cas de plusieurs voituriers au § 2). E charge V de transporter des marchandises, et de les remettre à destination à D.

444. Quels sont les textes qui régissent ce contrat? Il y en a au Code civil (1782-1786) et au Code de commerce (96-108).

445. Quelle est la nature du contrat de transport?

Le Code civil le considère comme une sorte de louage d'ouvrage. C'est un contrat *synallagmatique*, parce qu'il oblige réciproquement E et V, et *réel* parce qu'il suppose la remise d'un objet par E à V. Le contrat de transport participe donc à la fois du louage d'ouvrage et du dépôt (1).

446. On demande si le contrat de transport est par lui-même un acte de commerce. Cela dépend :

Pour l'expéditeur E, il n'est pas commercial en lui-même ; mais il peut l'être en vertu de la théorie de l'*accessoire*, lorsque ce transport se rattache à son commerce, par ex. quand un marchand envoie des marchandises à un client.

Pour le voiturier V, le contrat n'est commercial que s'il fait des transports assez nombreux pour qu'on puisse dire qu'il y a de sa part *entreprise de transports* (C. de commerce, art. 632).

447. Comment se prouve le contrat de transport?

D'après le Code de commerce, le mode normal de preuve est la lettre de voiture (art. 101 et 102) (2).

La Ldv. est-elle nécessaire pour la formation du contrat de transport?

448. L'art. 101 dit que la Ldv. (lettre de voiture) *forme* le contrat de transport. Ce texte signifie simplement qu'elle sert à le constater. Ce contrat en effet n'est pas solennel, il suffit, pour sa formation, du consentement des parties E et V, et de la remise de la chose par E à V (3).

Qu'est-ce que la Ldv.?

449. La Ldv a la forme d'une lettre missive ouverte adressée par E à D, et par laquelle il l'informe qu'il a remis tel colis à V pour lui être délivré.

La lettre est remise par E à V ; elle voyagera avec la marchandise, et V devra, à l'arrivée, la remettre à D.

---

(1) Tant que la remise n'a pas été effectuée, il n'y a pas contrat de transport. Il y a seulement promesse de la part de E de remettre les marchandises à V pour être transportées, et promesse de la part de V d'opérer le transport lorsqu'il aura reçu les marchandises.

(2) De plus, l'art. 96 ordonne au voiturier « d'inscrire sur son livre journal la déclaration de la nature et de la quantité des marchandises, et, s'il en est requis, de leur valeur ».

(3) Si on a négligé de faire une lettre de voiture, les intéressés prouvent le contrat conformément au Droit commun (aveu, serment, et, au-dessous de 150 fr., témoins et présomptions). De plus, si le transport constitue un acte de commerce, on pourra prouver de toutes les manières, conformément à l'art. 109 (livres de commerce, témoins et présomptions même au-dessus de 150 fr.).

450. Voici les mentions que doit contenir la Ldv :

Quelles sont les mentions de la Ldv. ?

1° La date;

2° L'indication des marchandises soumises au transport (nature, poids ou contenance); en marge doivent être marqués les numéros des objets pour éviter les confusions et simplifier les réclamations;

3° Le délai dans lequel le transport doit être effectué, et l'indemnité due pour cause de retard (1);

4° Le nom et le domicile de V (et aussi du commissionnaire de transport s'il y en a un);

5° Le nom du destinataire;

6° Le prix de la voiture.

Enfin la lettre doit être signée par l'expéditeur E.

La loi exige que V copie la lettre de voiture sur un registre spécial (2).

451. La lettre de voiture a plusieurs utilités :

Quelle est l'utilité de la Ldv. ?

1° Elle prouve le contrat de transport entre E (ou D) et V.

452. Ainsi D peut invoquer la lettre pour dire que le transport n'a pas été effectué par V dans le temps convenu, ou que V ne lui restitue pas les objets dans l'état où il les a reçus, etc.

453. De même V peut invoquer la lettre pour exiger le prix du transport.

454. 2° Elle permet de *vendre* ou d'*engager* les marchandises pendant qu'elles sont encore en cours de route.

455. Il suffit de supposer que la lettre a été rédigée en 2 exemplaires, et que l'un des exemplaires a été envoyé par la poste par E à D. D peut, au moyen de cet exemplaire,

---

(1) Il s'agit là d'une clause pénale en vue d'éviter des contestations relatives à l'évaluation d'intérêts pour retard.

(2) La loi suppose que la lettre de voiture n'est faite qu'à un seul exemplaire. En pratique on fait souvent 2 exemplaires :

L'un, signé par E, est conservé par V pour être remis à D avec les marchandises.

L'autre, signé par V, est conservé par E.

Droit Commercial.   8

vendre les marchandises à un tiers X qui, à l'arrivée, se les fera remettre par V.

456. Quant à la forme dans laquelle D cédera à X sa créance en délivrance D V, cela dépend de la façon dont la lettre a été rédigée.

Si elle est à personne dénommée, c'est-à-dire si D est seul désigné comme destinataire des marchandises, X devra signifier à V la cession.

Si la lettre est au porteur, il suffira que D remette l'exemplaire à X qui se fera délivrer les marchandises par V sur la seule production de cet exemplaire.

Si la lettre est à ordre, D n'aura qu'à endosser l'exemplaire à X.

457. Au lieu de vendre les marchandises à X, D pourrait aussi bien les lui donner en gage. Il est vrai qu'il faut que le créancier gagiste soit mis en possession ; mais il suffit qu'il ait la possession par l'entremise d'un tiers, et V peut parfaitement être ce tiers (1).

458. Les compagnies de chemins de fer, qui font aujourd'hui la plupart des transports par terre, ont remplacé la lettre de voiture par le *récépissé*.

Qu'est-ce que le récépissé ?

C'est un écrit, signé de V, par lequel celui-ci reconnaît *avoir reçu* les marchandises de E, et s'engage à les remettre en tel lieu à D. Cet écrit mentionne, comme la lettre de voiture, les conditions du transport (prix, indication des marchandises, délai, etc. (2).

------

(1) Nous verrons en Droit maritime que le *connaissement* offre la même utilité, mais à un bien plus haut degré. Le transport par terre ayant généralement lieu par chemin de fer, est très rapide, de telle sorte que les marchandises, dans le temps qu'elles sont en route, ne peuvent guère faire l'objet d'une vente et encore moins d'une constitution de gage. Il en est autrement pour les marchandises transportées par mer ; on les vend et on les engage souvent par le moyen du connaissement. D'ailleurs, le connaissement, étant un écrit signé par le capitaine, ressemble moins par sa forme à la Ldv qu'au récépissé dont nous allons parler.

(2) Il n'est pas question du récépissé dans le code ; ce docu-

459. Le récépissé présente les deux mêmes utilités que la lettre de voiture (supra 4, D).

460. *Obligations de V envers E* (ou envers D).

V doit :

1° Veiller à la conservation des marchandises en cours de route.

2° Opérer le transport dans le délai convenu.

3° Remettre les marchandises à D à l'arrivée.

(marginal note: Qnelles sont les obligations du voiturier?)

461. L'inexécution de ces obligations a lieu dans 3 cas :

1° Le cas d'*avarie*, c'est-à-dire de détérioration.

2° Le cas de *perte* totale ou partielle.

3° Le cas de *retard*.

(marginal note: Quels sont les 3 cas de responsabilité du voiturier?)

462. Dans ces trois cas, E (ou D) peut-il demander des dommages-intérêts à V?

Cela dépend :

Si l'inexécution par V de ses obligations tient à un cas fortuit (inondation, etc.) ou de force majeure (V a été dévalisé par des voleurs), V est libéré (C. civ. 1302).

Si cette inexécution tient à la faute de V, il doit des dommages-intérêts.

463. A qui incombe la charge de la preuve, dans cette question de la faute de V? Est-ce à E (ou à D) à prouver que V a commis une faute? Ou est-ce à V à prouver qu'il est libéré parce qu'il y a eu cas fortuit ou force majeure? Il résulte des principes généraux que la preuve incombe à V (C. civ., 1302 et 1315), car il s'agit d'une faute contractuelle, et non d'une faute délictuelle. E a fini sa preuve quand il a établi par la Ldv le contrat de transport; c'est à V de prouver sa libération, ce qu'il ne peut faire qu'en invoquant le cas fortuit ou la force majeure (1).

---

ment est réglé par des textes postérieurs, et notamment par une loi de 1863.

Le récépissé est détaché d'un registre à souche. Il est fait en 2 exemplaires : l'un est délivré à E, l'autre accompagne les marchandises et doit être remis avec elles à D.

(1) Au cas de force majeure il faut assimiler, au point de vue de la libération de V, la faute de l'expéditeur (il a mal emballé les

Montrez l'impor-
tance de la
question de la
charge
de la preuve?

464. La remarque que nous venons de faire, quant à la charge de la preuve, a une importance pratique considérable. Il en résulte que V est responsable, non seulement quand il est en faute, mais encore quand il ne peut pas prouver que l'avarie (la perte ou le retard) tient à un cas fortuit ou de force majeure (1).

Quels sont les
éléments
des dommages-
intérêts?

465. Les dommages-intérêts dus par V à E (ou à D) comprennent, conformément au droit commun (C. civ., 1149 et 1151), le *damnum emergens* (perte éprouvée) et le *lucrum cessans* (gain manqué).

En cas de dol de V, ils comprennent, non seulement le dommage prévu, mais aussi le dommage imprévu, pourvu qu'il soit une suite directe de l'inexécution par V de ses obligations.

466. Pour éviter les contestations relatives à l'évaluation du préjudice pour retard, la lettre de voiture contient, nous l'avons vu, une clause pénale.

467. La responsabilité du voiturier étant très lourde, il cherche souvent à s'en exonérer par une clause formelle du contrat de transport. Cette clause de non responsabilité est-elle valable? Cette question fut autrefois très controversée.

Nullité de
la clause do non
responsabilité
du voiturier?

468. Elle a été tranchée dans le sens de la nullité de la clause par la L. 17 mars 1905, qui a ajouté un 3ᵉ al. à l'art. 103 C. Cce, de sorte que ce texte est maintenant ainsi conçu : « Le voiturier est garant de la perte des objets à transporter, hors les cas de la force majeure. Il est garant des avaries autres que celles qui proviennent du vice propre de la chose ou de la force majeure. *Toute clause contraire, insérée dans la Ldv, tarif ou autre pièce quelconque, est nulle.* »

---

marchandises; il a mal bouché des bouteilles, et le liquide s'est perdu) et le vice propre des marchandises (les graines se sont échauffées).

(1) Il ne faut pas confondre la question de responsabilité du voiturier et la question des risques dans la vente. E vend à D un corps certain moyennant 100, et le lui expédie par V. La chose arrive à D avariée. D doit néanmoins payer le prix de vente à E, car les risques, dans la vente, sont pour l'acheteur; seulement D a une action en dommages-intérêts contre V à raison de l'avarie.

469. Les auteurs de la L. 17 mars 1905 ont considéré la clause de non responsabilité comme contraire à l'ordre public parce qu'elle pousse V à mettre moins de soin dans le choix de ses agents (1).

470. Souvent V, sans exclure complètement sa responsabilité, la limite par avance, en fixant par ex. les dommages-intérêts en cas de perte ou d'avarie à 0 fr. 10 par kilo. La clause est évidemment valable si elle est sérieuse; mais, si elle a pour objet en réalité d'exclure les dommages-intérêts en fixant une indemnité dérisoire eu égard à la valeur, on rentre dans la question précédente (467).

471. D'ailleurs, il a toujours été certain pour tout le monde que V ne peut s'exonérer de son dol; la clause « que V ne répondra pas de la fraude de ses agents » est évidemment nulle comme contraire à l'ordre public. C'est une règle traditionnelle.

472. L'action en responsabilité étant très rigoureuse pour V, la loi l'a soumise à une prescription assez brève; cette prescription est *d'un an* (C. de commerce, art. 108, modifié par la L. 11 avril 1888).

L'action en responsabilité contre V n'est-elle pas soumise à une courte prescription?

Ainsi l'action pour avarie, perte ou retard se prescrit par un an, sans qu'il y ait à distinguer les expéditions faites dans l'intérieur de la France, et celles faites de la France à l'étranger (2).

473. Cette prescription ne s'applique pas en cas de fraude ou d'infidélité; ici il faut appliquer la prescription ordinaire qui est de 30 ans.

---

(1) On peut ajouter que la clause est dangereuse pour E à un autre point de vue. Les compagnies de chemins de fer, qui sont les voituriers ordinaires, ont un monopole. Dès lors, E n'est pas libre de dire à V : « Si vous stipulez la non responsabilité, je ne traiterai pas avec vous, je prendrai un autre voiturier. »

(2) L'ancien art. 108 ne parlait pas de la prescription pour l'action en dommages-intérêts fondée sur le retard, et la jurisprudence appliquait dans ce cas la prescription de 30 ans. D'autre part, en cas de perte ou d'avarie, la prescription variait selon que l'expédition était faite dans l'intérieur de la France ou à l'étranger. Au premier cas, elle était de 6 mois; au 2ᵉ cas, elle était d'un an.

474. D'autre part, on admet que la prescription n'atteindra pas la réclamation d'une indemnité, si cette réclamation a lieu, non par voie d'action, mais par voie d'exception, et cela conformément à la règle traditionnelle : « *quœ temporalia sunt ad agendum, perpetua sunt ad excipiendum.* »

Ainsi V a livré des marchandises à D, mais n'a pas réclamé le paiement du prix de transport. V laisse passer une année après cette remise, et demande ensuite (nous verrons qu'il n'est lui-même soumis qu'à la prescription de 5 ans) le prix de transport. D peut opposer, par voie d'exception, afin de diminuer ou d'éteindre sa dette du prix, sa créance en dommages-intérêts pour avaries (1).

475. L'action en responsabilité de E (ou de D) peut être repoussée par V avant même qu'elle ne soit éteinte par la prescription, au moyen d'une exception ou fin de non recevoir établie par l'art. 105 au profit de V. Cette exception, que j'appellerai *exception de réception-paiement*, consiste pour V à dire à D : « Vous avez reçu (2) les marchandises et vous avez payé le prix du transport; c'est donc que vous considériez les marchandises comme en bon état, et vous avez implicitement renoncé à votre action en responsabilité contre moi. »

Ainsi l'exception de réception-paiement est basée sur la présomption que D a considéré que les marchandises étaient complètes et en bon état, et cette présomption résulte du double fait que D a *reçu livraison* des marchandises et *a payé le prix* de transport.

476. L'exception est opposable à l'action basée sur la perte partielle ou l'avarie, mais non pas à l'action basée

V ne peut-il pas opposer une exception à E ?

---

(1) Autrement V s'abstiendrait par calcul de réclamer le prix, jusqu'à l'extinction de l'action en indemnité par la prescription d'un an, et il agirait ensuite sûrement en paiement du prix, échappant ainsi à toute responsabilité.

(2) Cette réception est prouvée facilement par V au moyen de la signature de D sur le registre de livraison. Lorsque V délivre la marchandise à D, il demande à D de mettre sa signature dans une marge spéciale de son registre de livraison : c'est ce qu'on appelle « émargement ».

sur le retard, car D n'a pu vérifier sur le champ si V n'avait pas dépassé le délai; cela demande un examen, des informations, et par suite du temps; la présomption qui sert de base à l'exception vise donc uniquement la perte partielle et l'avarie, mais non pas le retard (1) (2).

477. On se demande si l'exception de réception-paiement est applicable dans le transport en port payé, aussi bien que dans le transport en port dû. Nous pensons que l'exception n'est pas applicable.

Voici le cas. E en remettant la marchandise à V, a payé d'avance le prix du transport (c'est ce qu'on appelle le port payé). Puis V livre la marchandise à D, qui évidemment n'a rien à payer. D agit en dommages-intérêts contre V à raison d'une avarie.

V oppose à D l'exception de l'art. 105 en lui disant : « Il y a eu réception de votre part de la marchandise. De plus le prix a été payé. Donc les conditions de l'exception sont remplies ». D lui répondra : « Le prix a été payé, c'est vrai, mais ce n'est pas par moi; on ne peut donc pas dire que j'ai, en payant, reconnu le bon état des marchandises, et dès lors le motif de l'exception ne s'applique pas. »

478. L'exception de *réception-paiement* instituée par le

---

(1) Cette décision est certaine en présence du nouveau texte de l'art. 105, tel qu'il résulte de la loi du 11 avril 1888. Sous l'ancien texte, qui ne faisait pas de distinction, l'exception était opposable même en cas de retard, ce qui était injuste, par la raison indiquée au texte.

(2) Pour la même raison, l'exception n'est pas opposable à l'action en détaxe, si D prétend que le prix par lui payé dépasse le tarif.

(3) Contrat Lyon-Caen, n° 534. Cet auteur reconnaît que, sous le texte primitif de l'art. 105, l'exception ne pouvait être opposée par V à D dans le cas d'expédition en port payé, et qu'il fallait que le paiement émanât de D lui-même, pour qu'on pût y voir une renonciation à l'action en responsabilité. Cela nous paraît décider la question dans notre sens, car l'esprit de la loi de 1888, en modifiant l'art. 105, a été de protéger D davantage, et non pas de le protéger moins; on a voulu diminuer la portée de l'exception, et non l'élargir. Pour justifier son opinion, M. L.-C. invoque le délai de pro-

C. cce (art. 105) n'avait pas grand inconvénient sous l'empire de ce code, parce que les voituriers laissaient au destinataire tout le temps nécessaire pour reconnaître les marchandises et en vérifier l'état, avant de payer. Si D avait des doutes sur l'état des marchandises, il prenait livraison, en attendant, pour effectuer le paiement, d'avoir vérifié l'état des marchandises.

L'exception ne donna-t-elle pas lieu à un abus avec la pratique des chemins de fer?

479. Mais, à partir de l'établissement des chemins de fer, l'exception de réception-paiement devint en fait très rigoureuse et même inique pour D. En effet, les compagnies de chemins de fer ne livrent les marchandises que contre paiement immédiat. Dès lors supposons qu'au moment de la délivrance, je ne puisse pas vérifier les marchandises qui me sont adressées; par exemple, je suis occupé avec un client, ou je me trouve hors de mon domicile, et ce sont les commis qui reçoivent la livraison. Il faut alors :

Ou bien que je paie le prix de transport les yeux fermés, et alors je m'enlève tout droit de réclamation pour perte ou avarie.

Ou bien que je ne paie pas, et alors les marchandises ne me sont pas livrées; il faudra que je les fasse chercher plus tard à la gare, en payant un droit de magasinage : de là une perte de temps et des frais.

Les commerçants prenaient toujours le 1er parti : recevoir les marchandises en payant le prix sans examen, et ainsi leur action en responsabilité se trouvait immédiatement perdue (1).

Cet abus existe-t-il encore ?

480. La loi du 11 avril 1888, modifiant l'art. 105, a tempéré la rigueur de cette exception, en permettant à D de l'écarter par une *réplique*, moyennant une certaine condition.

---

testation qui permet à D d'échapper à l'exception. C'est là une pétition de principes. La jurisp. est divisée et M. Thaller est ici opposé à M. L.-C. V. L.-C., note au n° 534.

(1) Cette solution était particulièrument rigoureuse pour les avaries non apparentes qui exigent un déballage et un examen sérieux pour être découvertes.

Cette condition consiste à adresser à V, dans les 3 jours de la réception et du paiement (1), une protestation motivée (2) par acte d'huissier ou même par une simple *lettre recommandée*.

481. Le législateur de 1888 a craint que V ne stipule des clauses destinées à éluder la protection qu'il voulait accorder au destinataire. C'est pourquoi il prend soin de déclarer toutes stipulations contraires nulles et de nul effet. Ainsi V ne peut stipuler que D n'aura pas le droit de protester, ou que le délai de protestation sera inférieur à 3 jours.

482. A l'inverse, le législateur déclare que l'art. 105 ne saurait entraver les dispositions relatives aux transports internationaux. Si donc il intervient une convention entre les compagnies de chemins de fer françaises et les compagnies étrangères en vue d'établir des tarifs uniformes, et qu'il soit dit que le destinataire n'aura pas droit de protester après avoir reçu et payé, cette règle s'appliquera en France, et le destinataire ne pourra pas invoquer l'art. 105 (3).

483. L'effet de la réplique de protestation est de briser l'exception de réception-paiement, et de rendre possible l'action en indemnité pour perte partielle ou pour avarie (4) (5).

---

(1) Ainsi, si je reçois les marchandises le 15, je puis encore protester le 18, mais le 19 il serait trop tard.

(2) Il ne suffirait pas d'une protestation vague; il faut indiquer d'une façon précise l'avarie ou la perte partielle dont on se plaint, afin que V puisse, s'il le veut, venir constater immédiatement la vérité des faits.

(3) La convention relative aux transports internationaux est du 14 octobre 1890; elle est entrée en vigueur le 1er janvier 1893.

(4) Il n'y a pas à distinguer si l'avarie est apparente ou non. Le législateur aurait pu n'autoriser la protestation que pour les avaries *non apparentes*; pour celles qui sont apparentes, D aurait pu, s'il avait été diligent, les voir de suite et refuser les marchandises. Le législateur a pensé sans doute que D peut ne pas être en mesure de voir la marchandise au moment où elle est livrée par V. Ce sont souvent des commis inférieurs de D qui reçoivent la livraison, soit en gare, soit même dans les magasins de D, et le législateur a voulu permettre à D de se rendre compte par lui-même de l'état des choses.

(5) D, qui a reçu et payé le 15, vérifie les marchandises le 18;

484. *Obligation du destinataire* D (ou de l'expéditeur E) (1). Sa principale obligation est de payer le prix de transport. Il doit aussi rembourser à V les avances qu'il a pu faire (droits de douane, d'octroi, camionnage, etc.).

485. Le prix de transport n'est pas libre, lorsque le voiturier est une compagnie de chemins de fer. Il doit être fixé d'après les tarifs *homologués* par l'*administrateur* compétent (2), après une *enquête* où les intéressés sont admis à présenter leurs réclamations. Ces tarifs sont *publics*; ils sont *fixes* en ce sens qu'ils ne peuvent être relevés que moyennant certaines formalités et certains délais (3).

---

il constate une avarie (ou un manquant), et proteste de suite par une lettre recommandée adressée à V, puis il agit en dommages-intérêts contre V dans le délai utile, c'est-à-dire dans l'année de la réception, en disant que l'avarie s'est produite en cours de route. V répond : « L'avarie s'est produite chez vous entre le 15 et le 18. » A qui la charge de la preuve? Est-ce à D à prouver que l'avarie s'est produite chez V? Controverse.

D'après X, c'est V qui doit prouver que l'avarie s'est produite chez D. Autrement la protection que la loi a voulu accorder à D par le délai de protestation, serait illusoire, car la preuve pour D que l'avarie n'a pu se produire chez lui et qu'elle a eu lieu en cours de route, est à peu près impossible à faire. La réception des marchandises ne doit pas nuire à D, du moment qu'il proteste dans les 3 jours; il est mis dans la même situation que s'il n'avait pas pris livraison, car c'est une livraison en quelque sorte forcée.

Je crois au contraire (sic Lyon-Caen n° 536) que c'est D qui doit prouver que l'avarie est survenue en cours de route, ou, ce qui revient au même, que l'avarie n'a pas pu se produire chez lui après la réception. En effet, il est demandeur en responsabilité; sa prétention est que la marchandise a été avariée en cours de route, donc il doit la prouver. Certes cette preuve est difficile à faire : aussi D sera-t-il prudent en ne comptant pas trop sur la réplique de protestation, en vérifiant autant que possible l'état de la marchandise au moment même de la livraison par V, et en la refusant si cet état lui paraît suspect.

(1) Comment se fait-il que V puisse agir contre D qui, semble-il, n'a pas été partie au contrat de transport? (V. 439).

(2) C'est le ministre des Travaux publics pour les chemins de fer d'intérêt général, et le préfet pour les chemins de fer d'intérêt local.

(3) Un relèvement brusque causerait un grand tort aux com-

486. Quelles sont les *sûretés* qui garantissent à V le paiement du prix de transport? Il y en a 2 :

a) Le droit de *rétention*. V dit à D : « Je garde les marchandises jusqu'à ce que vous m'ayez payé » ;

b) Le *privilège* (C. civ. 2102-6°), en vertu duquel V se paiera, sur le prix des marchandises, par préférence à tous les créanciers de D (1).

487. J'ajoute que V peut recourir à des mesures tendant, soit à la conservation de ses droits, soit à l'exécution plus rapide.

Au 1ᵉʳ point de vue il peut, si D refuse la livraison :

1° Faire ordonner le dépôt des marchandises par le président du tribunal de commerce ;

2° Faire nommer un expert pour constater l'état des marchandises, afin de dégager sa responsabilité à raison des avaries qui pourraient survenir.

Au 2ᵉ point de vue, il peut faire ordonner la vente d'une partie des marchandises afin de se payer du prix de transport.

488. L'action en paiement du prix de transport dure *5 ans* (art. 108). Il en est de même de l'action en *surtaxe* de V contre D, si V s'aperçoit que le prix par lui touché est inférieur au tarif (2).

489. Le point de départ de cette prescription est le jour où la marchandise a été remise ou offerte par V à D.

§ 2. *Du commissionnaire de transport.*

490. Nous avons déjà défini ce commissionnaire, et nous avons dit qu'en général il n'était autre que le 1ᵉʳ voiturier

---

merçants qui, pour établir leur prix de revient, tiennent compte des tarifs existants.

(1) Nous avons vu en Droit civil 2ᵉ année, qu'on controverse la question de savoir si ce privilège est fondé sur l'idée de *gage* ou sur celle de *plus-value*. Dans la 1ʳᵉ opinion, qui est généralement admise, V ne peut exercer son privilège qu'à la condition de ne pas se dessaisir des marchandises.

(2) Nous avons vu qu'il en est de même de l'action en détaxe

(440). C'est le 1ᵉʳ voiturier V qui, après avoir transporté les marchandises jusqu'à l'extrémité de son rayon (ou de son réseau), traite ensuite avec un 2ᵉ voiturier V' pour la continuation du parcours, en chargeant V' de traiter ensuite avec V'' et ainsi de suite.

Comment le commissionnaire de transport est il rémunéré?

491. *Mode de rémunération.* En pratique, l'expéditeur E ne paie pas au commissionnaire de transport C un droit de commission.

La rémunération de C consiste en une diminution de prix qu'il obtient de V. Si le tarif de V est de 10 fr. pour les particuliers, il ne prendra par ex. que 7 fr. à C, qui ainsi gagnera 3 fr., car E devra payer 10 fr. à C, comme il les paierait s'il traitait directement avec V (1).

Qu'est ce que le groupage?

492. Un autre élément important de bénéfice pour C consiste dans le *groupage.* Comme il centralise les expéditions, il peut grouper les marchandises destinées aux mêmes lieux, de façon à en remplir un wagon. Or, les Compagnies font une grande diminution pour un wagon complet : C paie donc à V le tarif réduit, et se fait payer par les expéditeurs E, E', E'', etc. le tarif ordinaire.

Le commissionnaire de transport n'est-il pas responsable de l'exécution du transport?

493. *Obligations du commissionnaire.* Il est tenu envers l'expéditeur E (ou envers le destinataire D) de faire effectuer le transport dans les conditions fixées par le contrat qu'il fait pour le compte de son commettant. Ainsi il répond personnellement de l'exécution du contrat de transport; il est commissionnaire *ducroire.* Si E a à se plaindre d'avaries, de perte ou de retard, il peut agir directement contre C sans avoir à s'adresser aux divers voituriers qui ont concouru au transport. C ensuite exercera un recours contre le voiturier qui a commis la faute.

494. C peut invoquer, tout comme V, l'exception de

---

de D contre V, si D s'aperçoit que le prix par lui payé est supérieur au tarif.

(1) Cette pratique n'est pas contraire au principe que le commissionnaire ne peut demander au commettant que le montant de ses déboursés, car ce principe ne s'applique que sauf convention contraire

réception-paiement (art. 105), sauf à voir repousser cette exception par la réplique de protestation (480).

495. L'action en responsabilité de E contre C se prescrit par un an, comme l'action contre le voiturier (1), sauf le cas de fraude. L'action en détaxe se prescrit par 5 ans.

496. Lorsque C a été actionné en avarie par E (ou D), il a un recours contre le voiturier V qu'il croit être l'auteur du dommage : le délai de ce recours est d'un mois à compter du jour où C a été lui-même actionné par E.

Si à son tour V estime que la faute vient de V', il a également un mois, à partir du jour où il est poursuivi par C, pour agir contre V', qui peut, à son tour, dans le délai d'un mois, se retourner contre V", et ainsi de suite.

497. *Droits du commissionnaire.* Il a les mêmes droits que le voiturier, auquel il est subrogé, pour exiger le prix du transport, et son action en paiement est soumise à la même prescription.

TITRE VII. — **Des achats et ventes.**

498. Indiquons quelques espèces de ventes particulières au commerce :

1° La vente *par filière.* A vend à B, moyennant 10, une certaine chose qui se trouve à l'entrepôt ou en cours de voyage; B la revend à C moyennant 12; C la revend à D moyennant 15 (on pourrait poursuivre ainsi indéfiniment). D prendra livraison de la marchandise et paiera 10 à A, 2 à B, 3 à C.

499. 2° La vente *à livrer*, qui a pour objet des choses qui ne sont pas encore en la possession du vendeur, mais que celui-ci se réserve de se procurer pour les livrer à l'ache-

---

(1) Il y a un léger doute tenant à ce que l'art. 108 al. 1 ne parle pas du commissionnaire à propos de cette prescription d'un an. Mais l'esprit général de la loi est de traiter C comme V au point de vue de la responsabilité. D'ailleurs il est question du commissionnaire dans le 2ᵉ alinéa de l'article; rien n'indique que ce soit à dessein que le 1ᵉʳ alinéa ne le mentionne pas.

teur. Parfois ces marchés sont *fictifs*, c'est-à-dire cachent de simples *paris* à la hausse ou à la baisse; alors il n'y a pas lieu à des livraisons effectives, mais simplement à des paiements de différences. Nous verrons que, même dans ce cas, le contrat est valable depuis la loi de 1885 sur les marchés à terme.

500. 3° Vente *à l'acquitté*. Il s'agit de marchandises qui se trouvent à l'entrepôt, et le vendeur s'engage à acquitter lui-même les frais de douane avant de livrer.

501. 4° Vente *à l'entrepôt*. Il s'agit également de marchandises qui sont à l'entrepôt; seulement ici c'est l'acheteur qui devra supporter les frais de douane.

TITRE VIII. — De la lettre de change, du billet à ordre et de la prescription.

SECTION 1. — DE LA LETTRE DE CHANGE (POUR ABRÉGER : LDCH).

Q que la l. de ch.

502. La ldch (ou *traite*) est un écrit conçu en forme de lettre missive, par lequel une personne T, appelée *tireur*, charge une 2° personne T′, appelée *tiré*, de payer une certaine somme *à l'ordre* (c'est-à-dire conformément aux indications) d'une troisième personne P, appelée preneur ou *porteur*.

§ 1. — DE LA FORME DE LA LETTRE, DE SON UTILITÉ ET DE SON EFFET.

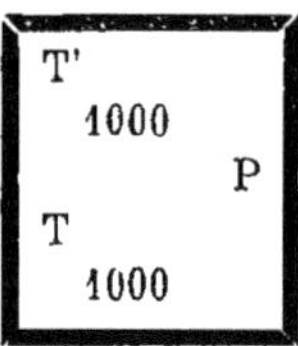

503. Je suppose que T′ doive 1000 fr. à T, par exemple, à raison d'un emprunt, et que T de son côté doive 1000 fr. à P, par ex., à raison d'une vente de marchandises faite par P à T.

Enoncez une l. de ch ?

T, n'ayant pas d'argent pour payer P, rédige une ldch ainsi conçue :

B. P. F. : 1000

Paris, le 1ᵉʳ avril 1911.

Au quinze octobre prochain, veuillez payer à l'ordre de P la somme de mille francs, valeur reçue en marchandises.

T,

Rue de Rivoli, N° 1.

A *M.* T′, *demeurant à Toulouse, rue de la Gare, N° 1.*

504. Les lettres « B. P. F. », qui sont en tête de la lettre, signifient « Bon pour francs », Ils permettent de se rendre compte immédiatement du montant de la somme à toucher.

505. Les mots « à l'ordre de P » signifient que T' devra payer, soit à P lui-même, soit à une autre personne P' *indiquée par P*. Cette indication a lieu par une mention appelée endossement parce qu'elle se fait au dos de la lettre, c'est-à-dire au verso. P écrit : « Payez à l'ordre de P'. Signé P ». P' devient ainsi porteur de la lettre. Il peut à son tour l'endosser à P², qui peut l'endosser à P³, et ainsi de suite. La lettre peut ainsi passer entre les mains d'un grand nombre de porteurs successifs. Quand il n'y a plus de place au dos, on colle un bout de papier pour le rallonger, et continuer les endossements.

506. La ldch a 3 principales utilités :

1re *utilité*. Elle constitue un moyen de *circulation fiduciaire*. Elle tient lieu de monnaie, et économise ainsi l'emploi du métal; elle joue à peu près à cet égard le rôle du *billet de banque*.

Ainsi T, ayant 1000 fr. à payer à P, lui remet en paiement une lettre de change sur T', à peu près comme il lui remettrait un billet de banque.

Ou bien encore P, ayant 1000 fr. à payer à P', pourra lui remettre cette même lettre en paiement.

507. Il y a toutefois d'importantes différences entre une lettre de change, même à vue et acceptée par T', et un billet de banque.

1° Au point de vue de la *façon de les transmettre* :

La ldch étant *à ordre*, le porteur n'en transmet la propriété que par l'*endossement*.

T' paie à celui qui est saisi de l'effet en vertu d'un endossement.

Le billet de banque étant *au porteur*, celui qui l'a entre les mains en transmet la propriété par la simple *tradition*.

La banque qui a émis le billet, doit le payer à celui qui l'a entre les mains.

2° Au point de vue du *cours légal* :

Elle n'a pas cours légal. P' n'est pas forcé de la recevoir de P en paiement, il peut lui dire : « Vous me devez de l'argent, donnez-moi de l'argent, je ne veux pas de votre papier. »

Il a cours légal tout comme un louis d'or. Si je vous dois mille fr. et que je vous offre un billet de banque de 1,000 fr. en paiement, vous ne pouvez pas le refuser.

3° Au point de vue du *risque de non paiement :*

Il peut arriver que T' ne paie pas, quoiqu'ayant accepté, par la raison bien simple qu'il n'a pas d'argent.

Le porteur P' est alors réduit à un recours en garantie contre P et T, recours qui sera illusoire par leur insolvabilité.

Il est peu probable que la Banque de France ne paie pas ses billets, à raison du contrôle qui y est organisé, et de la sécurité qu'offrent toutes ses opérations.

4° Au point de vue de la *durée de la circulation :*

La lettre de change à vue ne peut rester indéfiniment en circulation : il faut qu'elle soit présentée au paiement par le porteur P' dans les 3 mois de sa date.

Si P' attend plus longtemps il encourt les déchéances du porteur négligent.

Le billet de banque peut rester indéfiniment en circulation, et le porteur conserve toujours ses droits. Quand même il présenterait le billet au remboursement 50 ans, 100 ans après son émission, la Banque n'aurait aucune prescription à lui opposer. En un mot le billet de banque est imprescriptible.

508. Seconde utilité de la ldch. Elle dispense de transporter du numéraire d'un lieu dans un autre, et évite ainsi des risques de perte par suite de vol, accident de chemin de fer, naufrage, etc.

T'	v'	P'
T	v	P

T, de la ville v, est *créancier* de T' de v' d'une somme de un million de francs.

D'autre part, P, de v, est *débiteur* de P' de v' d'une somme égale.

Si la lettre de change n'existait pas, T' devrait envoyer

1 million par chemin de fer, navire, etc., de v' en v.

Et de même P devrait emballer 1 million pour l'envoyer de v en v' à P'.

Ces 2 envois d'un million courraient de grands risques en route.

Au lieu de cela, T tire une ldch d'un million sur T' à l'ordre de P, qui remet immédiatement à T, en espèces, cette somme : cela est facile puisque T et P habitent également à v.

P endosse la lettre à P' et la lui envoie. Si elle se perd en route, ce ne sera pas un grand malheur: celui qui la trouvera n'en pourra rien faire, puisque le paiement ne peut être touché que par P', ce ne sera qu'un bout de papier perdu, et P n'aura qu'à demander une autre lettre semblable à T.

Lorsque P' aura reçu la lettre TT', il la présentera à T' qui lui paiera le million. Par ce paiement, P sera libéré envers P' et T' le sera également envers T.

509. En pratique, T et P, l'un ayant une lettre à vendre sur v', et P ayant besoin d'en acheter une, sont dispensés de la nécessité de se chercher. Les banquiers leur évitent cette peine en faisant le commerce des ldch.

T va trouver B, banquier en v, et lui vend sa lettre sur T' de v'.

B est en correspondance avec B', banquier à v', et lui envoie la lettre T T' que B' touchera en v' chez T'.

D'autre part P, qui a besoin d'une lettre sur v', va chez B pour lui en acheter une.

B tire une lettre sur son correspondant B' à l'ordre de P qui l'endosse à P' et la lui envoie.

510. Ce procédé offre un grand avantage. Il est possible que P n'ait pas une somme d'un million à payer à P', mais une somme bien inférieure. B lui fournira une lettre portant exactement la somme dont il a besoin.

D'autre part P sera plus sûr du paiement d'une lettre B B' (tirée par un banquier sur un autre banquier) que d'une lettre T T' (tirée par un particulier sur un particulier).

510. Dans cette deuxième fonction, la ldch. est un moyen

Qu'est-ce que le
contrat
de change?

très pratique et très ingénieux de réaliser le contrat de change. On entend par là un contrat par lequel 2 personnes habitant une certaine ville conviennent que l'une d'elles mettra à la disposition de l'autre une certaine somme dans une autre ville.

Cette 2ᵉ utilité
ne parut elle pas
essentielle
au législateur
de 1807?

Quelle est la
grande innova-
tion de
la loi de 1894?

511. Cette deuxième utilité de la ldch. (éviter les transports de numéraire) a frappé les auteurs du code de 1807 au point qu'ils en ont fait un caractère essentiel de cet effet. Le mandat de payer à l'ordre d'un tiers, qui était tiré d'un lieu sur le même lieu, n'était pas une ldch, et n'avait pas par conséquent l'effet commercialisant qui, ainsi que nous le verrons, est attaché à cet effet de commerce. Cette condition était critiquée par tous les auteurs; une loi du 7 juin 1894 l'a supprimée en modifiant l'art. 110 du code de commerce. Donc aujourd'hui un mandat tiré de la rue des Fossés-Saint-Jacques sur la rue Soufflot est une ldch aussi bien que celui qui serait tiré de Paris sur Bordeaux, ou sur Londres ou sur Melbourne.

Fonction de la .
l. d. ch.
comme
moyen de crédit?

512. Troisième et principale utilité de la ldch. : elle constitue un *moyen de crédit*.

T, fabricant de bijoux, en a livré à T', qui en tient boutique rue de la Paix.

T' ne pourra payer T que lorsqu'il aura revendu ces bijoux.

Cependant T a besoin d'argent tout de suite pour continuer sa fabrication. S'il allait en demander chez un banquier B, B refuserait peut-être de lui en prêter par crainte de l'insolvabilité de T. Pour donner plus de garantie à B, T tire une ldch sur T' payable à un moment où les bijoux auront été probablement vendus, et il fait accepter cette ldch par T'; puis il prie B de la lui escompter (1).

B n'hésitera guère à escompter la lettre, lorsqu'il aura

---

(1) L'escompte est une opération qui consiste à avancer, au propriétaire d'une lettre, le montant de cette lettre, sous la déduction d'une certaine somme qui représente l'intérêt du montant de la lettre jusqu'à l'échéance.

vérifié que T' est solvable. En effet, B a 2 débiteurs au lieu d'un : T et T'.

513. La ldch produit un effet important qu'on exprime en disant qu'elle a une *vertu commercialisante*. Cela signifie que l'émission d'une ldch est par elle-même un acte de commerce, et que par conséquent *quiconque met sa signature sur une ldch est tenu commercialement*, donc poursuivable devant le tribunal de commerce, s'il ne paie pas de bon gré.

Qu'entend-on en disant que la l. d. ch. a une vertu commercialisante ?

514. Autrefois il y avait un intérêt encore plus important. Celui qui avait mis sa signature sur une lettre de change et qui ne la payait pas, était passible de la *contrainte par corps*, c.-à-d. que le créancier pouvait le faire emprisonner jusqu'à ce qu'il eût payé. On sait que la contrainte par corps a été abolie en 1867.

515. Je viens de dire que quiconque a mis sa signature sur une ldch est tenu commercialement. En est-il de même si c'est une *femme* qui a donné sa signature?

A-t-elle cette même vertu à l'égard des femmes ?

Certainement oui, s'il s'agit d'une femme commerçante.

Mais quid s'il s'agit d'une femme non commerçante? Controverse.

D'après une première opinion, cette femme n'est pas tenue commercialement, et par conséquent elle ne peut être poursuivie devant le tribunal de commerce.

On invoque l'art. 113, aux termes duquel cette signature « ne vaut que comme *simple promesse* ». Cela signifie évidemment « promesse civile » par opposition à « dette commerciale ».

D'après la jurisprudence, la femme peut être poursuivie devant le trib. de c. Tout ce que veut dire l'art. 113, c'est qu'elle ne peut pas être contrainte par corps, disposition qui n'a plus d'intérêt aujourd'hui depuis la loi de 1867 abolitive de la contrainte par corps, mais qui avait un très grand intérêt avant cette loi.

516. La ldch peut être tirée par ordre d'un tiers.

A, se trouvant à Vichy où il prend les eaux, perd un jour tout l'argent qu'il avait

La l. d. ch. ne peut-elle pas être tirée par ordre d'un tiers ?

Exemples ?

emporté pour son voyage. Il a à Paris un débiteur T' sur lequel il pourrait tirer une ldch de 1000 fr., mais comme il n'est pas connu à Vichy, il ne pourrait pas se la faire escompter.

Il connaît dans cette ville un individu T (par ex. son maître d'hôtel) qui y jouit d'une bonne réputation commerciale. T connaît aussi A ; il a pris des renseignements sur lui, et sait qu'il est sérieux et mérite crédit. Seulement il n'a pas d'argent disponible à prêter à A. Alors A dit à T : « Tirez sur T' de Paris une ldch de mille francs pour mon compte. Vous la ferez escompter, et vous me remettrez l'argent dont j'ai besoin. »

A s'appelle *ordonnateur* ou *donneur d'ordre* et T se nomme *tireur pour compte.*

517. Autre exemple. Paris a beaucoup d'argent à payer à Londres, et peu à en recevoir, ce qui fait que le papier sur Londres est rare, très demandé et par conséquent très cher à Paris.

Au contraire, New-York a peu à payer à Londres et a beaucoup à en recevoir, ce qui fait qu'à New-York le papier sur Londres est abondant et à bon marché.

Dès lors les banquiers de New-York disent à ceux de Paris : « Tirez sur Londres pour notre compte ; vous vendrez ce papier un bon prix à Paris, et nous partagerons le bénéfice. »

La l d. ch. ne peut-elle pas être tirée à l'ordre de T lui même?

518. La ldch peut être tirée à l'ordre du tireur T lui-même.

Ainsi T' doit 1000 francs à T. T tire sur T' une lettre ainsi conçue : « Veuillez payer à *mon ordre*, etc. »

Puis T envoie cette lettre à T', dont la solvabilité est bien connue, afin qu'il y mette le mot « accepté », par lequel il s'engagera à payer la lettre au porteur.

T' accepte la lettre et la renvoie avec la mention « accepté. Signé T' ». De cette façon, T mettra la lettre plus facilement en circulation. Ainsi P la recevra plus facilement de T en paiement, car il est sûr d'être payé à l'échéance par T', qui est personnellement obligé par son acceptation.

§ 2. — DE LA PROVISION.

519. La provision est toute créance du tireur T contre le tiré T'. Souvent cette créance vient de ce que T a vendu des marchandises à T' de telle sorte que T' lui en doit le prix.

> Q.-ce que la provision ?

520. Qui doit faire la provision ? C'est T.

Faire provision, c'est s'arranger de manière que T' soit débiteur à l'échéance du montant de la ldch.

> Q.-ce que faire provision ?

521. Il y a une exception pour le cas du *tirage pour compte*. Dans ce cas, c'est l'ordonnateur qui doit faire la provision.

522. Quelquefois T n'a fait, au moment où il émet la ldch, aucune affaire avec T'; seulement il compte en faire avant l'échéance. Par exemple, vous m'avez chargé de vous faire une maison pour 10.000 francs. Je compte qu'elle sera finie le 1er juillet, et nous ne sommes encore qu'au 1er janvier. Je tire dès aujourd'hui une ldch de 10.000 francs afin de me procurer par l'escompte l'argent dont j'ai besoin pour faire marcher les travaux.

> A quel moment T doit-il faire provision ? Faut-il qu'il l'ait faite avant l'émission de la lettre ?

523. Peut-être même ne m'avez-vous pas encore commandé la maison, mais je crois que vous me la commanderez, et, en attendant, je tire sur vous.

524. Ou bien encore j'ai besoin de mille francs. Je m'adresse à vous qui êtes mon ami, et je vous demande de me les prêter.

Vous me dites : « Je ne peux pas, je n'ai pas d'argent disponible : mais tirez une ldch sur moi à l'échéance du 1er juillet, je l'accepterai et vous la ferez escompter (1). »

---

(1) Bien entendu je dois m'arranger pour vous mettre en mesure de payer à l'échéance la lettre de change que vous avez bien voulu accepter. A cet effet, je vous envoie avant le 1er juillet une somme de mille francs qui vous permettra d'opérer ce paiement. Si je n'ai pas d'argent à vous envoyer, je tire une nouvelle lettre sur vous payable le 1er décembre; je la fais escompter et je vous envoie l'argent de cette opération pour payer le 1er juillet la 1re lettre de change, et ainsi de suite.

Ainsi, deux individus qui s'entendent peuvent tirer des lettres

Ainsi il n'est pas nécessaire que T ait fait provision au moment de l'émission ; il suffit qu'il l'ait fournie avant l'échéance.

525. *Question importante* (1). — A qui appartient la provision ? Est-ce au porteur P ou au tireur T ?

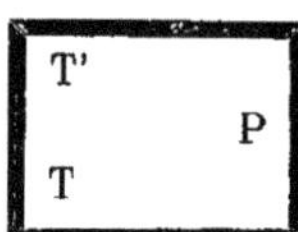

Comprenons bien la question. Nous savons que la provision consiste en une créance de T contre T' : eh bien, cette créance est-elle transmise avec la ldch elle-même par T à P (puis par P à P', par P' à P'', etc., en cas d'endossements successifs) ? Ou continue-t-elle d'appartenir à T ?

La question est controversée.

526. D'après une 1re opinion, la créance T T', qui constitue la provision de la ldch, demeure sur la tête de T.

En remettant la lettre à P, T ne cède pas sa créance T T' ; il s'engage simplement à faire en sorte que T' paiera le montant de la lettre à P (ou au porteur quel qu'il soit).

Si T' n'opère pas ce paiement, P n'a qu'un droit, c'est de recourir en dommages-intérêts contre T qui n'a pas exécuté sa promesse de porte-fort (C. civ. 1120).

En effet, les renonciations ne se présument pas, rien ne permet de supposer que T ait voulu se dépouiller de sa créance au profit de P.

527. D'après la jurisprudence, au contraire, T, en transmettant la lettre à P, lui transmet en même temps sa créance T T'.

On tire argument de l'art. 149, aux termes duquel « il n'est reçu d'opposition au paiement de la ldch que dans 2 cas : 1° au cas de perte de la ldch ; 2° en cas de faillite du *porteur*. » On fait dès lors le raisonnement par l'absurde qui suit :

---

de change l'un sur l'autre et se les faire escompter pour se procurer de l'argent. Pour payer ces lettres, ils en font d'autres et, avec l'escompte des nouvelles, ils paient les anciennes. C'est ce qu'on appelle des *effets de complaisance*. Cela n'a rien d'illicite : les banquiers n'ont qu'à vérifier la solvabilité des signataires avant d'escompter.

(1) J'avertis le lecteur que cette question est très souvent demandée à l'examen.

Supposons que T tombe en faillite.

Si la provision lui appartenait, le syndic de sa faillite pourrait faire défense à T' de payer cette provision à un tiers et lui ordonner de la payer à lui-même ; en un mot, il pourrait faire opposition au paiement de la lettre.

Or cela est impossible, puisque l'art. 149 n'admet que 2 cas d'opposition, parmi lesquels ne figure pas la faillite de T.

Donc la provision n'appartient pas au tireur T.

Or elle ne peut appartenir qu'à T ou à P.

Donc elle appartient à P.

528. Dans la question que nous venons d'examiner, et qui est de savoir si la provision appartient à T ou à P, nous avons supposé que la ldch n'avait pas été acceptée par T'.

Lorsque la lettre est acceptée, la question ne se pose plus. Dans ce cas, en effet, il se produit une novation ; T' n'est plus débiteur en vertu de la provision ; il l'est en vertu de son acceptation, et sa dette existe non vis-à-vis de T, mais vis-à-vis du porteur.

529. Quel intérêt y a-t-il à dire (en supposant, comme nous venons de le faire remarquer, une ldch non acceptée) que la provision appartient à P et non à T ? Cet intérêt existe notamment aux 3 points de vue suivants :

1° Dans le cas de faillite de T :

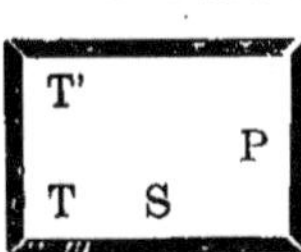

Si la provision appartient à T, le syndic S fera opposition au paiement de la lettre de change, et P ne sera pas payé à l'échéance, de telle sorte que P sera réduit à un recours contre T, et ne touchera, comme les autres créanciers de T, qu'un simple dividende.

Il est possible qu'en fait S,

Si au contraire la provision appartient à P, S ne pourra faire opposition, et P touchera intégralement le montant de la lettre.

Il est possible qu'en fait S,

Quand la lettre a été acceptée par T à qui appartient la provision ?

Quel intérêt y a-t-il à dire que la provision appartient à P ?

le syndic de T, ignorant l'émission de la lettre de change, n'ait pas fait opposition au paiement, de telle sorte que P touche de T' le montant intégral de cette lettre.

Dans ce cas, le syndic se fera restituer cette somme par P, car elle constitue un élément de l'actif de la faillite.

ignorant que la créance T T' a été cédée par voie de lettre de change, se fasse payer par T' le montant de cette lettre.

Dans ce cas P viendra revendiquer cette somme et la fera distraire à son profit de la masse de la faillite : en effet, P agit alors comme propriétaire et non comme créancier ; il revendique à l'encontre de la faillite une valeur qui lui appartient.

2° Dans le cas où T, actuellement en faillite, a tiré plusieurs lettres de change sur son débiteur T', la 1re au profit de P^1, la 2e au profit de P^2, la 3e au profit de P^3, etc., et où la provision est insuffisante pour les payer toutes :

Si la provision appartient à T, P^1, P^2, P^3, viendront en concours au marc le franc sur l'actif de T dans lequel se trouve comprise la provision.

Si au contraire la propriété de la provision passe au porteur, on applique la règle des droits réels : « *prior tempore, potior jure* ». Par conséquent P^1, qui a reçu la 1re lettre, sera préféré aux autres ; P^2 se paiera ensuite, et, s'il reste quelque chose, ce sera pour P^3.

3° Lorsque T' est devenu créancier de T, dans l'intervalle entre l'émission de la lettre et l'échéance :

Si la provision appartient à T, T' se trouve alors libéré par la compensation.

Si la provision appartient à P, T' ne peut pas opposer à P, en compensation, sa créance T' T, car la compensation n'a lieu que *inter easdem personas*.

530. *Comment se prouve la provision?* L'art. 117 contient à cet égard la disposition suivante :

« *L'acceptation suppose la provision.* »

Ainsi lorsque T′ a *accepté* la ldch, la loi présume qu'il a reçu provision, parce qu'en général un homme prudent n'accepte pas une ldch, quand il n'en doit pas le montant.

531. Cette présomption s'applique pleinement dans les rapports entre T et T′. Ainsi supposons que T′, après avoir payé une lettre de mille francs par lui acceptée, dise à T : « Rendez-moi les mille fr. que j'ai payés pour vous. » T lui répondra : « Je n'ai rien à vous rendre, car vous aviez provision : la preuve, c'est que vous avez accepté; or l'acceptation suppose la provision. »

532. Au reste cette présomption n'est pas absolue, c'est-à-dire *juris et de jure* ; elle est *juris tantum*, c'est-à-dire susceptible d'être combattue par la preuve contraire. En un mot, T′ a le droit de prouver, s'il le peut, que, quoiqu'il ait accepté la lettre, il n'avait pas provision. Il fera cette preuve comme il pourra, par ex. par sa correspondance avec T.

533. D'autre part, cette présomption n'existe pas dans les rapports entre T et les tiers, tels que les endosseurs et le porteur.

Nous verrons que, lorsque le porteur est *négligent* (c'est-à-dire lorsqu'il n'a pas fait protester la ldch le lendemain de l'échéance), il ne peut pas recourir contre T quand celui-ci a fait provision.

Supposons donc P négligent; il recourt contre T; T lui répond : « Je ne vous dois rien, car vous êtes négligent et j'ai fait provision; la preuve que j'ai fait provision, c'est que T′ a accepté la lettre. Laissez moi donc tranquille, et allez vous adresser à T′. » P lui répliquera : « Si vous avez fait provision, prouvez-le *d'une façon directe*. La présomption de l'art. 117 ne me regarde pas; elle ne s'applique que dans vos rapports avec T′. »

534. Supposons que le tiré T′ paie la lettre sans avoir

Si T' paie sans
avoir provision
a t-il un recours
contre T ?

provision, c'est-à-dire *à découvert* : il a un recours contre T.
En effet, en payant, il accepte et exécute le mandat que T lui
donne par la lettre : il a donc recours contre T par l'action
mandati contraria.

535. Toutefois il y a un cas où il n'a pas de recours
contre T : c'est quand la lettre est tirée par T pour le compte
d'un tiers A. Dans ce cas T' n'a de recours que contre
l'ordonnateur A. En effet, en payant, T' n'a pas fait crédit à
T qu'il ne connaissait pas, mais à A (516).

Il y eut doute sur ce point sous l'empire du code de
1807. Quelques-uns disaient que T' avait un recours contre
T, même en cas de tirage pour compte, parce que ce Code ne
faisait aucune distinction. Mais une loi de 1817 est venue
modifier l'art. 115 de façon à refuser nettement (quoique par
Quelle est la mo-
dification
apportée par la
loi de 1817
à l'art. 115 ?
a contrario) au tiré pour compte un recours contre le tireur.
L'art. 115 actuel dit en effet que le tireur pour compte
d'autrui n'est responsable du paiement qu'envers les endosseurs et le porteur *seulement*, ce qui exclut sa responsabilité
envers le tiré. (Important pour l'examen.)

§ 3. — DE L'ACCEPTATION.

536. L'acceptation est l'acte par lequel le tiré T' déclare
qu'il paiera la lettre.

De quelle façon
a lieu l'accepta-
tion de la lettre ?
537. L'acceptation a lieu sur la lettre même ou par écrit
séparé.

538. En général elle a lieu *sur la lettre même*, par le mot
« accepté » suivi de la signature de T'.

De cette façon T' s'engage à payer le montant de la
lettre, à l'échéance, à celui qui en sera porteur en vertu
d'un endossement.

539. L'acceptation peut avoir lieu par *écrit séparé*. Par
exemple, T' écrit à X qui est actuellement porteur de la
lettre : « Je paierai la lettre », ou « je ferai honneur (ou bon
accueil) à la lettre », ou autres phrases équivalentes.

Quelles sont
les différences
entre l'accep-
Dans ce cas, à la différence du précédent (acceptation
sur la lettre même), T' ne s'engage pas envers le porteur

quel qu'il soit, il ne s'oblige personnellement qu'envers celui à qui il a écrit qu'il paierait.

Il y a une autre différence : l'obligation qui dérive de l'acceptation contenue sur la lettre même est commerciale (et par conséquent justiciable du tribunal de commerce) à raison de la vertu commercialisante de la lettre, parce que T' a mis sa signature sur ce titre.

Au contraire, l'obligation qui dérive de l'acceptation par écrit séparé n'est pas nécessairement commerciale.

540. L'acceptation a un autre effet important; elle fait présumer *l'existence de la provision* dans les rapports entre le tireur T et le tiré T'. Nous avons indiqué ce point a propos de la provision (531 et s.).

541. Rappelons que, quand la lettre est acceptée, la question de savoir, en cas de faillite du tireur, si la provision appartient au tireur T ou au porteur P, cesse de présenter de l'intérêt. La créance née de la provision se fond dans la créance de l'acceptation et celle-là appartient au porteur et non au tireur.

542. L'acceptation doit être pure et simple, c'est-à-dire qu'elle ne peut être conditionnelle. T' ne peut pas écrire : « Accepté si je reçois provision avant l'échéance. » Une telle acceptation serait nulle.

543. Mais l'acceptation peut très bien n'être que partielle. Par exemple la lettre étant par hypothèse de mille francs, T' peut mettre : « Accepté pour 500 francs ».

544. L'acceptation en principe n'a pas besoin d'être datée.

545. Il en est autrement quand la lettre est payable à un certain délai de vue, par exemple à 3 mois de vue. La date de l'acceptation est nécessaire pour faire courir le délai qui détermine l'échéance.

Il est possible que T' ne veuille pas accepter pour ne pas engager sa responsabilité, mais qu'il ne demande pas mieux néanmoins que de faire courir le délai de vue. Dans ce cas, il mettra, non pas « accepté », mais simplement « vu » ou « bon pour visa » avec la date et sa signature.

tation sur la lettre même, et l'acceptation par écrit séparé?

L'acceptation ne fait-elle pas présumer la provision?

L'acceptation peut-elle être conditionnelle?

Partielle?

Datée?

Quid si la lettre est à un délai de vue?

§ 4. — DE L'ACCEPTATION PAR INTERVENTION.

546. T a tiré le 1ᵉʳ janvier une lettre de mille francs sur T' à l'ordre de P, et cette lettre est payable le 1ᵉʳ juillet.

P voudrait être assuré que T' ne lui dira pas à l'échéance : « Je ne paie pas, car je n'ai pas provision. » Pour cela il fait présenter (1) la lettre à T' pour qu'il l'examine et la lui rende munie de son acceptation (2).

Distinguons 2 cas :

547. *1ᵉʳ cas* : *T' accepte la lettre.* Alors pas de difficulté ; T' se trouve *personnellement* débiteur de P du montant de la lettre.

548. *2ᵉ cas* : *T' n'accepte pas.* P alors a 2 partis à prendre :

1ᵉʳ *parti* : Ne rien faire du tout et attendre tranquillement l'échéance. En effet, le protêt faute d'acceptation, à la différence du protêt faute de paiement, n'a rien d'obligatoire, et son omission ne rend pas P négligent.

2ᵉ *parti* : Faire *protester* la lettre faute d'acceptation. Ce protêt est un acte d'huissier constatant que T', sommé d'accepter, a refusé (3).

549. Lorsqu'il aura fait faire ce protêt, il pourra (mais cela n'a rien d'obligatoire) recourir contre les endosseurs et le tireur, ou contre l'un quelconque d'entre eux, et *demander une caution* garantissant le paiement de la lettre à l'échéance, car en présence du refus d'acceptation de T', il lui est permis d'avoir des doutes (4).

550. Si l'endosseur auquel il s'adresse ne lui fournit pas cette caution, P peut lui demander le paiement immédiat (5).

---

(1) En général, P ne fait pas cette démarche lui-même : il emploie l'entremise de son banquier, car il habite souvent loin de T'.

(2) T' doit restituer la lettre, acceptée ou non par lui, dans les 24 heures, à partir de la remise. Il ne se dérange pas pour cela. Le garçon de banque qui est venu la lui apporter vient la chercher.

(3) Le motif du refus n'a pas besoin d'être indiqué, à la différence de ce qui a lieu pour le protêt faute de paiement.

(4) Il faut, bien entendu, que la caution présentée par l'endosseur soit solvable.

(5) Mais ce que doit l'endosseur, remarquons-le bien, ce n'est

551. Lorsque T′ a refusé d'accepter, d'autres personnes peuvent intervenir et offrir d'accepter, à sa place, *par intervention*. Cette acceptation par intervention doit être mentionnée dans le protêt.

Un tiers ne peut-il pas accepter par intervention ?

552. L'accepteur par intervention doit indiquer pour qui il intervient. Il dira par ex. qu'il intervient pour le tireur lui-même T, ou pour l'endosseur A, ou pour l'endosseur B, etc.

553. Quel est le motif qui peut pousser un individu X à accepter par intervention, par ex. pour T? C'est que :

1° La non acceptation de la lettre est une mauvaise note au point de vue de la réputation commerciale, en un mot du crédit de T. Le public dirait : « Si la lettre n'a pas été acceptée par T′, c'est que T ne lui avait pas fait provision; donc T est un homme peu sérieux ou pressé du besoin d'argent puisqu'il tire des lettres sur des gens qui ne lui doivent rien », et on ne voudrait plus recevoir ses lettres en paiement.

2° La non acceptation de la lettre pourra déterminer P à exercer un recours immédiat contre T à l'effet d'avoir caution ou paiement immédiat. Ce recours peut être gênant pour T, et entrainer des frais qui lui retomberont sur le dos.

Pour ces raisons, X, qui habite dans le même lieu que T′, et qui est d'ailleurs l'ami de T, s'empressera d'accepter par intervention pour T (1).

554. Il est évident que l'accepteur par intervention doit être un homme solvable. P n'est pas obligé de se contenter d'une intervention quelconque qui ne lui offrirait aucune garantie.

Quid si l'intervenant est insolvable?

---

pas le paiement, puisque l'échéance n'est pas arrivée, c'est une caution, c'est-à-dire une personne solvable garantissant que la lettre sera payée à l'échéance.

(1) Pratiquement voilà comment les choses pourront se passer. P, se voyant refuser l'acceptation, télégraphie à T : « Votre traite sur T′ est refusée à l'acceptation; je vais la faire protester faute d'acceptation et je recourrai contre vous. » Pour empêcher ce recours, T va chez son banquier qui télégraphie à son correspondant du lieu de T′ d'accepter par intervention.

555. Il se peut que plusieurs personnes se présentent à la fois pour accepter par intervention. On les recevra toutes : abondance de garanties ne saurait nuire.

Nous verrons qu'on suit une règle différente quand plusieurs personnes se présentent pour payer par intervention : là il faut faire un choix. Cela se comprend. On ne peut pour une seule dette recevoir qu'un seul paiement, mais on peut très bien recevoir plusieurs garanties.

556. Il peut arriver que T', après avoir refusé d'accepter, s'avise ensuite, au moment du protêt faute d'acceptation, d'accepter par intervention. Quel intérêt a-t-il à agir ainsi, en un mot quel avantage y a-t-il pour lui à n'accepter que par intervention au lieu d'accepter purement et simplement? Il y trouve plusieurs avantages :

557. 1° En acceptant par intervention, il aura, lorsqu'il aura payé à découvert (c.-à-d. sans avoir reçu provision), le *droit de recourir :* 1° contre celui pour lequel il est intervenu, 2° contre tous les garants (1) de ce dernier. — Si au contraire il avait accepté purement, il n'aurait de recours que contre T.

558. 2° L'acceptation par intervention, à la différence de l'acceptation pure et simple, *ne fait pas présumer la provision.* Ainsi, en acceptant par intervention, T' pourra, après avoir payé, recourir contre T sans avoir besoin de prouver qu'il n'a pas reçu provision. Au contraire, s'il avait accepté purement, cela ferait présumer qu'il a reçu provision, et par conséquent il ne pourrait pas recourir contre T, à moins de prouver qu'il n'a pas reçu provision.

559. 3° En cas de *tirage pour compte,* le tiré qui accepte par intervention, peut recourir *contre le tireur.* Au contraire, s'il accepte purement, il ne peut recourir *que contre l'ordonnateur.*

---

(1) Ainsi, s'il accepte par intervention pour l'endosseur n° 3, il pourra, après avoir payé, recourir contre l'endosseur n° 3, l'endosseur n° 2, l'endosseur n° 1 et le tireur.

§ 5. — DE L'ÉCHÉANCE.

560. L'échéance de la lettre est le jour où le porteur doit en réclamer le paiement.

Elle peut être déterminée de plusieurs manières :

561. *1ᵉʳ cas.* La lettre est *à vue* (1).

L'échéance est alors indéterminée. Le porteur présentera la lettre au paiement dès qu'il le voudra, le jour même de l'émission s'il le veut. Toutefois il ne peut plus la présenter après 3 mois de la date de la lettre (2).

562. *2ᵉ cas.* La lettre est à *jour fixe.* Le porteur doit réclamer le paiement au tiré au jour indiqué sur la lettre (3).

563. *3ᵉ cas.* La lettre est à un *certain délai de date* (4).

Le délai court à partir du jour de la date de la lettre.

564. *4ᵉ cas.* La lettre est payable à un certain *délai de vue* (5). Le délai court à partir du jour où la lettre a été présentée à T' : cette présentation est constatée sur la lettre par l'*acceptation* ou le *visa* du tiré.

Cette présentation au tiré doit être faite dans les 3 mois de la date de la lettre (6).

§ 6. — DE L'ENDOSSEMENT.

565. L'endossement est l'ordre donné au tiré par le porteur actuel de la lettre, de la payer à une certaine personne X, ou à celle à laquelle X transmettra la lettre.

---

(1) « A vue veuillez payer, etc. »

(2) Ce délai de 3 mois est augmenté quand la lettre est tirée sur un lieu très éloigné.

(3) « Le 1ᵉʳ janvier prochain, veuillez payer, etc. »

(4) Exemples : « Dans 15 jours, veuillez payer », ou : « Dans 3 mois, veuillez payer. »

Si la lettre, datée du 1ᵉʳ février, est payable dans un mois, l'échéance sera le 1ᵉʳ mars.

(5) A 30 jours de vue (ou à 3 mois de vue) veuillez payer, etc.

(6) Ce délai de 3 mois est augmenté quand la lettre est tirée sur un lieu très-éloigné.

Ainsi soit une lettre de 1000 fr. tirée par T sur T' à l'ordre de A. A veut transmettre cette lettre à B. Il n'a qu'à retourner l'effet et écrire au verso :

Le 1ᵉʳ mars 1911.

Payez à l'ordre de B, valeur en marchandises.

A...

On voit que l'endossement est un mode très simple de transmettre les titres à ordre (1).

566. Il y a 3 sortes d'endossements :

L'endossement *translatif*,

L'endossement *pignoratif*,

L'endossement de *procuration*.

N'y a-t-il pas plusieurs espèces d'endossement ?

567. L'endossement *translatif* est celui qui transmet à l'endossataire B la propriété du titre.

568. Il faut, pour qu'il ait cet effet, qu'il contienne plusieurs mentions :

La date,

Le nom de l'endossataire B,

La clause à ordre qui permet à l'endossataire de transmettre lui-même la lettre par endossement,

L'indication de la valeur fournie par l'endossataire à l'endosseur,

---

(1) Citons les principaux titres à ordre :

1° La *lettre de change*,

2° Le *billet à ordre*,

3° Le *chèque*,

4° Le *warrant*,

5° Le *récépissé* des marchandises déposées dans un magasin général, ou de titres quelconques déposés dans une banque (dans ce dernier cas le récépissé est le plus souvent nominatif).

6° La *lettre de voiture*,

7° Les *actions* et *obligations* dans les sociétés. Toutefois il est rare qu'elles soient à ordre : elles sont le plus souvent nominatives ou au porteur,

8° Le *connaissement*,

9° La *police d'assurance maritime*.

La signature de l'endosseur A.

569. L'endossement translatif, dans l'opinion que nous avons adoptée sur la question de savoir à qui appartient la provision, emporte cession, de l'endosseur à l'endossataire, de la créance qui forme la provision. Ainsi, lorsque T, à qui T' doit mille francs, tire une lettre T T' à l'ordre de A, il cède à A sa créance T T', et, lorsque A endosse ensuite cette lettre à B, cet endossement emporte cession de A à B de la même créance.

570. Comparons cette cession de créance, faite par voie d'endossement par A à B, avec la cession ordinaire qui a lieu par signification faite par le cessionnaire au débiteur cédé.

Il y a plusieurs différences :

1° Au point de vue de la *forme* :

Dans la cession par endossement, il suffit d'une *mention* faite au dos de la lettre par l'endosseur avec sa signature. L'endossataire n'a pas besoin d'informer le tiré de cette cession.

Dans la cession ordinaire, il faut que le cessionnaire *signifie* la cession au débiteur.

2° Au point de vue de la *garantie de la solvabilité* du débiteur due par le cédant au cessionnaire :

a) L'endosseur garantit à l'endossataire la solvabilité du tiré. Si le tiré ne paie pas à l'échéance, l'endossataire peut recourir contre l'endosseur.

Le cédant ne garantit pas au cessionnaire la solvabilité du débiteur cédé, à moins d'une clause formelle de l'acte de cession.

b) Si le tiré ne paie pas, l'endossataire peut réclamer à l'endosseur, non pas seulement la restitution de ce qu'il lui a payé comme prix de l'endossement (1), mais le

En supposant que le cédant ait formellement garanti la solvabilité du cédé, le cessionnaire non payé par le cédé ne peut demander au cédant que le prix de cession,

Quelles sont les différences entre l'endossement et la cession de créance ?

---

(1) Peut-être, en effet, A, qui a endossé à B une lettre de mille francs, ne lui devait que 500 francs. Seulement, comme il n'avait pas

montant nominal de la lettre.

il ne peut pas lui demander la valeur nominale de la créance (C. Civ. 1694).

3° Au point de vue de la *compensation* que le cédé pourrait opposer au cessionnaire du chef du cédant :

T' ne peut pas opposer à B en compensation une créance qu'il aurait acquise contre A, même avant l'endossement A B (1).

D peut opposer à C', en compensation, une créance qu'il a acquise contre D après la cession, mais avant la signification.

4° D'une façon plus générale au point de vue des *exceptions* que le cédé pourrait opposer au cédant :

T' ne peut pas opposer à l'endossataire les exceptions qu'il pourrait opposer à l'endosseur ou au tireur (2).

D peut opposer à C' les exceptions qu'il pourrait opposer à C, pourvu seulement que ces exceptions soient nées avant la signification C' D.

5° Au point de vue de la *saisie-arrêt* qu'un créancier du cédant peut faire entre les mains du cédé après la cession :

Si un créancier de l'endosseur fait saisie-arrêt entre les mains du tiré même avant l'endossement, cette saisie-arrêt ne fait aucun obstacle

Si un créancier du cédant C fait saisie-arrêt entre les mains du cédé D après la cession, mais avant la signification du cessionnaire C', la

---

d'argent et que B le menaçait de poursuites, il a dû, pour se débarrasser de B, lui céder cette lettre.

(1) Cette décision est une application de l'art. 149, aux termes duquel il n'est pas admis d'opposition au paiement de la lettre, sauf dans les 2 cas exprimés dans cet article. Or la compensation serait une sorte d'opposition faite par T' sur lui-même.

(2) Il en serait autrement si l'exception dérivait de la lettre même, de sorte que l'endossataire pût s'attendre à se la voir opposer, et fût en faute d'avoir accepté une telle lettre en paiement. Par ex. T, ayant perdu vis-à-vis de A une partie de cartes ou de dés dont l'enjeu est mille fr., tire sur son débiteur T' une lettre portant : « Veuillez payer la somme de mille francs à l'ordre de A, valeur pour jeu. » T peut opposer l'exception de jeu à A, ou à son endossataire B.

au paiement de la lettre par le tiré.

Une fois que la lettre a été émise, la créance qui forme la provision ne peut être entravée dans sa translation par un créancier du titulaire actuel de cette créance.

saisie-arrêt est valable, et C' ne pourra que concourir avec le saisissant.

571. L'endossement *pignoratif* est celui qui donne la lettre en gage à l'endossataire.

Par ex. A, porteur actuel de la lettre, emprunte 600 fr. à B, et veut lui donner en gage la lettre T T'. Il y a lieu aux mêmes mentions que dans l'endossement translatif, sauf qu'on indique la valeur en ces termes : « Valeur en garantie. »

Si l'échéance de là lettre arrive avant que B n'ait été remboursé, B touchera lui-même la lettre, et restituera à A l'excédent de la lettre sur sa propre créance.

572. L'endossement de *procuration* donne à l'endossataire B le droit de toucher la lettre, à charge d'en restituer le montant à l'endosseur A.

573. Remarquons qu'au regard des tiers, et sauf sa responsabilité envers son mandant, l'endossataire de procuration peut transférer la propriété du titre, en faisant lui-même un endossement translatif.

574. Comment saura-t-on que l'endossement est un simple endossement de procuration ? Pas de doute si cela est dit formellement dans le texte même de l'endossement. Au cas contraire, la loi (art. 138) a édicté la présomption suivante : Lorsque l'endossement ne porte pas toutes les mentions nécessaires pour qu'il soit translatif (568), il est censé n'être qu'un endossement de procuration; c'est ce qu'on exprime en disant : « L'endossement *irrégulier* vaut comme endossement de procuration ».

575. On appelle endossement « *en blanc* » celui qui ne porte aucune autre mention que la signature de l'endosseur. Par exemple A, qui endosse la lettre en blanc à B, mettra simplement, au dos de la lettre, sa signature « A ».

Qu'est-ce que l'endossement pignoratif?

Qu'est-ce que l'endossement de procuration ?

L'endossataire de procuration peut-il faire un endossement translatif?

Qu'est-ce que l'endossement irregulier?

Quel est son effet?

Qu'est-ce que l'endossement en blanc?

Cette forme de l'endossement en blanc n'est elle pas très commode pour la circulation du titre?

a) Cette forme est très commode, car le porteur à qui la lettre a été ainsi endossée, pourra la transmettre de la main à la main, sans avoir besoin même d'y mettre son nom, et la lettre circulera comme si elle était au porteur. Elle passera ainsi de B à C, de C à D, etc., sans que son texte porte trace de ces transmissions.

Le dernier détenteur de la lettre, X par ex., n'aura qu'à inscrire lui-même, au-dessus de la signature de A, un endossement à son profit, en ces termes : « Payez à l'ordre de X », et tout se passera comme si la lettre avait été remise directement par A à X, sans passer par les porteurs intermédiaires.

Quel est l'effet de l'endossement en blanc?

b) Il est évident que l'endossement en blanc est irrégulier, et ne vaut par suite que comme procuration.

576. Examinons cette présomption : « L'endossement irrégulier est réputé être un endossement de procuration ». Je suppose que la lettre T T', tirée au profit de A, a été endossée irrégulièrement par A à B.

Quelle est la force de la présomption que l'endossement irrégulier n'est qu'une procuration?

A) Dans les rapports de A avec B, la présomption n'est pas absolue, elle est simplement *juris tantum*. En d'autres termes, lorsque A dit à B : « Rendez-moi les mille francs que vous avez reçus de T, car vous n'êtes que mon mandataire », B peut lui répondre, à charge de fournir la preuve : « Bien que l'endossement que vous m'avez fait soit irrégulier, néanmoins il était entendu entre nous qu'il serait translatif ».

B) Au contraire, dans les rapports de l'endossataire et des tiers, la présomption est absolue. Ainsi, supposons que B vienne réclamer le paiement à T'. T' lui oppose la compensation à raison d'une créance qu'il a contre A, en lui disant : « Vous n'êtes que le mandataire de A; or, si A me demandait le paiement, je pourrais lui opposer la compensation; donc je vous l'oppose à vous-même. La preuve que vous n'êtes que le mandataire de A, c'est que l'endossement qu'il vous a fait est irrégulier ». B ne pourrait pas répondre : « L'endossement était translatif, quoiqu'irrégulier », même s'il était en mesure d'en administrer la preuve.

§. 7 — DE LA SOLIDARITÉ.

577. Tous ceux qui ont mis leur signature sur la ldch sont solidairement responsables de son paiement. Ainsi le porteur peut s'adresser, s'il n'est pas payé par le tiré, soit au tireur, soit à l'un quelconque des endosseurs, et demander le paiement du montant total de la lettre.

Cette solidarité est évidemment *imparfaite*, car il n'y a pas de rapport de mandat entre les divers signataires (1).

§ 8. — DE L'AVAL.

578. L'aval est le *cautionnement* de la ldch. Un donneur d'aval n'est donc autre chose qu'une caution. Je peux donner aval pour le tireur ou pour l'un des endosseurs.

Je suis tenu comme celui pour lequel j'interviens. Ainsi, si j'ai avalisé T, T', s'il paie à découvert, pourra recourir contre moi. S'il ne paie pas, je suis exposé au recours de P ou de celui qui serait subrogé dans les droits de P (2). Si j'ai avalisé un endosseur, je suis tenu envers les endosseurs subséquents et le porteur. Après avoir payé, j'aurai recours contre mon avalisé et contre ses garants, c'est-à-dire les endosseurs qui le précèdent et le tireur.

579. L'aval peut être donné :

Soit *sur la lettre même* par les mots « Bon pour aval » suivis de la signature de l'avaliseur.

Soit *par écrit séparé* : par ex. j'écris au tiré, pour le décider à accepter ou à payer la lettre, que je garantis l'engagement de T : ou encore, j'écris dans le même sens à un individu quelconque auquel le tireur ou un endosseur veut remettre la lettre en paiement, et qui hésite à la recevoir.

580. La différence entre l'aval donné sur la lettre même,

---

(1) Par conséquent, le porteur qui, non payé par T', agit contre l'un des signataires, n'interrompt la prescription et ne fait courir les intérêts que contre celui-là ; cette poursuite est sans effet à l'égard des autres signataires.

(2) Par ex. si un endosseur paie P, il pourra ensuite recourir contre l'avaliseur du tireur.

et l'aval donné par écrit séparé, est analogue à celle que nous avons signalée entre l'acceptation du tiré sur la lettre et son acceptation par écrit séparé (539).

Au 1er cas, l'avaliseur est tenu, comme l'avalisé lui-même, envers tous les endosseurs subséquents et le porteur. Il est même tenu envers le tiré qui paierait à découvert, s'il avait avalisé le tireur lui-même.

Au 2e cas, l'avaliseur n'est tenu qu'envers celui auquel il a déclaré, par un écrit distinct de la lettre, qu'il garantissait le paiement.

J'ajoute que l'aval donné sur la lettre même commercialise l'obligation de l'avaliseur; il n'en est pas de même de l'aval donné par écrit séparé.

581. Il ne faut pas confondre avec l'aval le *domiciliataire* et le *recommandataire*.

582. Le domiciliataire est un individu chez lequel la lettre est payable, au lieu de l'être au domicile du tiré.

Par ex. : T', qui habite à Paris, 16, rue des Fossés-Saint-Jacques, dit à T : « Je vous prie d'indiquer sur la lettre que le porteur devra réclamer son paiement au Crédit Lyonnais, boulevard des Italiens. » Dans ce cas, le Crédit Lyonnais est domiciliataire. T' agit ainsi parce qu'il a l'habitude de ne pas garder chez lui de sommes importantes, et de déposer ses fonds au Crédit Lyonnais, par lequel il fait payer ses dettes. Ou bien encore, T' dit au tireur T : « Mettez la lettre payable à Vienne, hôtel de France », parce que T' prévoit qu'au moment de l'échéance il sera en ce lieu, et non pas rue des Fossés-Saint-Jacques (1).

583. Le *recommandataire* (ou *besoin*) est une personne que le tireur (ou l'un des endosseurs) charge de payer la lettre au cas où le tiré ne la paierait pas, et cela afin d'éviter le protêt et les recours qui en sont la suite.

Ainsi T, après avoir écrit la lettre qu'il tire sur T' demeu-

---

(1) Souvent T' ne dit rien à T, et indique lui-même le domiciliataire au moment où la lettre lui est présentée pour l'acceptation. Ainsi il écrit : « accepté, payable au Crédit Lyonnais, boulevard des Italiens ».

rant à Paris, 16, rue des Fossés-Saint-Jacques, ajoute :
« Payable au besoin chez Bernard, 50, rue Soufflot ». Il faut
supposer évidemment pour cela que T est en relations avec
Bernard.

584. La ldch peut être garantie par une sûreté réelle.

585. L'hypothèque est rarement employée. Il faut supposer qu'un banquier m'a ouvert un crédit, et que, comme
sûreté de ses avances, il s'est fait donner une hypothèque
sur mes biens. De cette façon, si les ldch que je me fais
escompter par lui ne sont pas payées, il aura la garantie de
l'hypothèque pour assurer son remboursement.

586. Le gage est beaucoup plus pratique. On procède
généralement de la façon suivante :

T, de Bordeaux, tire sur T', de New-York, une ldch
pour le paiement de marchandises qu'il lui expédie par mer.
Le capitaine remet à T un connaissement, c.-à-d. un reçu des
marchandises chargées sur son navire. Le connaissement est
généralement à ordre, c'est-à-dire que le capitaine, à l'arrivée, délivre les marchandises à celui qui est porteur du
connaissement en vertu d'un endossement régulier. T endosse la lettre au banquier B qui la lui escompte (c.-à-d. lui
en avance le montant sons la déduction d'un certain intérêt),
et en même temps il lui endosse le connaissement. Ce connaissement est épinglé avec la lettre et se négocie avec elle.
La lettre de change, ainsi munie d'un connaissement qui la
garantit, se nomme *traite documentaire*. B envoie la lettre
à B', son correspondant à New-York, qui la présente à T', à
l'échéance. Si B' est payé, il restituera au tiré T' à la fois la
lettre de change et le connaissement, qui lui permettra de
se faire délivrer les marchandises par le capitaine. Si B' n'est
pas payé, il se fera remettre par le capitaine, au moyen du
connaissement dont il est porteur, les marchandises expédiées par le tireur, et les fera vendre pour se payer du montant de la ldch (1). Si les marchandises sont assurées, T

(1) On voit que la traite doc. ressemble au warrant, le navire
faisant fonction de magasin général.

endosse également à B la police d'assurance qui est jointe à la traite et au connaissement.

587. On peut aussi considérer la provision comme le gage du porteur, du moins dans notre opinion, qui considère que la provision appartient au porteur.

'Quelles sont les sûretés qui peuvent garantir le paiement de la l. d. ch ?

588. On demande quelquefois quelles sont les sûretés qui peuvent garantir le paiement de la ldch. Je réponds qu'il y a des sûretés *personnelles* et des sûretés *réelles*.

Les sûretés personnelles sont :

1° La *solidarité* des endosseurs et du tireur,

2° L'*acceptation* du tiré,

3° L'*aval*.

Les sûretés réelles sont :

1° L'*hypothèque*, peu employée,

2° Le *gage* qui se manifeste surtout par la traite documentaire, et aussi par la provision, du moins si l'on admet notre opinion que la provision appartient au porteur.

§ 9. — DU PAIEMENT DE LA LETTRE DE CHANGE.

Quelles particularités présente le paiement de la l. d. ch. ?

1° Au p. d. v. de la nécessité de réclamer le paiement à l'échéance ?

589. Le paiement de la ldch présente plusieurs particularités :

1° En général le créancier n'est pas obligé de demander son paiement à l'échéance. Certes, il ne peut pas le demander avant, mais, une fois l'échéance arrivée, il n'est pas tenu de réclamer le paiement de suite; il le réclamera quand il voudra.

Au contraire, le porteur de la ldch doit réclamer son paiement le *jour même de l'échéance*; sinon, il est négligent.

2° Au p. d. v. de la défense de payer avant l'échéance ?

590. 2° En général, le débiteur à terme peut payer avant l'échéance, car le terme est réputé établi en sa faveur.

Au contraire, celui qui doit en vertu d'une ldch ne peut pas imposer le paiement avant l'échéance. Le terme est ici, non seulement dans l'intérêt du tiré, mais aussi dans celui du porteur.

3° Au p. d. v. du delai de grâce ?

591. 3° En général, quand un créancier non payé s'adresse à la justice pour obtenir condamnation contre son débiteur, le tribunal peut accorder à ce dernier un *délai de grâce*, de telle sorte que le créancier ne pourra pratiquer la saisie qu'à l'expiration de ce délài.

Au contraire, en matière de ldch, le juge ne peut pas accorder de délai de grâce au débiteur (1).

592. 4° En général, un créancier du créancier peut faire *opposition* au paiement de la dette.

Au contraire, le créancier du porteur ne peut pas faire opposition au paiement de la lettre.

Ainsi, je sais que mon débiteur a une lettre sur D; je ne peux pas faire opposition entre les mains de D. L'art. 149 n'admet, en effet, d'opposition au paiement qu'en cas de perte de la lettre ou de faillite du porteur.

4° Au p. d. v. de l'opposition ?

593. 5° En général, un créancier n'est pas tenu de recevoir un *paiement partiel*; certes, il a le droit de recevoir un acompte, mais il n'y est pas obligé; il peut dire au débiteur : « Je veux tout ou rien. » Au contraire, le porteur d'une ldch est obligé de recevoir l'acompte qui lui est offert, et il fera protester la lettre pour le surplus.

5° Au p. d. v. du paiement partiel ?

594. 6° En général, le débiteur est *responsable de la validité du paiement*. S'il paie quelqu'un qui n'a pas le droit de recevoir le paiement, il demeure tenu envers le véritable créancier. C'est ce qu'on exprime par l'adage « qui paie mal paie 2 fois ».

6° Au point de vue de la responsabilité du paiement ?

Au contraire, le tiré qui, à l'échéance, paie le porteur de la lettre, est présumé valablement libéré. Il suffit qu'il vérifie que la chaîne des endossements se suit bien et sans interruption. Par exemple, B, porteur de la ldch, la perd dans la rue parce que sa poche est percée. C la trouve et l'endosse à D : le tiré paie D qui lui présente la lettre à l'échéance. Le tiré est dans ce cas responsable du paiement, car la chaine des endossements ne se suit pas sans interruption. En effet, le tireur a endossé la lettre à A, qui l'a en-

---

(1) Toutefois, à Paris il est d'usage, au tribunal de commerce, d'accorder un délai de grâce de 25 jours à celui qui est poursuivi en vertu d'une ldech.

dossée à B; C l'a également endossée à D, mais B ne l'a pas endossée à C : la transmission B C n'apparaît pas sur la lettre, et dès lors le tiré a commis une faute en payant.

Mais si C s'était approprié la lettre par un faux endossement, en apposant lui-même la signature de B, le tiré serait valablement libéré, du moment qu'il n'a pas reçu de B une opposition au paiement (1).

§ 10. — Du paiement par intervention.

Q.-ce que le paiement par intervention?

595. Lorsque le tiré T' ne paie pas la lettre, et que le porteur P la fait protester, il se peut qu'une personne X offre de la payer *par intervention* pour l'un des endosseurs ou pour le tireur. Ce paiement sera mentionné dans le protêt.

Pourquoi paie-t-on par intervention ?

596. Les motifs qui poussent X à payer par intervention, sont les mêmes qui poussent un tiers à accepter par intervention.

1° Eviter les recours qu'exercerait le porteur non payé;

2° Ménager la réputation commerciale du tireur et des endosseurs, qui serait atteinte pour avoir mis en circulation une ldch inutile. (Comp. n° 553).

Quel est le recours du payeur par intervention?

597. Le payeur par intervention a recours contre celui pour lequel il est intervenu, et contre tous les garants de celui-là (2).

Quid s'il y a plusieurs payeurs par intervention?

598. Si plusieurs personnes se présentent à la fois pour payer par intervention, on préfère celui qui opère le *plus de*

---

(1) Cette présomption que le tiré, qui paie le porteur, est valablement libéré quand la chaîne des endossements n'est pas interrompue, suppose que le paiement a eu lieu à *l'échéance*. S'il avait lieu avant l'échéance, la présomption ne s'appliquerait pas, car le tiré aurait commis une faute en faisant ce paiement anticipé. Il aurait dû attendre l'échéance pour laisser au véritable propriétaire, dépouillé de la lettre par suite d'un vol ou d'une perte, le **temps de** faire opposition au paiement.

(2) Ainsi celui qui paie par intervention pour l'endosseur D a recours contre D, C, B, A et T (le tireur), mais il n'a pas recours contre E, F, G, etc.

libérations, c'est-à-dire celui qui a le moins de recours à exercer.

Ainsi X offre de payer pour F, et X' offre de payer pour B; on préfère X' parce que ce paiement libère C, D, E, F qui seraient au contraire exposés au recours de X (art. 159).

599. D'après cela, si l'un des intervenants offre de payer pour le tireur T lui-même, c'est celui-là qui doit être préféré, parce que tous les endosseurs se trouvent libérés, le tireur seul restant tenu (1).

600. Quel intérêt y a-t-il pour T', après avoir refusé de payer comme tiré, à offrir de payer par intervention? (Comp. n⁰ˢ 556 et s.).

Il y a intérêt :

1° Au point de vue de son recours contre les endosseurs :

| Si T' paie comme tiré, il n'aura de recours que contre T. | Si T' paie par intervention, il pourra recourir contre celui pour lequel il est intervenu et contre tous les garants de ce dernier. |

2° Au point de vue de son recours contre le tireur T en cas de tirage pour compte :

| Il n'a pas de recours contre T. | Il pourra recourir contre T. |

§ 11. — DES DROITS ET DEVOIRS DU PORTEUR.

601. Nous avons déjà dit qu'avant l'échéance le porteur avait le droit de demander l'acceptation du tiré, mais qu'il n'y était pas obligé. A l'échéance, il a, non seulement le droit, mais l'obligation de réclamer le paiement. S'il est payé, tout est fini.

Que doit faire le porteur s'il est diligent?

---

(1) La loi dit dans l'art. 159 qu'il faut préférer le tiré, s'il est au nombre des intervenants. Cela est vrai, s'il offre de payer pour le tireur lui-même; c'est ce que suppose la loi, car, en général, c'est le tireur que connaît le tiré. Cette solution n'est que l'application de la règle générale posée au texte. Mais si T' intervient seulement pour un endosseur, tandis que X intervient pour T, c'est X qu'il faudrait préférer à T', parce que le paiement de X opère plus de libérations.

602. S'il n'est pas payé, il doit faire *protester* la lettre le *lendemain de l'échéance*, et recourir dans les *15 jours* du protêt contre les endosseurs et contre le tireur. Ce recours consiste à leur *signifier* le protêt et à les *assigner* en paiement (1).

603. En agissant ainsi, le porteur est *diligent*. Au cas contraire, il est *négligent*.

Quelles sont les déchéances du porteur négligent?

604. Voyons les conséquences de cette négligence, en un mot les *déchéances du porteur négligent :*

1° Il ne peut pas recourir contre les endosseurs;

2° Il ne peut pas recourir contre le tireur, si celui-ci justifie qu'il a fait provision (2).

605. Quel droit restera donc au porteur négligent? Distinguons :

Si T n'a pas prouvé qu'il a fait provision, P pourra recourir contre lui.

Si T a fait cette preuve, le seul droit de P sera d'exercer contre T' la créance qui constitue la provision ; cette solution concorde parfaitement avec la décision, donnée plus haut, que le porteur P est propriétaire de la provision.

606. Il y a des cas où le porteur n'est pas considéré comme négligent, bien qu'il n'ait pas fait protester la lettre le lendemain de l'échéance. C'est lorsque la lettre porte la

Qu'est-ce que la clause R. S. F.?

clause « *retour sans frais* » ou simplement « *sans frais.* »

Cette clause a pour but d'éviter un protêt qui fait toujours mauvais effet au point de vue de la réputation com-

---

(1) En pratique, il ne poursuit que son propre endosseur, c'est-à-dire celui qui lui a remis la lettre. Celui-ci a, à son tour, 15 jours pour recourir contre l'endosseur précédent, et ainsi de suite jusqu'au tireur.

(2) Nous savons que le tireur, pour échapper au recours du porteur négligent, doit faire cette preuve directement : il ne lui suffit pas d'invoquer la présomption dérivant de ce que le tiré a accepté. La présomption de provision qui dérive de l'acceptation, ne s'applique, en effet, que dans les rapports entre le tiré et le tireur.

Bien entendu, c'est vainement que le tireur prouverait avoir fourni provision au tiré, s'il avait retiré cette provision après l'échéance.

merciale des divers signataires de la lettre, et particulièrement pour le tiré accepteur et pour le tireur.

Dans ce cas, le porteur conserve la plénitude de ses droits contre les endosseurs et le tireur, quoique n'ayant pas fait opérer le protêt.

607. Est-ce pour le porteur une obligation ou seulement une faculté de ne pas faire opérer le protêt, dans notre cas de clause « retour sans frais? » En un mot, le porteur peut-il, s'il le veut, faire opérer ce protêt? Controverse.

D'après la jurisprudence, la clause constitue simplement une dispense pour le porteur de faire le protêt, dispense à laquelle il peut renoncer, s'il le veut, pour se conformer au Droit commun.

§ 12. — Des protêts.

608. On distingue le protêt *faute d'acceptation*, et le protêt *faute de paiement.* C'est une constatation, faite par huissier, que le tiré sommé d'accepter au 1er cas, de payer au 2e cas, ne l'a pas fait.

Qu'est-ce que le protêt?

Nous avons déjà parlé du protêt faute d'acceptation, et nous avons dit qu'il n'était pas obligatoire.

609. Le protêt faute de paiement au contraire est obligatoire. Si le porteur n'a pas soin de le faire opérer le lendemain de l'échéance, il est négligent, et encourt les déchéances que nous avons vues, à moins que la lettre ne porte la clause « retour sans frais ».

Le protêt porte, en tête, la copie de la ldch.

610. Lorsque le porteur a été dépouillé de la lettre par suite d'un vol ou d'une perte, il ne peut pas la faire protester faute de paiement. Il fait dresser, à la place du protêt, un acte appelé « acte de protestation », qui produit le même effet, c'est-à-dire que cet acte sauve son recours contre les endosseurs et le tireur.

Qu'est-ce que l'acte de protestation?

§ 13. — Du rechange.

611. Le porteur non payé a un moyen de se procurer le montant de la lettre le jour même de l'échéance, et dans le lieu même où la lettre est payable, c'est la *retraite*.

On appelle ainsi une lettre à vue, tirée par le porteur P sur l'un quelconque des endosseurs (généralement il la tire sur son propre endosseur G par ex.). Le montant de la retraite comprend le montant de la lettre, augmenté du compte de retour.

612. Le compte de retour comprend les frais de protêt, les intérêts de la lettre qui ont couru depuis l'échéance jusqu'au jour où la retraite est émise, le rechange et la commission du banquier (1).

613. Le porteur se fait immédiatement escompter la retraite, et se procure par là intégralement le montant de la lettre et les frais du protêt.

614. G, qui est obligé de payer la retraite, fait à son tour une retraite sur son endosseur F. Mais il ne pourra augmenter le montant de la 1re retraite, à raison des frais de change et de la commission de banque qu'il aura à payer. C'est ce qu'on exprime en disant qu'il n'y a lieu qu'à *un seul compte de retour*. La loi ne veut pas que le tireur ait à supporter de trop grands frais par suite de retraites successives lorsque la lettre a beaucoup circulé.

SECTION 2. — DU BILLET A ORDRE.

615. Le billet à ordre est un effet de commerce ainsi conçu :

B. P. F. : 1000

Paris, le 1er juillet 19

Le 1er octobre prochain, je paierai à l'ordre de B la somme de mille francs valeur en marchandises.

A

16, rue des Fossés-Saint-Jacques.

---

(1) Le rechange consiste dans les frais du change entre le lieu où la retraite est tirée, et celui où elle est payable.

A est le souscripteur du billet et B en est le bénéficiaire.

On voit que le billet à ordre est une sorte de ldch, que le souscripteur A tire sur lui-même à l'ordre du bénéficiaire.

Le souscripteur est donc à la fois tireur et tiré accepteur.

616. Le billet à ordre n'a pas, comme la ldch, la vertu commercialisante. Les signataires ne sont donc pas nécessairement passibles, au cas où le porteur, non payé, recourrait contre eux, de la compétence du tribunal de commerce.

Le billet à ordre a-t il la vertu commercialisante ?

617. Il en est autrement, lorsque ces signataires sont commerçants, à cause de la présomption de commercialité qui s'attache à toutes les obligations contractées par des commerçants.

N'y a-t-il pas un cas où il a cette vertu ?

Il suffit même qu'il se trouve, parmi les signataires, un commerçant, pour que tous soient passibles du tribunal de commerce. En effet, il ne serait pas pratique de poursuivre un endosseur commerçant devant le tribunal de commerce, et les endosseurs non commerçants devant le tribunal civil. Il est plus simple que tous soient passibles, pour la même affaire, de la même juridiction.

618. On appelle « billet à domicile » celui qui est payable dans un lieu autre que celui où il est émis. Par exemple, je vous souscris à Paris un billet à ordre payable à Bordeaux.

Qu'est-ce que le billet à domicile ?

SECTION 2 BIS. — DU CHÈQUE.

619. Le chèque (1) est une sorte de ldch par laquelle on retire de l'argent qu'on a mis en dépôt chez un banquier (2).

Qu'est-ce que le chèque ?

620. Le chèque me permet de faire opérer par un banquier mon service de caisse. A cet effet, je lui remets quel-

A quoi sert-il ?

---

(1) Le chèque vient d'Angleterre ; il a été importé en France par une loi de 1865. Cette loi a été modifiée, sur des points de détail, par une loi de 1874.

(2) Je me place ici dans le cas ordinaire en supposant que le chèque est tiré sur un banquier ; il pourrait être aussi bien tiré sur une maison de commerce. Par exemple, je suis fabricant de vins de Champagne à Epernay, et j'ai un comptoir avenue de l'Opéra, n° 1, où sont vendus mes produits. Je tire des chèques sur le commis préposé à ce comptoir.

ques milliers de francs en dépôt, et quand j'ai un fournisseur à payer, je lui remets un chèque sur ce banquier, ce qui m'évite de donner ou de recevoir de la monnaie.

J'y trouve ainsi l'avantage de n'avoir pas d'argent à garder chez moi, et de me mettre à l'abri des voleurs (1) (2).

Quelle est la forme du chèque?   **621.** Le chèque peut être nominatif, à ordre ou au porteur (3).

---

(1) Le banquier chez lequel je me fais ouvrir un compte de chèques, me remet un *carnet de chèques* et un *carnet de comptes*.

Quand je veux payer un fournisseur, je prends mon carnet de chèques, je détache un feuillet, j'écris dessus la somme que j'ai à payer, et je le remets à mon fournisseur; celui-ci va le toucher chez mon banquier, ou le remet à son propre banquier qui le touchera pour son compte chez son confrère.

Sur le carnet de compte, j'inscris, du côté de l'*Avoir*, les sommes que je mets en dépôt chez le banquier, et, du côté du *Doit*, les sommes que je retire par des chèques. Je dois bien faire attention, quand j'émets un chèque, à ne pas dépasser la somme qui reste à ma disposition chez le banquier : autrement, non-seulement celui-ci ne la paierait pas, mais je m'exposerais à des poursuites correctionnelles.

(2) Le chèque est bien plus usité en Angleterre que chez nous. De plus, celui qui reçoit un chèque en paiement, au lieu d'aller le toucher lui-même chez le banquier tiré B, le remet à son propre banquier B', qui le passe à son crédit.

Ainsi tous les paiements que les Anglais ont à se faire, se ramènent à des paiements entre banquiers, et même entre des banquiers de Londres (car les divers banquiers anglais sont en compte avec les banquiers de Londres, et se règlent entre eux par des chèques sur ces derniers).

Cela permet de vastes compensations entre les banquiers de Londres. A cet effet, ils se réunissent chaque jour dans un local appelé *clearing house* (maison d'apurement des comptes) afin de régler leurs comptes. Comme ils ont tous un compte à la Banque d'Angleterre, ceux qui demeurent débiteurs d'un reliquat, en sont débités sur les livres de cette banque, ceux au contraire qui sont créanciers d'un solde en sont crédités. Ainsi des sommes énormes se trouvent payées sans emploi de métal, et par un simple jeu d'écritures sur les registres de la Banque d'Angleterre.

(3) En Angleterre, le chèque est ordinairement au porteur. Pour éviter les risques de perte ou de vol, ce chèque est *barré*, c'est-à-dire qu'il porte 2 barres parallèles, entre lesquelles on marque les mots

622. Des différences entre la ldch et le chèque existent à plusieurs points de vue :

1° Au point de vue de leur *but* :

<table>
<tr><td>La lettre est un moyen de crédit, de circulation fiduciaire et de transport d'argent.</td><td>Le chèque est simplement ·un moyen de paiement.</td></tr>
</table>

2° Au point de vue de la *provision* :

<table>
<tr><td>a) Dans la ldch il suffit que la provision existe à l'échéance.</td><td>Dans le chèque, la provision doit exister avant l'émission.</td></tr>
<tr><td>b) Le défaut de provision ne constitue pas un délit.</td><td>Le défaut de provision est un délit passible d'emprisonnement correctionnel.</td></tr>
<tr><td>c) La provision consiste en une créance quelconque du tireur contre le tiré.</td><td>La provision consiste en un dépôt d'argent, et le chèque est un moyen de retirer tout ou partie des fonds déposés.</td></tr>
</table>

3° Au point de vue de l'*échéance* :

<table>
<tr><td>La ldch peut être à vue, à jour fixe, à un certain délai de date, ou à un certain délai de vue.</td><td>Le chèque est nécessairement payable à vue.</td></tr>
</table>

4° Au point de vue de la *durée de la circulation* du titre quand il est à vue :

<table>
<tr><td>Le porteur d'une ldch à vue a 3 mois pour en réclamer le paiement.</td><td>Le porteur d'un chèque doit le présenter au paiement dans les 5 jours de sa date s'il est</td></tr>
</table>

« Et Compagnie ». Cela signifie qu'il ne pourra être touché que par un banquier. Dès lors, si A me vole un chèque sur le banquier B, il ne pourra le toucher que par l'intermédiaire d'un banquier B', et ainsi il se dénoncera lui-même. En effet, lorsque, m'apercevant du vol, j'avertirai B, il me dira qu'il a payé le chèque à B', et B' me dira à son tour que ce chèque lui a été remis par son client A, que je m'empresserai de dénoncer à la justice. C'est pourquoi les risques de vol sont bien diminués, grâce au chèque barré, qui permet de suivre la trace du chèque ; on ne vole guère en effet quand on est sûr d'être reconnu et condamné.

tiré d'un lieu sur le même lieu, et dans les 8 jours s'il est tiré d'un lieu sur un autre.

5° Au point de vue de la nécessité de dater le titre en *chiffres ou en lettres* :

La lettre peut être datée en chiffres.

Le chèque doit être daté *en lettres* (pour mieux empêcher un changement postérieur de la date).

6° Au point de vue de la nécessité de *dater l'acquit* :

L'acquit de la ldch n'a pas besoin d'être daté.

L'acquit du chèque doit être daté, afin qu'on puisse s'assurer facilement, par la comparaison de la date de l'émission et de celle de l'acquit, que le chèque n'a pas circulé plus de 5 ou 8 jours.

7° Au point de vue du *mode de transmission* :

La lettre est nécessairement à ordre.

Le chèque peut être à ordre, nominatif ou au porteur.

8° Au point de vue de *l'effet de l'endossement irrégulier* :

Dans la lettre, cet endossement est réputé ne valoir que comme *procuration*.

Cette présomption n'existe pas dans le chèque. L'endossement en blanc peut donc être translatif de propriété : tout dépend de l'intention commune de l'endosseur et de l'endossataire.

9° Au point de vue du *droit de timbre* :

La lettre est assujettie à un timbre *proportionnel* qui est de 5 centimes pour 100 fr. Ainsi une lettre d'un million serait assujettie à un timbre de 500 fr.

Le chèque n'est assujetti qu'à un timbre *fixe* qui est de 10 centimes ou de 20 centimes, selon qu'il est tiré d'un lieu sur un même lieu, ou d'un lieu sur un autre. Peu importe la somme. Ce droit de timbre remplace le tim-

> bre-quittance de 10 centimes
> exigé pour les paiements au-
> déssus de 10 fr.

10° Au point de vue de la vertu commercialisante.

La ldch a cette vertu. | Le chèque ne l'a pas.

SECTION 3. — DE LA PRESCRIPTION.

623. Aux termes de l'art. 189, les obligations qui dérivent de la ldch (ou des billets à ordre contenant une signature de commerçant) se prescrivent par 5 ans à compter du jour du protèt.

Par quel délai se prescrivent les obligations dérivant de la ldch.?

Il importe, en effet, pour simplifier les comptes, et empêcher les procès qui sont d'autant plus embrouillés que la cause en est plus ancienne, de liquider promptement les rapports tenant à une ldch.

Quel est le motif rationnel de cette courte prescription?

624. Cette prescription est fondée sur une présomption de paiement; le porteur est censé, lorsqu'il a laissé passer 5 ans sans exercer de poursuites, avoir été payé (1).

Quel en est le fondement juridique?

§ 1. — DOMAINE D'APPLICATION DE CETTE PRESCRIPTION.

625. Elle s'applique aux obligations nées de la ldch.

626. *1er cas.* Le porteur est *diligent.* Il n'y a évidemment pas lieu à la prescription, puisque le porteur a exercé les poursuites nécessaires pour conserver ses droits.

627. *2e cas.* Le porteur est *négligent,* c'est-à-dire qu'il n'a pas fait opérer le protèt le lendemain de l'échéance, ou bien, l'ayant fait, il n'a pas exercé le recours en garantie dans les 15 jours. Ceux qui peuvent invoquer purement et simplement la négligence du porteur, comme les endosseurs et le tireur qui a fait provision, n'ont pas besoin d'opposer la

---

(1) La preuve que cette prescription est bien fondée sur une présomption de paiement, c'est que le porteur qui se la voit opposer, peut y échapper en *déférant le serment* à son adversaire, c'est-à-dire en lui disant : « Jurez que la ldech m'a été payée. » C'est le propre des courtes prescriptions (c. civ. art. 2275) d'être fondée sur une présomption de paiement, et de pouvoir être combattue par conséquent par la délation du serment.

prescription. La prescription servira à ceux qui ne peuvent pas invoquer cette négligence, par ex. : le tiré accepteur (ou son avaliseur), ou encore le tireur qui n'a pas fait provision (ou son avaliseur).

628. La prescription de 5 ans ne s'applique pas aux obligations qui ne sont pas nées de la ldch.

629. Ainsi, supposons que le porteur ait chargé un banquier de recouvrer la ldch. L'action *mandati directa* du porteur contre le banquier à l'effet de se faire rembourser la somme touchée pour son compte, dérive du mandat et non de la lettre ; donc elle sera soumise à la prescription ordinaire de 30 ans.

630. De même, si le tireur, après avoir payé le porteur, poursuit le tiré qui n'a pas payé quoiqu'ayant provision, il agit en vertu de la créance qui forme la provision, et non en vertu de la ldch ; il n'y a donc pas lieu à notre prescription (1).

§ 2. Interruption de la prescription.

631. La presciption peut être interrompue, aux termes mêmes de notre art. 189, qui ne fait ici d'ailleurs qu'appliquer le Droit commun, par une citation en justice ou par la reconnaissance du prescrivant.

§ 3. Suspension de la prescription.

632. Conformément à la règle générale posée par l'article 2279 C. civ. en ce qui touche les courtes prescriptions, notre prescription court à l'égard des mineurs et des interdits.

---

(1) Il en est de même si le porteur négligent, repoussé par le tireur qui justifie avoir fait provision, exerce contre le tiré la créance qui constitue la provision.

LIVRE III· — FAILLITES ET BANQUEROUTES

633. Sur ce point le Code de 1807 a été complètement remanié par une loi de 1838, qui a été elle-même complétée et modifiée par une loi de 1889 sur la liquidation judiciaire.

TITRE PREMIER. — De la faillite.

DISPOSITIONS GÉNÉRALES

634. La faillite est l'état d'un *commerçant* qui *cesse ses paiements.*

Je suis en état de cessation de paiements lorsque, l'une de mes dettes étant échue, je n'ai pas assez d'argent en caisse pour payer, de telle sorte que je renvoie mon créancier impayé.

Je suis insolvable lorsque l'ensemble de mes dettes dépasse l'ensemble de mes biens.

635. Il faut reconnaître qu'en général les deux choses vont ensemble. Le plus souvent, quand je ne paie pas, c'est que je suis insolvable. Si j'étais solvable, je ? pourrais emprunter chez un capitaliste l'argent nécessaire pour payer.

636. Néanmoins il peut arriver que je sois solvable et que je ne puisse pas payer : par exemple j'ignore une partie de mes biens, ou je n'en peux pas prouver l'existence (1).

637. Inversement, si je paie, c'est que je suis solvable.

638. Néanmoins il peut arriver que je sois insolvable, et que je paye tout de même. Par exemple j'ai 10 d'actif et 100 de passif. Mais la plus grande partie de mes dettes n'est pas échue, et on ne me réclame aujourd'hui que 10. Je ne

---

(1) Il suffit de supposer que mon père dont je suis l'unique héritier, est mort à mon insu, me laissant beaucoup d'argent, de sorte que je me trouve riche sans le savoir.

suis donc pas en état de cessation de paiements et pourtant je suis insolvable.

Qu'est-ce que la déconfiture?

639. On appelle *déconfiture* l'état d'un *civil* (c'est-à-dire d'un non commerçant) qui se trouve insolvable.

Il n'y a pas de terme particulier pour désigner l'insolvabilité d'un commerçant, ni pour désigner l'état de cessation de paiements d'un civil.

CHAPITRE Ier Déclaration de faillite et ses effets.

Dans quelles circonstances peut intervenir le jugement déclaratif de faillite?

640 La déclaration de faillite est prononcée par le trib. de cce dans les circonstances suivantes :

641. A) *A la demande du failli lui-même*. Bernard (c'est ainsi que j'appellerai le failli), dans les *15 jours* de la cessation de ses paiements, doit en faire la déclaration au greffe du tribunal de commerce de son domicile.

En faisant cette déclaration, Bernard doit *déposer son bilan* (état de l'actif et du passif).

642. Si c'est une société de commerce qui cesse ses paiements, la déclaration doit être faite par l'un des administrateurs au greffe du tribunal de commerce du *siège social*.

643. Si une société en nom collectif, composée de 3 personnes, fait faillite, cela fait en réalité 4 faillites, savoir celle de la société, et celle de *chacun de ses membres*. En effet, comme ceux-ci sont personnellement et solidairement tenus des dettes sociales, si la société ne paie pas ses dettes, on peut dire que les associés sont eux-mêmes en état de cessation de paiements.

644. B) *A la requête d'un créancier* du commerçant.

645. C) *D'office*, lorsque le tribunal vient à apprendre d'une façon quelconque que Bernard a cessé ses paiements (ce dernier cas est peu pratique).

Pourquoi la loi a-t elle facilité la déclaration de faillite ?

646. On voit que la loi tend à faciliter la déclaration de faillite. Du moment qu'un cçant a cessé ses paiements, il importe de le dessaisir promptement. En effet, comme il se trouve au-dessous de ses affaires, il est à craindre qu'il n'ait recours à des expédients ruineux pour se procurer l'argent nécessaire aux paiements les plus urgents et reculer le moment de la faillite (1). Il faut donc se hâter d'arrêter les opérations, afin de sauver au moins pour les créanciers l'actif qui reste encore.

647. Pour cette raison, le jugement déclaratif de faillite est exécutoire par provision. Il ne faut pas que le cçant puisse, au moyen d'un appel ou d'une opposition rester quelque temps encore à la tête de ses affaires; cela lui permettrait de consommer complètement sa ruine.

Le jugement déclaratif n'est-il pas exécutoire par provision ?

c   b   a

648. On appelle *période suspecte* la période qui comprend, en remontant dans le passé :

Qu'est-ce que la période suspecte?

1° L'intervalle entre l'époque *a* du jugement déclaratif et l'époque *b* de la cessation des paiements.

2° Les *dix jours* (b c) qui précèdent cette cessation des paiements.

Ainsi Bernard est déclaré en faillite au moment *a*. Le tribunal de commerce déclare qu'il a cessé ses paiements au moment *b*. Soit c le 10e jour qui précède b. La période suspecte est *a c*.

649. Le moment *b* est fixé par le trib. de cce, si cela est possible, dans le jugement même qui déclare la faillite. Si le tribunal n'a pas, en ce moment, les renseignements nécessaires, il fixe *b* par un jugement postérieur qu'on appelle *jugement de report d'ouverture* de la faillite.

Comment est fixée l'époque de la cessation des paiements ?

650. Si le tribunal ne fixe pas *b*, cette époque *b* est réputée coïncider avec *a*, et la période suspecte se réduit à *bc*, c'est-à-dire à 10 jours.

651. Cette période est dite *suspecte*, parce qu'on peut soupçonner que dans cet intervalle Bernard a cherché, sentant sa situation commerciale perdue, à sauver ce qui lui

Pourquoi cette période est-elle dite suspecte?

---

(1) Pour essayer de se sauver de la faillite, Bernard serait capable de jouer à la Bourse ou à la roulette tout ce qui lui reste en caisse.

restait d'actif, à son profit, ou au profit de ses parents ou amis, aux dépens de ses créanciers. C'est pourquoi, ainsi que nous le verrons, la loi déclare, tantôt nul de droits, tantôt annulables les actes faits pendant cette période.

Peut-on déclarer la faillite d'un ccant après son décès?

652. On peut déclarer la faillite d'un commerçant après son décès, pourvu que la demande soit formée dans l'année de ce décès (1).

Quel intérêt y a-t-il à déclarer la faillite de Bernard après son décès?

653. Il y a intérêt, à plusieurs points de vue, à prononcer la faillite de Bernard après son décès :

1° Au point de vue de l'application des *nullités*, soit de plein droit, soit facultatives, établies par la loi pour les actes faits par Bernard pendant la période suspecte ;

2° Au point de vue *de l'administration des biens de la succession*. La faillite étant déclarée, les biens du défunt seront administrés par un syndic et les créanciers seront payés conformément aux règles de la faillite, c'est-à-dire par contribution au marc le franc.

S'il n'y avait pas faillite, les héritiers renonceraient à la succession ou l'accepteraient sous bénéfice d'inventaire, et les créanciers seraient payés au fur et à mesure de leur présentation : les premiers arrivants seraient payés intégralement et les autres n'auraient rien;

3° Au point de vue des modifications apportées par la faillite à divers droits (droits de la femme, droits de revendication, etc.).

Quelles sont les principales mentions du jugement déclaratif?

654. Le jugement déclaratif contient principalement les mentions suivantes :

1° Il *déclare* la faillite;

2° Il fixe, si cela est immédiatement possible, l'ouverture de la faillite, c'est-à-dire l'*époque* exacte de la cessation de paiements;

3° Il nomme un *juge commissaire*;

---

(1) Avant la loi de 1838 qui a remanié le liv. 3 du C. de cce sur la faillite, la question de savoir si la faillite pouvait être déclarée après le décès d'un ccant était discutée. L'affirmative était d'ailleurs admise par la jurisprudence; la loi de 1838 n'a fait que consacrer cette solution.

4° Il nomme un ou plusieurs *syndics* ;

5° Il ordonne le *dépôt de la personne* du failli dans une maison d'arrêt (art. 455) (1) (2).

654 *bis*. Voici les principaux effets du jugement déclaratif :

1° *Dessaisissement* du failli (art. 443) ;

2° *Nullité de plein droit* de certains actes faits pendant la période suspecte (art. 446) ;

3° *Annulabilité* des autres actes lorsque le cocontractant du failli a eu connaissance de la cessation des paiements (art. 447) ;

4° *Incapacités* diverses qui frappent le failli ;

5° *Hypothèque* légale de la masse des créanciers ;

6° *Déchéance du terme*, c'est-à-dire exigibilité immédiate des dettes à terme du failli (art. 444) ;

7° *Suspension du cours des intérêts* des créances existant contre le failli et productives d'intérêts ;

8° *Suspension du cours des inscriptions* (art. 448) ;

9° *Suspension des poursuites individuelles* des créanciers du failli.

Reprenons ces divers points :

Quels sont les principaux effets du j. déclaratif ?

---

(1) Cette arrestation est ordonnée dans un double but :

1° Dans l'intérêt même des créanciers, afin que Bernard ne puisse pas prendre la fuite, au lieu de donner au syndic les renseignements qui lui sont nécessaires pour établir la situation ;

2° Dans l'intérêt de la répression, afin qu'on puisse le livrer aux tribunaux répressifs s'il y a banqueroute. A cet effet, le greffier du trib. de cce doit adresser au Procureur, dans les 24 heures du jugement déclaratif, un extrait de ce jugement, afin que le Procureur puisse faire une enquête et requérir des poursuites pour banqueroute s'il y a lieu.

Le trib. de cce peut affranchir Bernard de l'arrestation et ordonner sa mise en liberté.

(2) Il se peut qu'au début de la procédure de la faillite, il n'y ait pas en caisse les sommes nécessaires pour les premiers frais. Le syndic n'a pas eu encore le temps de faire rentrer les sommes dues au failli, ou de faire vendre une partie de son actif. Dans ce cas, le Trésor fait l'avance des frais nécessaires, il en sera remboursé, par préférence, sur l'actif, une fois qu'il aura été réalisé ; il jouit en effet dans ce cas du privilège des frais de justice.

655. *Dessaisissement du failli.* J'entends par là que l'administration de tous les biens que possède actuellement le failli, et même de tous ceux qui peuvent lui échoir au cours des opérations de la faillite, cesse d'appartenir au failli pour être confiée au syndic nommé par le tribunal de commerce.

656. Le dessaisissement ne place pas le failli dans une situation analogue à l'interdit en tutelle, ou à la femme mariée en puissance maritale. Bernard reste pleinement capable (1).

657. Le failli peut donc entreprendre un nouveau commerce, faire d'autres affaires. Seulement ces actes *ne nuiront pas à la masse*, en ce sens que les nouveaux créanciers ne viendront pas se faire payer sur l'actif de la faillite. Bernard ne peut, en effet, disposer de cet actif ni directement, ni indirectement.

658. Un effet intéressant du dessaisissement est que, si un créancier C du failli devient, après le jugement déclaratif, débiteur du failli, il ne pourra pas opposer la compensation au failli qui exercera cette créance. En effet, la compensation ne peut avoir lieu que *inter easdem personas*; or C, qui est débiteur du failli, ne peut pas lui opposer une créance qu'il a, non contre lui, mais contre la faillite. C devra donc payer intégralement à Bernard ce qu'il lui doit.

Réciproquement, si C vient réclamer son paiement au syndic, celui-ci ne pourra pas lui opposer la compensation, car C est débiteur, non de la faillite, mais du failli. C pourra donc toucher un dividende tout comme les autres créanciers.

659. On se demande si le dessaisissement s'applique aux rentes sur l'Etat français, c'est-à-dire si ces rentes passent, comme les autres biens, sous l'administration du syndic, qui pourra les vendre pour payer les créanciers. Controverse :

Dans un premier système, ces rentes sont insaisissables en vertu de certaines lois spéciales (L. nivôse an 6, L. floréal

---

(1) Au point de vue civil, bien entendu, car nous verrons qu'il encourt de graves déchéances au point de vue des droits politiques et de certains droits publics.

an 7); donc elles échappent au dessaisissement qui est une saisie légale.

D'après la jurisprudence, au contraire, ces rentes peuvent être vendues par le syndic pour payer les créanciers. Sans doute elles sont insaisissables, mais elles ne sont pas *inaliénables*; il est certain que leur propriétaire pourrait les vendre. Or ce qu'on peut faire par soi-même, on peut le faire également par mandataire. Eh bien, le failli doit être considéré comme *ayant donné mandat* au syndic de faire le nécessaire pour payer ses créanciers.

La solution contraire serait inique. Le failli vivrait dans l'opulence, au nez et à la barbe de ses créanciers, du produit des rentes qu'il aurait acquises à leurs dépens (1).

§ 2. Nullité de plein droit de certains actes faits pendant la période suspecte (art 446) (2).

660. Ces actes sont au nombre de 4 :

A) *Les donations.* Bernard, sentant sa faillite imminente, se dépêche auparavant de faire cadeau à ses amis ou à ses parents de tout ce qu'il a de plus précieux, pour que ses créanciers ne trouvent plus rien à prendre pour se payer.

Les donations faites à cette époque sentent la fraude (3).

661. B) *Les dations en paiement.* J'entends par là des paiements faits autrement qu'en espèces ou effets de commerce.

Par ex., Bernard, n'ayant pas d'argent pour payer un de

Quels sont les actes qui, lorsqu'ils ont été faits pendant la période suspecte, sont nuls de plein droit?

---

(1) Dans un autre système, le principe de l'insaisissabilité a une portée très restreinte et signifie simplement qu'un créancier du rentier ne peut pas faire saisie-arrêt, sur l'Etat, au paiement des arrérages. Cela n'empêche nullement les créanciers du rentier de saisir et faire vendre son titre de rente.

(2) Nous recommandons aux candidats de lire attentivement dans le C. cce les art. 446, 447, 448 et 449.

(3) Et la constitution de dot? D'après la Jurisp., c'est un acte à titre onéreux, non à titre gratuit; donc elle échappe à l'art. 446 et entre dans l'art. 447, c.-à-d. qu'elle est, non pas nulle de plein droit, mais simplement annulable à la condition que nous verrons au n° 667.

ses créanciers, lui a donné en paiement des marchandises ou des objets précieux qui ornent son salon et sa chambre à coucher.

Cette opération sent la fraude; Bernard a évidemment voulu favoriser ce créancier, car ce n'est pas ainsi qu'on paie ses dettes d'ordinaire.

662. C) *Les paiements anticipés.* Bernard doit à C mille francs payables dans un an. Il paie avant l'échéance et pendant la période suspecte. Cela n'est pas naturel, Bernard est suspect de complaisance envers C. Il lui a dit probablement: « Je vais tomber en faillite bientôt, et vous n'aurez qu'un dividende illusoire Comme vous êtes mon ami, je veux vous sauver de cette perte, et je vais vous payer intégralement avec ce que j'ai encore en caisse. »

663. D) *La constitution d'une sûreté pour une dette antérieurement contractée.* Par ex., Bernard a emprunté autrefois mille francs à C sans lui donner de sûreté spéciale, c.-à-d. que C a consenti à lui faire crédit. Puis Bernard est tombé dans de mauvaises affaires, et, sur le point d'être déclaré en faillite, il donne à C une sûreté spéciale, par ex. un gage, une hypothèque ou un droit d'antichrèse (nantissement d'un immeuble). Cet acte sent la fraude; B est suspect d'avoir voulu favoriser C aux dépens de ses autres créanciers.

664. Il n'en est pas de même si la sûreté est donnée, même pendant la période suspecte, en même temps que B s'oblige envers C, et comme condition de cette obligation. Dans ce cas, la sûreté n'est pas nulle de plein droit; elle pourra seulement être annulée, conformément à l'art. 447, si C avait connaissance de la cessation des paiements au moment où il a reçu la sûreté.

665. Ainsi, en résumé, supposons une hypothèque donnée par B à C pendant la période suspecte. Pour régler le sort de cette hypothèque, il faut distinguer :

L'hypothèque est-elle *sœur cadette* de la créance, c'est-à-dire née après l'obligation qu'elle a pour but de garantir? Elle est nulle de plein droit (art. 446). Est-elle *sœur jumelle* de la créance, c'est-à-dire née en même temps que l'obligation et comme condition du crédit fait par C à B? Elle n'est pas nulle de plein droit; elle pourra seulement être annulée, s'il y a lieu, aux conditions prévues dans l'art. 447.

666. L'hypothèque *judiciaire* résultant d'un jugement rendu pendant la période suspecte contre B est-elle nulle de plein droit? Oui, certainement, car une telle hypothèque est forcément postérieure à la créance qu'elle garantit ; en effet, la créance existait avant la citation en justice, et cette citation est elle-même évidemment antérieure au jugement (1).

§ 3. — *Annulabilité des autres actes, lorsque le co-contractant du failli a eu connaissance de la cessation des paiements au moment où il a passé ces actes (art. 447).*

667. Ainsi B a vendu à A, pendant la période suspecte, un objet O moyennant 100. Le syndic peut demander la nullité en prouvant que A avait, au moment de la vente, connaissance de la cessation des paiements.

668. On aperçoit aisément l'analogie entre cette action en nullité et l'action paulienne. Il y a pourtant des différences :

1° L'action en nullité de l'art. 447 peut atteindre des actes quelconques, même des paiements.

L'action paulienne ne peut faire révoquer un paiement d'une dette échue. Le créancier a reçu son dû, et ne saurait être tenu de le restituer.

---

(1) Il y a doute toutefois en tant que cette hypothèque garantit l'obligation de payer les frais de l'instance, les dépens : certains disent que dans cette mesure l'hypothèque n'est pas nulle de plein droit, parce qu'elle est sœur jumelle de l'obligation qu'elle garantit. En effet, l'obligation pour le perdant de payer les dépens naît du jugement de condamnation, et il en est de même de l'hypothèque judiciaire.

Nous pensons que l'hypothèque est nulle de plein droit. L'obligation de payer les dépens naît dès le jour de l'assignation à la charge de chaque plaideur, sous la condition suspensive qu'il perdra le procès. Or la condition rétroagit, de sorte que l'obligation est réputée exister dès le jour de l'assignation. L'hypothèque judiciaire est donc bien postérieure, même pour les dépens, à l'obligation qu'elle garantit, et dès lors elle est nulle de plein droit.

<table>
<tr><td>2° au point de vue
du but
de la nullité?</td><td>2° L'action en nullité de l'art. 447 a pour but d'assurer l'égalité des créanciers du failli, et d'empêcher que l'un d'eux ne soit mieux traité que les autres, parce qu'il est mieux renseigné, ou demeure sur les lieux, ou qu'il est l'ami du failli.</td><td>L'action paulienne a pour but de réprimer la complicité de dol. C'est une action en dommages-intérêts contre les tiers qui aident le débiteur à frauder ses créanciers.</td></tr>
<tr><td>3° au point de vue
de la preuve?</td><td>3° Le syndic n'a qu'à prouver que le tiers connaissait l'état de cessation des paiements.</td><td>Le demandeur à l'action paulienne doit prouver que le tiers savait que par l'acte attaqué le débiteur créait ou augmentait son insolvabilité.</td></tr>
<tr><td>1° au point de vue
de l'effet
de l'annulation?</td><td>4° Le syndic fait annuler l'acte au profit de tous les créanciers. Le bien aliéné par le failli est remis dans la masse commune.</td><td>L'action paulienne ne profite qu'au créancier qui l'intente. Le tiers, défendeur à cette action, peut empêcher la révocation de l'acte en payant au demandeur des dommages-intérêts pour le préjudice que l'acte attaqué lui cause.</td></tr>
</table>

669. La règle que les paiements faits en espèces ou effets de commerce peuvent être annulés et soumis au rapport à la masse, souffre une exception remarquable dans le cas prévu par l'art. 449.

Il faut supposer que, pendant la période suspecte, Bernard a payé un effet de commerce (lettre de change ou billet à ordre) qui était échu. On ne peut pas faire rapporter le paiement au porteur, même s'il avait connaissance de la cessation par B de ses paiements au moment où lui-même a été payé (1).

---

(1) S'il en était autrement, le porteur serait lésé d'une façon inique. En effet, comme il a été payé à l'échéance, il n'a pas pu faire dresser un protêt faute de paiement. Dès lors, s'il était obligé de rapporter le paiement à la masse, il n'aurait aucun recours contre les endosseurs

670. Est-ce à dire que le syndic, privé d'un recours contre le porteur P, n'aura aucun recours à exercer? Distinguons selon qu'il s'agit d'une lettre de change ou d'un billet à ordre.

Au 1er cas, le syndic aura recours contre le tireur T, si celui-ci avait connaissance de la cessation des paiements du tiré au moment où il a émis la lettre.

Au 2e cas, le syndic aura recours contre le 1er endosseur, c'est-à-dire le bénéficiaire A du billet, si celui-ci avait connaissance de la cessation des paiements au moment où il a mis l'effet en circulation en l'endossant.

§ 4. — INCAPACITÉS DIVERSES QUI FRAPPENT LE FAILLI.

671. Ces incapacités sont les suivantes :

1° Le commerçant failli perd les droits d'*électorat* et d'*éligibilité* (1).

2° Il ne peut remplir certaines *fonctions publiques* (2);

3° Il ne peut être *témoin instrumentaire* dans les actes publics, par ex. dans les actes notariés ;

4° Il ne peut pas entrer à la Bourse;

---

qui lui objecteraient sa négligence. Il n'aurait même pas de recours contre le tireur de la lettre de change au cas, qui est le plus fréquent, où celui-ci justifierait qu'il a fait provision.

Son seul droit serait donc, après avoir rapporté le paiement, de se prétendre créancier du failli pour pareille somme, et de venir réclamer un simple dividende. Il se trouverait donc déchu comme porteur négligent, alors qu'en fait il n'y aurait aucune faute à lui reprocher.

J'ajoute qu'une telle solution serait une entrave à la circulation des effets de commerce, qui rend pourtant de si grands services. Le meilleur moyen de favoriser cette circulation est de donner toute sécurité au porteur, et de lui laisser dans notre cas le paiement qu'il a reçu.

(1) Nous verrons toutefois que, s'il obtient le bénéfice de la liquidation judiciaire, il conserve l'électorat et ne perd que l'éligibilité.

(2) Ainsi il ne peut être notaire, commissaire-priseur, agent de change, courtier inscrit, etc.

5° Sa signature ne compte pas pour l'admission à l'escompte de la Banque de France (1).

Comment cessent
ces incapacités ?

672 Ces incapacités cessent par la liquidation judiciaire, à l'exception de l'inéligibilité qui subsiste. Un liquidé judiciaire conserve le droit de voter, mais non celui d'être élu.

673. Au contraire, le simple *concordat* ne suffirait pas à relever le failli des incapacités susdites.

674. Quant à la *réhabilitation*, elle rend au failli, qu'il ait ou non obtenu le concordat ou la liquidation judiciaire, la *plénitude de ses droits*. Pour l'obtenir, il doit payer intégralement tous ses créanciers (2).

§ 5. — SUSPENSION DU COURS DES INSCRIPTIONS (ART. 448).

Peut-on, après le
jugement
déclaratif, prendre
valablement
inscription ?

675. Le jugement déclaratif arrête le cours des inscriptions de privilèges et d'hypothèques.

Nous supposons une hypothèque (ou privilège) née *valable* (3), car il est évident que si elle était nulle, son inscription ne pourrait avoir aucune valeur.

---

(1) Ainsi l'on sait que 3 signatures sont nécessaires, d'après les règlements de la Banque de France, pour l'escompte des effets de commerce. Eh bien si, parmi les signatures apposées sur un effet présenté à l'escompte de la Banque de France, il se trouve celle d'un failli, cette signature ne compte pas.

(2) Cela est d'ailleurs moins difficile qu'il ne le semble au premier abord. Le commerçant qui veut se faire réhabiliter se garde de rien dire, et il fait acheter sous main par des compères ou des agents d'affaires, les titres de tous ses créanciers. Ceux-ci vendent généralement à vil prix des créances qu'ils considèrent depuis longtemps comme perdues.

Ensuite le failli demande sa réhabilitation en disant qu'il a payé toutes ses dettes ; personne ne peut évidemment le contredire, puisque l'ex-failli a maintenant entre les mains tous les titres des créances qui existaient contre lui.

(3) Par exemple, elle est née avant la période suspecte. Ou encore elle a été constituée pendant cette période, en même temps que la créance, et par conséquent elle ne tombe pas sous le coup de l'art. 446. Elle ne tombe pas non plus sous le coup de l'art. 447, en supposant que le créancier ignorait, au moment de la constitution de l'hypothèque, l'état de cessation de paiement de son débiteur.

Mais cette hypothèque (ou ce privilège) valable, le créancier a négligé de l'inscrire avant le jugement déclaratif; peut-il l'inscrire après?

L'art. 448 dit que non (1).

676. Voyons le motif de cette règle. C'est, en réalité, l'inscription qui vivifie l'hypothèque, qui lui donne toute sa force, toute son utilité. Eh bien, l'hypothèque ne saurait être vivifiée dans des circonstances où elle ne saurait être constituée.

Or il est clair que le failli, frappé de dessaisissement par le jugement déclaratif, n'a pas le droit, après ce jugement, de constituer des hypothèques sur ses immeubles.

Donc les hypothèques déjà nées ne sauraient être vivifiées par l'inscription, car au fond cette inscription équivaut à la constitution même du droit.

En d'autres termes, le jugement déclaratif fixe la situation respective des créanciers : ceux qui ont des causes de préférence à ce moment les gardent, mais ceux qui n'en ont pas ne peuvent pas en acquérir. Or, si un créancier hypothé-caire (ou privilégié) non encore inscrit était encore admis à prendre inscription après le jugement déclaratif, il se procure-rait une cause de préférence après le jugement.

677. Voyons maintenant les exceptions à la règle précé-dente.

678. Il est généralement admis qu'on peut s'inscrire, même après le jugement déclaraiif, pour éviter la *péremption d'inscription*; en un mot, on peut prendre une inscription *en renouvellement*. En cela, en effet, on n'acquiert pas un droit de préférence après le jugement, puisque ce droit était déjà acquis par l'inscription existant au moment du jugement. Le motif de la prohibition ne s'applique donc pas.

679. On admet généralement que la femme du failli peut

---

(1) Le texte donne cette décision *a contrario*. Dire en effet que les créanciers peuvent s'inscrire *jusqu'au* jugement déclaratif, c'est dire qu'ils ne pourront pas le faire *après*.

Droit commercial.   12

inscrire son hypothèque légale lorsqu'elle est dans l'année qui suit la dissolution du mariage (1).

Ainsi Bernard est mort ou divorcé le 1er janvier 1910; il est mis en faillite le 1er mai 1910; sa femme peut inscrire son hypothèque, dans l'opinion générale, jusqu'au 31 décembre 1910.

Cette solution me paraît contraire à l'art. 448 qui ne fait aucune distinction.

On m'objecte que l'inscription de la femme, prise dans l'année de la dissolution du mariage, rétroagit jusqu'au jour du mariage et par conséquent à une époque où Bernard n'était pas en faillite.

Je réponds que, pour rétroagir, il faudrait qu'elle pût être prise, et c'est ce que n'admet pas l'art. 448. D'ailleurs le motif de l'art. 448 s'applique pleinement, car la femme voudrait acquérir un droit de préférence qu'elle n'a pas encore lorsqu'arrive le jugement déclaratif (2).

680. Le vendeur d'immeuble peut-il prendre inscription de son privilège après le jugement déclaratif? V a vendu I à A moyennant 100 ; puis A tombe en faillite.

Si V a déjà inscrit son privilège de vendeur, ce privilège est sauvé et sera opposable à la masse.

Si V a fait transcrire la vente V A, son privilège est encore sauvé, car la transcription de l'acte de vente vaut inscription pour la conservation du privilège du vendeur (C. 2108).

---

(1) Tant que le mariage dure, il est évident qu'elle peut inscrire l'hypothèque légale malgré la faillite de son mari : tant que dure le mariage en effet, la femme n'est jamais en retard dans sa prise d'inscription, puisqu'elle pourrait même ne pas la prendre et la faire valoir tout de même.

(2) Nous avons admis la solution contraire, dans la note précédente, si la faillite de Bernard est survenue durant son mariage. En effet, la femme avait alors, au jour du jugement déclaratif, son droit de préférence conservé malgré le défaut d'inscription (on sait que la femme, pendant le mariage, conserve son droit de préférence sans avoir besoin de prendre inscription). Dès lors, l'inscription qu'elle prendrait après le jugement déclaratif, et qui est d'ailleurs inutile, ne lui fait pas acquérir un droit de préférence, elle ne fait que confirmer le droit de préférence qu'elle avait déjà.

681. Mais je suppose que V n'ait ni inscrit ni transcrit. Plusieurs questions se posent :

682. V peut-il, après le jugement déclaratif, inscrire son privilège? Je pense que non, car l'art. 448 prohibe les inscriptions d'une façon générale et ne fait pas d'exception pour le vendeur.

On objecte que l'inscription du privilège a un effet rétroactif et qu'elle ne donne pas rang au privilège.

Je réponds : « Pour que l'inscription produise cet effet rétroactif et soit réputée prise au jour de la vente, il faudrait qu'elle puisse être effectuée : or cela est défendu par l'art. 448.

D'ailleurs, le motif de la prohibition s'applique. Il est certain, en effet, que V n'a pas acquis encore son droit de préférence au jour du jugement déclaratif, faute d'inscription : donc il ne peut pas se le procurer ensuite ».

683. V peut-il du moins inscrire son privilège lorsqu'il est dans les 45 jours de la vente? Controverse : Je pense que non, car l'art. 448 ne fait pas de distinction (1).

684. V peut-il, après le jugement déclaratif, faire transcrire son acte de vente, et par ce moyen conserver son privilège? Controverse (2) :

Nous admettons la négative. En effet, si la transcription conserve le privilège, c'est parce qu'elle vaut inscription, ainsi que le dit formellement l'art. 2108. Or, l'inscription postérieure au jugement déclaratif est nulle d'après notre art. 448 : donc la transcription, qui « vaut inscription », est nulle également.

D'autres admettent la faculté pour V de conserver son

---

(1) Le jugement déclaratif a donc plus de force, dans cette opinion, en tant qu'il arrête les inscriptions, que la transcription de la revente, car cette transcription laisse au vendeur primitif la faculté d'inscrire son privilège dans les 45 jours de sa propre vente (L. 1855, a. 6 al. 2).

(2) On sait en effet que la transcription de l'acte de vente conserve aussi bien le privilège que l'inscription (C. 2108).

privilège par la transcription. L'art. 448 défend l'inscription, mais non la transcription.

685. Je suppose que la transcription soit opérée après le jugement déclaratif, non à la requête de **V**, mais à la requête du syndic, afin de rendre le failli propriétaire de I au regard des tiers, et d'empêcher V de disposer de I au profit d'un tiers.

La transcription, opérée ainsi à la requête du syndic au profit de la masse, conserve-t-elle le privilège de V contre elle? Controverse :

D'après une première opinion : Du moment que le syndic invoque la transcription postérieure, il doit la prendre avec tous ses effets, c'est-à-dire non seulement en tant qu'elle fait entrer la propriété chez A, mais aussi en tant qu'elle conserve le privilège de V.

Ces 2 effets sont indivisibles. Si la masse invoque la transcription en tant qu'elle lui est favorable, elle doit l'accepter en tant qu'elle lui est défavorable.

Au contraire, d'après la jurisprudence, les deux effets de la transcription sont parfaitement distincts. Le syndic peut parfaitement faire transcrire la vente afin d'assurer I à la masse, et empêcher V d'en disposer au profit d'un tiers. Mais la transcription est nulle en tant que conservant le privilège, par application de l'art 448 (1).

686. V, ainsi que nous l'avons dit, est dépouillé de son privilège lorsqu'il n'y a eu ni inscription ni transcription avant le jugement déclaratif. Peut-il intenter l'action résolutoire en se fondant sur le non paiement du prix (C. civ. art. 1184, 1654) et se faire restituer l'immeuble, en rendant de son côté les acomptes qu'il a pu recevoir? Avant la loi de 1855, la question ne souffrait pas de difficulté; V conservait son action résolutoire, car aucun texte ne la lui refusait, mais, depuis la loi de 1855, la question est controversée :

---

(1) S'il en était autrement, en effet, il serait bien inutile de dire que la transcription de V ne peut pas conserver le privilège, puisque le syndic est bien forcé d'opérer la transcription pour pouvoir vendre l'immeuble.

687. D'après la jurisprudence actuelle, inaugurée par un arrêt de la Cour de cassation du 24 mars 1891 (Dalloz, 1891, 1, 145 : en ce sens, MM. Lyon-Caen et Renault), V perd l'action résolutoire. D'après l'art. 7 de la loi du 23 mars 1855, l'action résolutoire du vendeur ne peut être exercée à l'encontre « des tiers qui ont acquis des droits sur l'immeuble et qui les ont légalement conservés ». Or la masse des créanciers du failli peut être considérée comme un tiers qui a un droit sur l'immeuble, à savoir l'hypothèque légale de la masse. De plus, cette hypothèque a été conservée légalement, car le syndic a pris inscription à cet effet. Donc la masse est à l'abri de l'action résolutoire de V.

688. Il suit de là que, si V se hâte de lancer son assignation en résolution avant que le syndic n'ait pris l'inscription de l'hypothèque légale de la masse, l'action résolutoire arrive à temps. En effet, les deux conditions mises par l'art. 7 à l'exclusion de l'action résolutoire ne sont pas remplies. La masse a bien acquis un droit sur l'immeuble, mais elle ne l'a pas conservé légalement, puisqu'elle ne l'a pas fait inscrire.

689. Cependant, certains admettent que, même si le syndic n'a pas encore inscrit l'hypothèque légale de la masse, le vendeur ne peut pas plus invoquer son action résolutoire que son privilège. L'article 7 subordonne, en effet, l'action résolutoire au privilège : lorsqu'un tiers est à l'abri du privilège, il est du même coup à l'abri de l'action résolutoire. Le législateur de 1855 n'a pas voulu que le vendeur pût inquiéter un tiers par son action résolutoire alors qu'il ne pouvait plus invoquer son privilège contre lui.

690. Nous repoussons cette jurisprudence (687) et nous admettons l'action résolutoire alors même que le syndic aurait pris inscription de l'hypothèque légale de la masse.

L'art. 7 de la loi de 1855 ne vise pas les rapports du vendeur avec les créanciers de l'acheteur, encore moins avec la masse des créanciers de son acheteur failli. Il est absolument étranger à cette question.

Ce qu'il vise, c'est le droit de suite, c'est-à-dire les rapports de V avec un sous-acheteur A' auquel A aurait revendu i. Ce qui le prouve, c'est l'article précédent où l'on dit que, i ayant été revendu par A à A', V ne peut plus, après la transcription de la vente A A', inscrire son privilège pour l'invoquer contre A'. Le législateur a pensé qu'il serait illusoire de protéger A' qui a transcrit, contre le privilège non inscrit du vendeur, s'il devait succomber devant l'action résolutoire. Aussi l'art. 7, complétant l'art. 6, dit que A', qui est, en vertu de l'art. 6, à l'abri du privilège, se trouve du même coup à l'abri de l'action résolutoire (1).

691. Le privilège du copartageant peut-il être inscrit après le jugement déclaratif lorsque le copartageant créancier est encore dans les 60 jours du partage?

Voici l'espèce : H et H' se partagent la succession de D. L'immeuble i est attribué à H' à charge de payer à H une soulte de 10.

Puis H' tombe en faillite, alors que H n'a pas encore inscrit son privilège de copartageant. H peut-il inscrire son privilège après le jugement déclaratif, alors qu'il est encore dans les 60 jours du partage?

Controverse :

En faveur de l'affirmative, on invoque l'art. 2109 C. Civ. qui donne 60 jours au partageant H pour inscrire son privilège; tant que ce délai n'est pas expiré, H n'est pas considéré comme négligent; l'inscription prise dans ce délai a un effet rétroactif; elle est réputée prise au jour du partage.

En faveur de l'opinion contraire, on remarque que l'art. 448 ne fait pas de distinction. Pour que l'inscription rétroagisse, il faudrait qu'elle pût être prise, et c'est ce que n'admet pas l'art. 448.

---

(1) On ajoute quelquefois à l'appui de la même opinion (mais cet argument n'est pas fameux) que l'art. 7 exige, pour l'exclusion de l'action résolutoire, que le privilège du vendeur soit éteint. Or, dans l'espèce, il n'est pas absolument éteint, il est simplement paralysé à l'égard de la masse.

692. H pourrait-il inscrire son privilège s'il était, non pas seulement dans les 60 jours, mais dans les 45 jours du partage, en se fondant sur l'art. 6 al. 2 de la loi de 1855? Même alors, je ne pense pas qu'il puisse s'inscrire, car l'art. 448 ne fait pas de distinction (comp. n° 683) (1).

693. Le privilège de la séparation des patrimoines peut-il être inscrit après le jugement déclaratif?

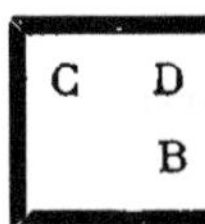

Voici l'espèce : D est mort et B est appelé à sa succession. C, créancier de D, a le droit d'invoquer la séparation des patrimoines (C. 878 et s.), et il peut inscrire le privilège qui en résulte pendant les *6 mois* qui suivent le décès de son débiteur D. Au cours de ce délai, B tombe en faillite. C peut-il inscrire son privilège après le jugement déclaratif, jusqu'à ce que ces 6 mois soient expirés?

C'est une question analogue à celle de l'inscription du privilège du copartageant. Nous la résolvons de même, en disant que le créancier héréditaire C ne pourra pas prendre inscription (2).

694. Nous venons de voir (n°ˢ 675 et s.) le sort des inscriptions prises après le jug. décl. Voyons maintenant le sort des inscriptions prises pendant la période suspecte. Une telle inscription n'est jamais nulle de plein droit (à la différence de l'insc. prise après le jug. décl.). Est-elle du moins annulable? L'al. 2 de l'art. 448 fait une distinction :

---

(1) Il en serait bien entendu autrement si le partage avait lieu après le jugement déclaratif, par ex. si le *de cujus* D était mort après ce jugement.

Dans ce cas l'art. 448 est inapplicable, car il vise des privilèges et des hypothèques nées avant le jugement déclaratif. On ne peut pas dire que H ait été négligent en ne s'inscrivant pas avant le jugement déclaratif; il ne le pouvait pas, puisque son privilège n'était pas né. D'ailleurs H dans ce cas ne partage pas avec H′, mais avec la masse qui est investie, par l'effet du dessaisissement, de l'exercice de tous les droits du failli. Il est donc créancier privilégié de la masse et non du failli.

(2) Il en serait autrement si la succession de D ne s'était ouverte qu'après le jugement déclaratif.

Si l'insc. est prise dans les 15 jours de la constitution de l'hypothèque ou du privilège, elle est valable.

Si elle est prise plus tard, elle est annulable, c.-à-d. que le trib. de cce peut l'annuler ou la maintenir, à son gré.

CHAPITRE II. — De la nomination du juge-commissaire.

Comment est nommé le juge-commissaire?

695. En rendant le jugement qui déclare une faillite, le tribunal de commerce désigne un de ses membres pour juge-commissaire de cette faillite.

Quelles sont ses attributions?

696. Le juge-commissaire est chargé de surveiller la gestion des syndics, et, d'une façon générale, toutes les opérations de la faillite. Lorsqu'il se présente, relativement à ces opérations, des contestations qui sont de la compétence du tribunal de commerce, il adresse un rapport à ce tribunal, qui statue ainsi plus facilement.

Il est également chargé de statuer par ordonnances sur certaines demandes, par ex. si le failli réclame ses vêtements ou certains objets qui ont été mis sous scellés.

Il y a également certains actes que le syndic ne peut faire qu'avec l'autorisation du juge-commissaire.

CHAPITRE III. — De l'apposition des scellés.

Quelles sont les deux mesures conservatoires ordonnées par le jugement déclaratif?
Pourquoi arrête-t-on le failli?

697. Par le jugement qui déclare la faillite, le tribunal ordonne l'apposition des scellés et l'arrestation du failli.

698. L'arrestation du failli est ordonnée dans un double but :

1° Dans l'intérêt même des créanciers, afin que le failli ne puisse se soustraire par la fuite à l'obligation de fournir au syndic les renseignements qui lui sont nécessaires pour établir la situation :

2° Dans l'intérêt de la répression, afin qu'on puisse le livrer aux tribunaux répressifs s'il y a banqueroute.

Cette arrestation a-t-elle toujours lieu?

699. Le tribunal de commerce peut dispenser le failli de l'arrestation.

700. S'il n'y a pas assez d'argent pour les premières opérations de la faillite, le Trésor pourra en avancer sur ordonnance du juge-commissaire (art. 461).

CHAPITRE IV. — **Syndics provisoires.**

701. Nous savons que le jugement déclaratif nomme toujours un syndic ; il peut même en nommer plusieurs si la faillite est importante.

Ce syndic est dit *provisoire*, parce que l'assemblée des créanciers qui doit être convoquée le plus tôt possible, dira si elle veut ou non son maintien en fonction : le tribunal de commerce, après avoir pris coñnaisssnce du désir de cette assemblée, maintiendra le syndic ou en nommera un nouveau : le syndic ainsi désigné est dit syndic *définitif*.

Qu'est-ce que le syndic provisoire ?
Le syndic définitif ?

CHAPITRE V. — **Fonctions des syndics.**

702. Le syndic doit faire apposer les scellés s'ils n'ont pas encore été mis.

Il prend connaissance des livres, recouvre les créances échues, dresse le bilan, c'est-à-dire l'état général de l'actif et du passif, si cela n'a pas encore été fait par le failli luimême.

703. Le syndic requiert la levée des scellés, et procède à l'inventaire.

Il adresse un mémoire au juge-commissaire sur les circonstances de la faillite. Ce magistrat le transmet (en y joignant, s'il y a lieu, ses observations) au Procureur de la République.

Comme tous les effets du failli ont été mis sous scellés après le jugement déclaratif, le failli, sa femme et leurs enfants doivent être bien embarrassés pour changer de linge. Le juge-commissaire peut faire extraire des scellés les objets qui sont nécessaires au failli et à sa famille.

704. Une fois l'inventaire terminé, le syndic prend l'administration de l'ensemble du patrimoine du failli, sous la surveillance du juge-commissaire.

705. Pour les besoins de son administration, le syndic (provisoire ou définitif) peut être amené à contracter des dettes. Par ex., s'il juge utile de continuer le commerce et

Ceux qui traitent avec le syndic ne sont-ils pas payés avant la masse des créanciers ?

la fabrication, il aura des achats à faire, des ouvriers et employés à engager et à payer.

Eh bien, les tiers, qui traitent ainsi avec le syndic, sont créanciers *de* la masse et non *dans* la masse.

En d'autres termes, ils sont créanciers de la faillite, et non pas seulement du failli. Cela revient pratiquement à dire qu'ils seront payés par préférence aux créanciers ordinaires, c'est-à-dire aux créanciers dans la masse (1).

706. Le syndic doit prendre toutes les mesures propres à conserver les droits du failli (2).

707. Il doit aussi veiller à la conservation des droits de la masse des créanciers du failli. A ce point de vue, l'art. 490 lui prescrit de faire inscrire l'hypothèque générale qui appartient à la masse sur les immeubles du failli.

Il y a 2 questions sur cette hypothèque :

A quoi sert l'hypothèque qui appartient à la masse des créanciers ?

708. A quoi sert-elle? Au 1er abord, elle paraît inutile. En effet, l'hypothèque est un droit de préférence, une faveur. Or, on ne conçoit pas une faveur accordée à la fois à tous les créanciers.

Pour apercevoir l'utilité de cette hypothèque, il suffit de supposer que le failli obtienne son concordat et tombe ensuite dans une nouvelle faillite. Les créanciers de la 1re faillite pourront alors invoquer leur hypothèque, afin d'obtenir le paiement de leur dividende sur le prix des immeubles du failli, par préférence aux créanciers de la 2e faillite (3).

---

(1) Il y a à peu près entre les 2 catégories de créanciers la même différence qu'entre les actionnaires et les obligataires dans une société.

Les actionnaires ne touchent rien tant que les obligataires ne sont pas complètement désintéressés. De même les créanciers dans la masse ne touchent rien tant que les créanciers de la masse ne sont pas entièrement payés.

(2) Par ex., si le failli a des débiteurs, le syndic devra interrompre la prescription; s'il y a des hypothèques ou privilèges, il devra les faire inscrire, ou renouveler, s'il y a lieu, les inscriptions.

(3) On peut ajouter 3 autres utilités, indépendamment de celle que nous venons de donner pour le cas d'une 2e faillite.

2° *utilité.* — Le failli, remis à la tête de ses affaires par le con-

709. Cette hypothèque est-elle légale ou judiciaire?

Je pense qu'elle est légale. On objecte qu'elle est la conséquence d'un jugement, à savoir le jugement déclaratif de faillite.

Je réponds que l'hypothèque judiciaire est attachée à un jugement de condamnation, ou du moins à un jugement qui crée ou constate une créance. Or tel n'est pas le caractère du jugement déclaratif; ce jugement ne fait que constater officiellement un certain état de choses, à savoir la cessation des paiements de la part de tel commerçant (1).

710. Les créanciers, avisés de la faillite grâce à la large publicité organisée par la loi (2), déposent leurs titres au greffe du tribunal de commerce.

Vérification
des créances.

---

cordat, contracte de nouvelles dettes, et donne à ses créanciers des hypothèques. Les créanciers de la faillite, grâce à leur hypothèque antérieure, primeront ces nouveaux créanciers.

3e utilité. — Bernard, au cours de sa faillite, est appelé à la succession de X. Les créanciers héréditaires, en présence d'un héritier en faillite, demandent la séparation des patrimoines, mais ils la font inscrire plus de 6 mois après l'ouverture de la succession. Leurs créances alors ne prennent rang qu'à la date de cette inscription (c. civ. 2113), et se trouvent par conséquent primées par l'inscription prise par le syndic au nom de la masse.

4e utilité (du moins dans l'opinion de la jurisprudence). — L'inscription de l'hypothèque de la masse fait de celle-ci un tiers qui peut s'opposer à l'action résolutoire d'un vendeur d'immeuble, lorsque celui-ci n'a pas conservé son privilège par une inscription (ou une transcription) antérieure au jugement déclaratif.

(1) La question n'a pas grand intérêt, parce que l'hypothèque judiciaire et l'hypothèque légale sont également générales, c'est-à-dire qu'elles grèvent, l'une comme l'autre, tous les immeubles présents et à venir du débiteur. On cite pourtant l'intérêt suivant :

S'il s'agit d'une hypothèque légale, le syndic devra prendre autant d'inscriptions qu'il y a d'immeubles, quand bien même ces immeubles seraient situés dans le même arrondissement.

Si l'hypothèque est judiciaire, une seule inscription suffit pour les immeubles qui sont situés dans le même arrondissement.

(2) Cette publicité consiste en un affichage au tribunal de commerce, et surtout en insertions dans les journaux. De plus, le syndic qui trouve la trace des créanciers dans les livres du failli, doit les informer, par lettres individuelles, d'avoir à produire leurs titres.

711. Le syndic convoque une assemblée des créanciers à l'effet de vérifier, contradictoirement avec le failli, les titres de chacun d'eux.

Admission d'une créance.

712. Lorsqu'une créance est reconnue exacte dans cette assemblée, le syndic mentionne sur le titre : « Admis au passif de la faillite de Bernard pour la somme de..... fr. ».

Affirmation d'une créance.

713. De plus, dans les 8 jours suivants, le créancier doit (cette formalité est exigée par la loi par surcroit de garantie), *affirmer* sous serment devant le juge-commissaire que sa créance est bien véritable.

Contestation d'une créance.

714. Lorsqu'une créance est *contestée*, le syndic naturellement ne l'admet pas au passif; le créancier contesté doit se pourvoir devant le tribunal compétent pour faire reconnaitre la validité de sa créance.

715. Lorsqu'il y a plusieurs créances contestées, il y a lieu de se demander s'il sera *sursis* à la convocation de l'assemblée concordataire (1) jusqu'à ce qu'il soit statué sur la validité des créances contestées.

Cette question de *sursis* est tranchée par le *trib. de cce* sur le rapport du juge-commissaire. Ce tribunal est, en effet, le mieux renseigné pour savoir s'il y a lieu de convoquer immédiatement cette assemblée, ou s'il vaut mieux surseoir.

716. Supposons que le trib. de cce, repoussant le sursis, ordonne de tenir immédiatement l'assemblée. Il y a lieu de savoir si les créanciers contestés pourront venir prendre part et voter à cette assemblée, car il n'est pas certain que leurs créances soient fausses. La loi admet que, si leurs créances sont simplement considérées comme probables par le tribunal compétent, ils pourront venir voter à l'assemblée concordataire : c'est ce qu'on appelle *l'admission provisionnelle.*

Quel est le tribunal compétent pour statuer sur l'admission provisionnelle?

717. Le tribunal compétent, pour statuer sur l'admission provisionnelle, est *celui-là même qui a qualité pour statuer sur la validité de la créance*; ce sera donc le tribunal

---

(1) On appelle ainsi l'assemblée chargée de statuer sur le point de savoir si on accordera un concordat au failli.

de commerce si la créance est commerciale, et le tribunal civil au cas contraire (1).

748. Il est possible que la créance d'un créancier hypothécaire ou privilégié ne soit pas contestée, mais que son hypothèque (ou son privilège) soit contestée.

Il est certain que, s'il fait abandon de son hypothèque, il pourra voter à l'assemblée concordataire.

719. Mais pourra-t-il y voter tout en conservant sa sûreté? C'est controversé. Ce qui cause le doute, c'est l'art. 508, aux termes duquel le vote au concordat d'un créancier hypothécaire (ou privilégié) lui fait perdre sa sûreté. Néanmoins nous pensons que ce créancier peut voter au concordat. L'art. 501 me paraît décisif en ce sens (2).

Quant à l'art. 508, il doit être restreint au cas qu'il prévoit, c'est-à-dire au cas où il s'agit d'un créancier ayant un privilège ou une hypothèque non contestée (3).

---

(1) Toutefois, s'il s'agit d'une créance de la compétence d'un tribunal répressif, il n'y a pas lieu à l'admission provisionnelle, parce que cette décision préjugerait la question pénale; or il importe que cette question demeure intacte, vu son importance, jusqu'au moment où elle sera tranchée. Par ex., Bernard est inculpé d'avoir commis un délit (ou un crime) au préjudice de Primus qui se porte partie civile devant le tribunal répressif compétent (tribunal correctionnel ou Cour d'assises). L'assemblée concordataire de la faillite étant sur le point de se tenir, Primus voudrait être admis provisionnellement, comme créancier en dommages-intérêts, à y prendre part. Cela ne se peut pas; le tribunal répressif ne saurait statuer sur l'admission provisionnelle, car, en la prononçant, il reconnaîtrait implicitement qu'il est très probable que Bernard a commis le délit en question.

(2) Aux termes de ce texte, « le créancier dont le privilège ou l'hypothèque seulement serait contestée, sera admis dans les délibérations de la faillite comme créancier ordinaire. » L'admission à la délibération, d'après le sens naturel des mots, emporte le droit de voter.

(3) D'ailleurs le motif de l'art. 508 ne s'applique pas : il n'est pas à craindre que le créancier accorde trop facilement, à raison de sa sûreté, des remises exagérées au failli, puisqu'il a des doutes sur l'existence de cette sûreté.

CHAPITRE VI. — **Du Concordat et de l'Union.**

720. Une fois que les créances ont été vérifiées, il y a lieu de convoquer les créanciers en *une assemblée* dite assemblée concordataire, pour délibérer s'il y a lieu ou non d'accorder au failli un concordat. Cette convocation est faite par le greffier, sur l'ordre du juge commissaire.

721. Le failli doit être présent à cette assemblée; son rôle naturellement est de tâcher d'apitoyer ses créanciers pour obtenir d'eux un concordat aux conditions les plus avantageuses.

722. Le syndic fait un rapport à cette assemblée sur l'état de la faillite.

723. Le juge-commissaire dresse procès-verbal de ce qui s'est passé dans cette assemblée.

Qu'est-ce que le concordat ?

724. Le concordat est une *transaction* entre le failli et ses créanciers, par laquelle ceux-ci remettent le failli à la tête de ses affaires, en lui accordant des remises et des délais qui lui permettront de les continuer.

Par exemple, les créanciers font remise de 60 0/0, en disant que le failli leur paiera 10 0/0 dans un an, 10 0/0 dans 2 ans, 20 0/0 dans 3 ans.

Quelles conditions doit remplir la majorité ?

725. Pour être admis, le concordat doit être voté par des créanciers représentant une double majorité :

1° Une majorité en nombre, c'est-à-dire que ceux qui votent pour le concordat doivent représenter la $1/2 + 1$ des créanciers présents à l'assemblée concordataire.

2° Une majorité des 2/3 des créances vérifiées (c'est la majorité en somme) (1).

Les créanciers hypothécaires ou privilégiés peuvent-ils voter sur la question du concordat?

726. Les créanciers hypothécaires (ou privilégiés) ne peuvent pas venir voter au concordat. S'ils avaient ce droit, ils pourraient trop facilement se montrer généreux dans les

____

(1) Ainsi, si l'ensemble du passif est de 300, il faut que les créances de ceux qui votent pour le concordat atteignent au moins 200.

remises à accorder au failli, parce qu'ils sont assurés d'être payés intégralement grâce à leur hypothèque.

727. S'ils enfreignent cette défense, ils perdent leur hypothèque (ou leur privilège) (1).

728. Le concordat emporte ordinairement libération gratuite du failli d'une partie de sa dette.

Ainsi supposons qu'il soit dit que le failli paiera 40 0/0 à ses créanciers; cela revient à le libérer gratuitement de 60 0/0.

Quel est l'effet principal du concordat?

729. Cette libération dérivant du concordat doit être comparée avec la remise de dette. Il y a des différences :

Quelles sont les différences entre la remise des dettes par concordat et la remise des dettes ordinaire?

1° Au point de vue de la *nature de l'opération* :

La libération dérivant du concordat est une *transaction* : les créanciers sacrifient une partie de leur créance pour sauver le reste.	La remise de dette est une *libéralité*, une donation.

2° Au point de vue de la *révocabilité*, du *rapport* et de la *réduction* :

La somme remise par le concordat n'y est pas sujette.	La somme remise par un créancier à son débiteur y est soumise, suivant les règles ordinaires des donations.

3° Au point de vue de la *nécessité de la volonté du créancier* :

La libération dérivant du concordat a lieu par la volonté de la majorité des créanciers; les créanciers composant la minorité se trouvent donc dépouillés malgré eux d'une partie de leurs droits.	La remise de la dette suppose toujours la volonté du créancier.

---

(1) Le créancier qui a reçu, non une hypothèque, mais une *caution*, et qui vote au concordat, ne subit pas cette déchéance, car l'art. 508 ne parle que de l'hypothèque. Mais le créancier qui aurait reçu à la fois une hypothèque et une caution, perdrait, non-seulement l'hypothèque, mais aussi la caution, par application de l'art. 2037 C. civil.

4° Au point de vue de la *libération des cautions* :

Si un créancier avait une caution, il pourrait lui demander la totalité de sa créance. La caution ne profite pas de la libération partielle du débiteur failli.

La remise de la dette faite au débiteur profite à la caution.

5° Au point de vue du *maintien d'une obligation naturelle* :

La partie remise au concordat demeure due comme obligation naturelle.

La dette remise est radicalement éteinte.

730. Si une seule des deux majorités requises est obtenue, le syndic renvoie les créanciers à huitaine pour une nouvelle délibération. Si cette 2ᵉ fois les deux majorités ne sont pas encore obtenues, le concordat est rejeté, et par conséquent il y a *union*.

731. Le concordat n'est pas définitif immédiatement après avoir été voté ; il faut qu'il soit *homologué* par le tribunal de commerce. L'homologation est demandée par la partie la plus diligente (1).

732. Quels peuvent être les motifs qui déterminent le tribunal à refuser l'homologation?

Ils peuvent être de 2 ordres :

1° *L'intérêt des créanciers*. — Par ex. le concordat n'a pas été voté dans les conditions exigées par la loi ; l'une des majorités n'a pas été obtenue ; des personnes sont venues voter sans en avoir le droit ; les formalités de publicité pour appeler les créanciers n'ont pas été observées, etc.

2° *L'intérêt de l'ordre public*. — Si le failli a été condamné antérieurement pour banqueroute frauduleuse, la loi le considère comme indigne du concordat.

733. Le concordat peut être *annulé* ou *résolu*. On sait qu'il ne faut pas confondre ces deux choses :

----

(1) Ce peut être le syndic, le failli ou un créancier quelconque.

L'annulation suppose un vice qui existait *lors de la formation du contrat*.

La résolution, au contraire, suppose que le contrat est né parfait ; elle résulte d'un *événement postérieur*.

734. Il n'y a qu'une cause d'annulation du concordat, c'est le dol (1).

Le dol consiste par ex. en ce que le failli a dissimulé une partie de son actif pour se faire croire plus pauvre et obtenir des remises plus fortes (2).

735. Il y a lieu à la résolution du concordat lorsque le failli qui l'a obtenu n'en exécute pas les conditions, par ex. s'il ne paie pas les dividendes promis. C'est l'application du Droit commun (art. 1184).

736. Il y a d'importantes différences entre l'annulation et la résolution du concordat :

Quelles sont les diff. entre l'ann. et la résol. du conc.

1° Quant aux causes :

L'annulation tient au dol commis dans la conclusion du concordat.	La résolution tient à l'inexécution des obligations dérivant du concordat.

2° Quant au *délai* pour les demander :

On a 10 ans pour demander l'annulation.	On a 30 ans pour agir en résolution.

3° Quant à la *libération des cautions* données pour garantir l'exécution des obligations dérivant du concordat :

---

(1) Les parties ne peuvent invoquer l'erreur simple, car elles n'avaient qu'à mieux se renseigner, ni la violence, car elle est impossible à concevoir, du moment que le concordat est conclu dans une assemblée présidée par un juge, qui ne tolérerait évidemment pas des scènes de violence.

(2) Il y a une façon assez ingénieuse de dissimuler l'actif, c'est d'exagérer le passif. Par ex. le failli Bernard s'entend avec des compères auxquels il souscrit des billets fictifs pour des sommes importantes. Ces prétendus créanciers lui rendent un double service : 1° Ils soutiennent chaudement ses intérêts dans l'assemblée concordataire et s'efforcent de lui faire obtenir de grosses remises ; 2° Ils recueillent, sous forme de dividendes, une partie de l'actif qu'ils restituent au failli, sauf naturellement une commission pour prix de leurs services.

| Ces cautions sont libérées, car l'obligation principale étant nulle, l'obligation accessoire l'est aussi. | Les cautions restent tenues, puisqu'elles ont été précisément fournies pour exécuter les obligations que le failli ne remplit pas. |

737. Lorsque le concordat est annulé ou résolu, les créanciers se trouvent en état d'*union*. Mais comment va-t-on régler les rapports des divers créanciers dont les uns ont touché tout leur dividende, d'autres n'en ont touché qu'une partie et les autres n'ont rien touché du tout? Faut-il dire que ceux qui ont touché quelque chose le rapporteront à la masse pour que l'actif soit partagé au marc le franc entre tous les créanciers? Tel n'est pas le système de la loi. Il faut, d'après l'art. 526, procéder de la façon suivante :

738. Ceux qui ont touché l'intégralité de leur dividende le garderont, mais n'auront plus rien à réclamer. Par ex., le concordat stipulait une remise de 60 0/0. C, créancier de 100, a touché intégralement son dividende, c'est-à dire 40 ; il n'a plus rien à réclamer. En monnaie de faillite, en effet, le dividende est la représentation de la créance.

Ceux qui n'ont encore rien reçu produiront l'intégralité de leur créance. Par ex. C, créancier de 100, n'a touché aucune partie du dividende promis ; il produira pour sa créance entière, c'est-à-dire pour 100.

Ceux qui ont touché une partie de leur dividende, produisent la partie de leur créance qui correspond à la portion de dividende non touchée. Par ex. C, créancier de 100, a touché le 1/4 du dividende qui lui revenait par suite du concordat, c'est-à-dire 10. Il produira pour les 3/4 de sa créance, c'est-à-dire pour 75.

739. On donnerait les mêmes décisions si le commerçant failli, qui a obtenu son concordat, encourait une nouvelle faillite. Il y a lieu alors à régler le concours des créanciers de l'ancienne faillite avec ceux de la nouvelle. Nous dirons donc, appliquant les règles précédentes :

Ceux des anciens créanciers qui ont reçu entièrement leur dividende, n'ont rien à réclamer.

Ceux qui n'ont rien reçu, produiront leur créance intégralement.

Ceux qui auront reçu une partie de leur dividende, produiront une partie de leur créance correspondant à la portion de dividende non touché.

740. Lorsque l'actif n'est pas suffisant pour continuer les opérations de la faillite, le tribunal peut prononcer un jugement de clôture des opérations de la faillite. Les créanciers rentrent alors dans leur droit de poursuite individuelle (art. 527).

Quel est l'effet du jug. de clôture ?

741. Ce jugement n'est pas une solution de la faillite, comme le concordat et l'union. *La faillite n'est nullement terminée;* ce sont seulement les opérations de la faillite qui sont suspendues faute d'argent pour les continuer.

Est-il une solution de la faillite ?

742. De ce que la faillite subsiste, je conclus :

1° Que le dessaisissement est maintenu, c'est-à-dire que le failli ne peut pas contracter des obligations opposables à la masse. S'il contracte des dettes, les nouveaux créanciers ne pourront se faire payer sur les biens que le failli pourra acquérir par la suite, qu'après le désintéressement des premiers.

2° Si, en exerçant des poursuites individuelles (le jugement de clôture a pour effet, d'après l'art. 537, de restituer aux créanciers le droit de poursuite individuelle), un créancier parvient à obtenir de l'argent, il doit tenir compte de cet argent à la masse, sauf bien entendu, à prélever les frais qu'il a dû faire pour l'obtenir (art. 528).

743. L'union est la situation qui se présente lorsque le concordat est rejeté.

Q. q. l'union ?

Dans ce cas, il y a lieu, pour les créanciers, de nommer un syndic de l'union. Ils peuvent d'ailleurs maintenir en cette nouvelle qualité le syndic déjà en fonctions.

744. La mission du syndic d'union est de *réaliser*, c'est-à-dire de convertir en argent, tout l'actif, et d'en *distribuer* le montant, au marc le franc, aux créanciers (sauf bien

Quel est le but de l'union ?

entendu les causes de préférence tenant aux privilèges et hypothèques).

745. Le syndic d'union doit donc faire vendre les immeubles aussi bien que les meubles.

Dans quelle forme vend-on les immeubles?

746. L'art. 572 dit dans quelles formes on procédera à cette vente des immeubles. La vente doit avoir lieu dans les formes prescrites pour la vente des immeubles appartenant à un *mineur*, c'est-à-dire par *devant le tribunal civil* et aux *enchères publiques*.

747. On se demande si l'adjudication prononcée dans ce cas *vaut purge* de plein droit, ou si au contraire l'adjudicataire doit, pour affranchir l'immeuble des privilèges et hypothèques qui le grèvent, remplir les formalités ordinaires de la purge, en un mot s'il faut assimiler notre adjudication à l'adjudication sur saisie immobilière ou à l'adjudication de biens de mineurs. Controverse :

D'après la jurisprudence, notre adjudication emporte purge de plein droit comme l'adjudication sur saisie. En effet, la faillite est entourée d'une large publicité; cette publicité équivaut aux notifications individuelles que l'art. 692 C. proc., dans le cas de saisie, ordonne de faire aux créan·ciers inscrits. Les créanciers hypothécaires ou privilégiés sont donc suffisamment informés que tout l'actif du failli, y compris les immeubles affectés à leur sûreté, vont être mis en adjudication : c'est à eux par conséquent d'assister aux enchères; ils ne sauraient être admis à critiquer ensuite un prix qu'il dépendait d'eux de rendre plus élevé.

On ajoute un argument de texte. Aux termes de l'art. 573, lorsque l'adjudication que nous envisageons a été prononcée, « la surenchère n'aura lieu qu'aux conditions suivantes : elle devra être d'un dixième et avoir lieu dans la quinzaine de l'adjudication » Ces termes restrictifs excluent la surenchère de la purge, qui peut avoir lieu dans les 40 jours qui suivent les notifications à fin de purge (art. 2185, c. civ.).

On invoque enfin la nécessité d'une prompte liquidation, ce qui est le vœu du législateur en matière de faillite.

748. D'après la majorité des auteurs, notre adjudication, de même que celle des biens de mineur et la plupart des adjudications, n'emporte pas purge de plein droit. L'adjudicataire doit faire les notifications à fin de purge, s'il veut s'affranchir des privilèges et hypothèques.

En effet, le droit commun est que les créanciers privilégiés ou hypothécaires ont 40 jours pour surenchérir à partir des notifications qui leur seront adressées par l'acquéreur : il faudrait un texte formel pour leur enlever ce droit dans notre cas, car les déchéances ne peuvent être sous-entendues. Or, l'exclusion prononcée par l'art. 573 ne se rapporte pas nécessairement à la surenchère spéciale des créanciers hypothécaires ; elle peut très bien se référer à la surenchère du 6ᵉ, qui est admise, en règle générale, et au profit de tout le monde, dans les 8 jours de toute adjudication (1).

Notre texte, bien loin de vouloir exclure la surenchère des créanciers hypothécaires, se propose de faciliter la surenchère du droit commun, pour que l'immeuble atteigne le plus haut prix possible. La surenchère du droit commun doit être de 1/6, et ne peut intervenir que dans les 8 jours de l'adjudication. Eh bien, notre texte se contente d'une surenchère de 1/10 seulement au lieu d'1/6, et il accorde, pour la faire, 15 jours au lieu de 8.

Notre texte ainsi entendu est absolument étranger à la surenchère spéciale de l'art. 2185, et dès lors cette surenchère demeure ouverte aux créanciers inscrits dans les 40 jours des notifications à fin de purge.

On ajoute que la solution contraire serait inique pour les créanciers privilégiés ou hypothécaires. Ils peuvent ignorer la faillite et la liquidation générale de l'actif de leur débiteur. La publicité générale de la faillite ne saurait équivaloir aux notifications individuelles qui, d'après l'art. 692, leur sont faites en cas de saisie. S'il se sont fait donner une hypothèque, c'est justement pour n'avoir pas besoin de surveiller les affaires de leur débiteur, et de regarder dans les

____

(1) Sauf naturellement l'adjudication provoquée par une surenchère, à raison de la règle « surenchère sur surenchère ne vaut ».

journaux s'il n'est pas survenu contre lui un jugement déclaratif de faillite.

Qu'on n'allègue pas la nécessité d'une prompte liquidation ! Cette promptitude ne saurait nuire aux créanciers
hypothécaires ou privilégiés qui sont en dehors de la faillite,
et ne doivent pas en souffrir indirectement au point de vue
de la conservation de leurs sûretés.

CONCORDAT PAR ABANDON D'ACTIF.

Q. est la loi qui a établi le conc. par ab. d'actif ?

749. Cette solution de la faillite a été créée par la loi du
17 juillet 1856. Cette loi a modifié l'art. 541 du code de commerce, et en a donné la rédaction suivante :

« Aucun débiteur commerçant n'est recevable à demander son admission au bénéfice de cession de biens.

« Néanmoins un concordat par abandon total ou partie
de l'actif du failli peut être formé, suivant les règles prescrites par la section 2 du présent chapitre (ce sont les règles
du concordat ordinaire). Ce concordat produit les *mêmes
effets* que les autres concordats ; il est *annulé* ou *résolu* de la
même manière.

« La liquidation de l'actif abandonné est faite conformément aux paragraphes etc. » (il s'agit des règles de la liquidation en cas d'union).

750. La cession de biens (c. civ. 1265) avait principalement pour but, lorsque la contrainte par corps était en
vigueur, de permettre au débiteur d'y échapper en abandonnant tous ses biens à ses créanciers.

Le législateur a manqué de logique et de clarté en ayant
l'air de mettre sur la même ligne le concordat par abandon
et la cession de biens. En effet, la cession de biens était
accordée, à la requête du débiteur, sans que le consentement des créanciers fût nécessaire.

D'autre part, la cession de biens ne déchargeait pas le
débiteur de la moindre partie de ses dettes.

Dès qu'il acquérait un nouveau bien, les poursuites pouvaient recommencer contre lui.

En quoi ressemble-t-il au con. ord. ?

751. Le concordat par abandon d'actif tient à la fois du
concordat ordinaire et de l'union.

752. Il ressemble au concordat ordinaire en ce que le failli se trouve *libéré de ses dettes* moyennant l'abandon qu'il fait de ses biens à ses créanciers.

a) Le failli concordataire ne sera tenu que *naturellement* de la partie des dettes qui ne pourra être acquittée. Les biens qu'il acquerra par la suite ne seront pas frappés de dessaisissement; le failli les administrera librement.

753. Le concordat par abandon ressemble aussi à l'union, en ce que ce n'est pas le failli lui-même qui réalise son actif pour payer aux créanciers des dividendes. C'est le syndic qui, comme dans l'union, opère cette vente pour en répartir le produit.

En quoi ressemble-t-il à l'union ?

754. Le concordat par abandon n'est pas très pratiqué. Il a les *inconvénients* de l'union, à savoir la dépréciation qu résulte d'une vente faite en masse et à un moment peut-être inopportun, et *il n'en a pas* l'avantage, car, en cas d'union, les créanciers conservent tous leurs droits, tandis qu'ici ils perdent la partie de leur créance qui ne leur est pas payée.

Pourquoi n'est-il guère pratiqué ?

CHAPITRE VII. — **Des différentes espèces de créanciers et de leurs droits en cas de faillite.**

Section I. — Des coobligés et des cautions.

755. D doit 100 fr. à C et a pour caution K.

D et K tombent tous les deux en faillite.

Il s'agit de savoir si C peut produire pour le total de sa créance à chacune des deux faillites, ou s'il ne peut produire pour le total qu'à l'une d'elles, ou s'il doit produire la 1/2 de sa créance à l'une des faillites et le reste à l'autre.

Le Code dit qu'il peut produire pour le tout à chacune des faillites (art. 542). C produira donc pour 100 dans la faillite D et pour 100 dans la faillite K, et cumulera les dividendes.

756. Si le total des 2 dividendes n'excède pas le montant de la créance, pas de difficulté. Il conservera ce qu'il aura ainsi obtenu (1) (2).

757. Mais que décider si le total des dividendes dépasse le montant de la créance, 100 dans l'espèce? Il est évident que C ne pourra pas recevoir plus de 100; il laissera donc l'excédent dans la dernière faillite.

a) Ainsi il a touché 60 en D; si la faillite K donne plus de 40 0/0, par exemple 60 0/0, il ne pourra toucher que 40 en K pour compléter les 100 qui lui sont dus, et devra laisser l'excédent de 20 dans la faillite K. Il est clair d'ailleurs que la faillite K n'aura pas à verser ces 20 à la faillite D, car ce n'est pas à la caution d'indemniser le débiteur principal qui est son garant.

b) Dans le cas où C a touché d'abord 60 de la faillite K, il ne pourra toucher ensuite à la faillite D que 40. Si donc le dividende qui lui est attribué en D est de 60, il y laissera 20, et ces 20 devront être versés par la faillite D dans la faillite K, afin de l'indemniser, dans la mesure du possible, de ce qu'elle a payé à C. Cela est logique, puisque D doit garantie à K.

758. C'est ce que dit l'art. 543 que je résume ainsi : « Lorsque la réunion des dividendes donnés par les faillites excède le montant total de la créance, cet excédent sera dévolu à ceux des coobligés qui auraient les autres pour garants. »

759. Supposons que C, avant la faillite de D, ait reçu de celui-ci un à-compte, par exemple 60 : il ne lui reste donc dû

---

(1) Par exemple, C touche 40 dans la faillite D et 50 dans la faillite K, ou 50 en D et 40 en K.

(2) Remarquons bien que la faillite de K n'aura pas de recours contre la faillite de D, bien que D soit le garant de K. En effet, il ne faut pas qu'une même créance figure à une faillite au-delà de son montant. Si la faillite K, qui a payé 40 par exemple à C, avait un recours de 40 contre la faillite D, la créance C D de 100 donnerait lieu à 2 productions, l'une de 100 à la requête de C, l'autre de 40 à la requête de K, si bien qu'une créance de 100 serait produite pour 140, ce qui est impossible.

que 40. Ensuite D tombe en faillite. Il ne produira que pour 40 à cette faillite.

Supposons qu'il y touche un dividende de 10 : pour com-bien pourra-t-il recourir contre K?

Si K n'est pas en faillite, il recourra pour le reste de son dû, c'est-à-dire pour 30.

Mais si K est en faillite, il produira pour tout son dû, c'est-à-dire pour 40, et cumulera le nouveau dividende avec le premier, conformément à ce que nous avons dit (art. 542), sauf, si ce nouveau dividende est supérieur à 30, à laisser l'excédent dans la faillite K.

760. Ce que nous avons dit en supposant, pour simplifier, un débiteur principal et une caution, s'appliquerait, par voie d'analogie, au cas de plusieurs codébiteurs solidaires.

SECTION II. — DES CRÉANCIERS NANTIS DE GAGE ET DES CRÉANCIERS PRIVILÉGIÉS SUR LES MEUBLES.

761. Le syndic peut retirer le gage des mains du créancier gagiste, en payant la dette.

762. S'il ne le fait pas, le créancier vendra le gage.

Si le prix est inférieur à sa créance, il produira, pour l'excédent, à la faillite.

Si le prix est supérieur, il restituera l'excédent à la masse.

763. Il y a lieu de tenir compte des privilèges établis par le Code civil.

764. En ce qui touche les privilèges *généraux*, une loi de 1889, modifiant l'art. 549, ajoute à l'énumération de l'art. 2101, C. civ., les salaires des *ouvriers* pour les 3 mois qui ont précédé le jugement déclaratif, et les salaires dus aux *commis* pour les 6 mois qui précèdent la même époque.

765. Quant aux privilèges *spéciaux sur les meubles*, ils s'appliquent généralement en cas de faillite, sauf quelques modifications que nous allons indiquer.

766. Le privilège du vendeur de meubles est aboli par l'art. 550 *in fine* C. Cce.

767. Le droit de revendication du vendeur de meubles, établi par le même art. 2102-4° al. 2 C. civ., est également supprimé par le même texte du C. de commerce (1).

768. Le privilège du bailleur est beaucoup limité par la loi du 12 février 1872, qui a modifié les art. 450 et 550 C. de com.

769. Soit P le preneur, B le bailleur, et i l'immeuble loué.

La faillite de P ne résout pas de plein droit le bail.

Le syndic a un droit d'option entre la continuation et la résolution du bail.

770. A) S'il opte pour la *continuation*, il doit signifier son intention à B dans les 8 jours.

771. Bien entendu, B n'est pas empêché, parce qu'il plaît au syndic de continuer le bail, de subir cette solution. Il peut demander la résiliation; il a, pour faire cette demande, un délai de 15 jours à partir de la notification du syndic. Mais il faut que B invoque, à l'appui de sa demande, des causes ordinaires de résiliation (2); il ne suffit pas qu'il invoque l'état de faillite de P; cette faillite n'est pas par elle-même une cause de résiliation du bail.

772. Faute par B de demander la résiliation du bail dans ledit délai de 15 jours, il est censé adhérer à la continuation du bail réclamée par le syndic.

Dans ce cas, les droits de B sont beaucoup restreints. Il a droit à la vérité à tous les loyers échus, et il peut même invoquer son privilège de bailleur pour se les faire payer par préférence à tous les autres créanciers de P. Mais *il ne peut*

---

(1) Quant à la revendication permise au vendeur de meubles par l'art. 576 du code de commerce, elle vise un autre cas, celui où les marchandises n'ont pas encore été livrées à l'acheteur, et sont encore en cours de route.

(2) Par ex. le non-paiement des loyers, des dégradations commises dans l'immeuble, le manque de meubles suffisants pour répondre des loyers.

pas réclamer les loyers à échoir, pas même comme créancier simplement chirographaire. Il ne pourra réclamer l'année en cours, et les loyers à venir qu'au fur et à mesure des échéances (1).

Tout ce que peut exiger B à l'égard des loyers à venir, c'est que les lieux soient maintenus suffisamment garnis de meubles pour en répondre.

773. Avant la loi de 1872, B pouvait, conformément au Droit commun (C. 2102), réclamer, avec la garantie de son privilège, non seulement tous les loyers échus, mais aussi tous les loyers à échoir (2).

Or les baux des maisons de commerce sont très longs (3), et les loyers en sont très élevés (4).

Ainsi, en supposant un bail de 30 ans à raison de 20.000 fr. de loyer par an, et le preneur P tombant en faillite au bout de 5 ans, B, quoiqu'ayant été régulièrement payé des loyers jusqu'au jour du jugement déclaratif, pouvait venir réclamer les 25 années de loyer restant à courir, puisque la faillite emporte déchéance du terme, soit en tout 500.000 fr. Et comme son privilège portait sur tous les meubles garnissant les lieux loués, et par conséquent sur les marchandises en magasin, il arrivait que B épuisait à lui seul tout l'actif de la faillite. Il ne restait rien pour les créanciers.

Le législateur de 1872 a trouvé excessifs ces droits du bailleur; il y a vu une atteinte au crédit nécessaire au commerçant. Il a enlevé au bailleur le droit de réclamer les loyers non échus; son seul droit est d'exiger que les lieux

----

(1) C'est là une remarquable dérogation à la règle que la faillite emporte déchéance du terme.

(2) Nous supposons ici un bail ayant date certaine.

(3) Le but de cette longueur est : 1° de permettre aux commerçants de développer plus facilement leurs affaires dans une assiette fixe, car les changements de domicile gênent et déroutent la clientèle; 2° de vendre plus facilement leur fonds de commerce.

(4) Cela se comprend. Le commerce exige un local spacieux, bien situé et commodément accessible au public (rez-de-chaussée ou 1er étage).

loués demeurent suffisamment garnis de meubles pour répondre de leur paiement.

774. B) Si le syndic opte pour la *résiliation* du bail, le bailleur B ne peut réclamer, avec la garantie de son privilège, que les 2 dernières années échues et l'année courante.

Quant aux autres années échues, il peut les réclamer, mais seulement comme créancier chirographaire.

Quant aux années à venir, il est évident qu'il ne peut les réclamer puisque le bail est résilié.

775. Pourquoi B ne peut-il pas réclamer toutes les années échues avec la garantie de son privilège?

La loi considère que B est en faute d'avoir tardé à réclamer les loyers échus et de les avoir laissés s'accumuler. Il a été négligent, tant pis pour lui.

D'autre part, les créanciers de P ont dû croire que P était à peu près au courant de ses loyers. Ils seraient trompés dans cette croyance si B pouvait venir exiger, avec privilège, une grosse masse de loyers arriérés.

776. Si le syndic a enlevé clandestinement des meubles garnissant les lieux loués, B peut demander de plus, avec privilège, en sus de l'année courante, une année à venir.

Section III. — Des droits des créanciers hypothécaires et privilégiés sur les immeubles.

777. Ces créanciers sont payés, conformément au droit commun, suivant la procédure d'ordre. Ce point rentre dans le cours spécial de procédure civile (V. mes « Principes de Voies d'exécution »).

Section IV. — Des droits des femmes.

778. Dans notre ancien Droit (c'est-à-dire avant le Code de commerce de 1807), la faillite était employée par certains commerçants peu délicats comme un moyen de s'enrichir aux dépens de leurs créanciers.

Ils empruntaient de l'argent, tant qu'ils pouvaient, achetaient des biens à crédit qu'ils revendaient au comptant à perte, enfin faisaient de l'argent par tous les moyens possibles en contractant des dettes, puis ils passaient cet argent à leurs femmes qui s'en servaient pour acheter des biens en leur propre nom.

Le commerçant, ne pouvant remplir ses engagements, était mis en faillite. Il était ruiné, mais sa femme était riche, et cette richesse lui profitait naturellement à lui-même. Les créanciers se trouvaient dépouillés; ils ne pouvaient s'attaquer aux biens de la femme, car celle-ci avait eu naturellement bien soin de ne pas s'engager.

779. Le Code de 1807 prit des dispositions pour prévenir ces fraudes, mais ces dispositions étaient trop rigoureuses pour les femmes, dont les droits se trouvaient alors sacrifiés.

780. La loi de 1838 a tâché de concilier les droits des femmes avec ceux des créanciers.

Les restrictions apportées par cette loi aux droits de la femme, tels qu'ils résultent du Code civil, en cas de faillite du mari, consistent :

1° Dans l'obligation de fournir *certaines preuves* pour exercer ses droits;

2° Dans la *restriction* de son *hypothèque* légale;

3° Dans la *suppression* de ses *avantages matrimoniaux*.

781. A) *Obligation de fournir certaines preuves pour exercer ses droits.* La loi présume, jusqu'à preuve contraire à fournir par la femme (art. 559), que les biens acquis par la femme du failli appartiennent au mari, qu'ils ont été payés de ses deniers, et qu'ils doivent faire partie de la masse de son actif.

Quelle est la présomption de la loi en ce qui touche les biens acquis par la femme?

782. F peut reprendre les immeubles dont elle était propriétaire avant le mariage (ou qui lui sont échus à titre de succession ou donation), et qui, aux termes du contrat de mariage, ne sont pas entrés dans la communauté. C'est l'application du Droit commun.

783. F reprend également les immeubles qu'elle a acquis au cours du mariage avec des deniers provenant des successions ou donations à elle échues au cours du mariage.

F pourra reprendre ces immeubles, mais moyennant certaines conditions de preuve.

Il faut :

1° Que l'*origine des deniers* soit constatée par *inventaire* ou par acte authentique;

2° Que la *déclaration d'emploi* soit indiquée au contrat d'acquisition (1).

784. En ce qui touche les *meubles* acquis par F, elle ne pourra prouver sa propriété qu'en établissant l'*identité* des meubles par elle réclamés, au moyen d'un *inventaire* ou de tout autre acte authentique (560) (2).

785. Si F, au lieu de se prétendre propriétaire, se prétend simplement *créancière*, la loi ne dit rien. On applique le Droit commun; F n'a pas besoin d'acte authentique : il en est ainsi par ex., si F réclame le prix de son immeuble qui a été aliéné par son mari (avec son consentement, bien entendu) sans remploi.

786. Toutefois, il y a une exception à cette règle lorsque F se dit créancière à raison de paiements qu'elle prétend avoir faits de dettes de son mari (art. 562). La présomption est alors que F a fait le paiement avec l'argent du mari. C'est à elle à prouver l'origine des deniers qu'elle prétend avoir employés à ces paiements.

787. B) *Restriction de l'hypothèque de F.*

Cette restriction a lieu à 2 points de vue :

1° Au point de vue de l'*assiette*. L'hypothèque, au lieu de grever tous les immeubles quelconques du mari, ne porte que sur ceux qui lui appartenaient au jour de son mariage, ou qu'il a acquis à titre gratuit pendant sa durée.

789. 2° Au point de vue de la *preuve des créances* de F

---

(1) C'est-à-dire que dans l'acte par lequel F a acquis un immeuble, il soit dit que c'est avec l'argent provenant de telle succession à elle échue ou de telle donation à elle faite.

(2) Toutefois, même quand F ne peut pas fournir cette preuve, le syndic peut lui remettre, avec l'autorisation du juge-commissaire, les habits et linge nécessaires à son usage.

relativement aux deniers et effets mobiliers qu'elle a apportés en dot ou qui lui sont advenus au cours du mariage (1). Elle doit prouver que le mari en a reçu délivrance ou paiement au moyen d'un acte ayant date certaine.

790. C) La femme ne peut pas demander l'exécution des avantages (par ex. des donations) qui lui ont été faits dans le contrat de mariage par son mari.

Au reste, cette prohibition ne s'applique qu'au cas où, au moment du mariage, le mari était déjà commerçant ou sur le point de le devenir (2).

Dans ce cas, en effet, F devait s'attendre à la possibilité d'une faillite, et M aussi. La loi craint la fraude suivante. M aurait fait à F des libéralités considérables par contrat de mariage, en comptant qu'elles seraient acquittées plus tard, en cas de faillite, avec les diverses valeurs qu'il aurait pu se procurer par le crédit.

791. Si M n'est devenu commerçant que plus d'un an après son mariage, ce soupçon de fraude est écarté, et F peut exiger l'exécution des avantages matrimoniaux stipulés à son profit (3).

CHAPITRE VIII. — De la répartition entre les créanciers et de la liquidation du mobilier.

792. L'actif de la faillite, qui subsiste après le paiement des créanciers privilégiés et hypothécaires, doit être réparti au marc le franc entre tous les créanciers du failli.

---

(1) Il suit de là que, pour ses avantages matrimoniaux, elle ne peut pas invoquer l'hypothèque légale. Si les époux sont malins, ils déguisent les avantages matrimoniaux en dot. Au lieu de dire, dans le contrat de mariage, que je donne à ma femme 100,000 frs, je déclare que j'ai reçu d'elle 100,000 frs à titre de dot. De cette façon, si je fais faillite, elle pourra réclamer ces 100,000 frs, qu'elle est censée m'avoir apportés, avec la garantie de son hypothèque légale.

(2) Je vise ici le cas d'un mari qui est devenu commerçant dans l'année qui a suivi son mariage.

(3) Si donc les époux sont malins, le mari n'a qu'à attendre un an après son mariage pour se faire commerçant. De cette façon, la déchéance édictée par la loi ne sera pas applicable à la femme.

CHAPITRE IX. — De la vente des immeubles du failli.

793. Nous supposons que, le concordat ayant été rejeté, il y a union. Il faut alors que tous les biens du failli, meubles et immeubles, soient vendus pour servir des dividendes aux créanciers. Dans ce chapitre 9, la loi s'occupe spécialement de la vente des immeubles, et distingue 2 cas.

794. *1ᵉʳ cas.* La vente *a déjà été provoquée* par des créanciers hypothécaires ou privilégiés qui ont opéré la saisie immobilière.

La procédure de saisie suivra son cours. L'adjudication sera prononcée; elle emportera purge des privilèges et hypothèques, conformément au Droit commun (art. 717 c. de proc. civ.); le prix sera distribué, conformément à la procédure d'ordre, entre les créanciers hypothécaires et privilégiés; s'il reste un excédent, il sera distribué en dividendes à la masse des créanciers

795. *2ᵉ cas.* Au moment où intervient l'union, les immeubles *n'ont pas encore été saisis* par les créanciers hypothécaires ou privilégiés.

Le syndic doit opérer la vente, en justice et aux enchères publiques, suivant les formalités prescrites pour la vente des biens de mineur.

L'art. 573 ajoute que chacun pourra, dans les 15 jours de l'adjudication, former une surenchère du 10ᵉ si le prix lui paraît inférieur à la véritable valeur, et provoquer une 2ᵉ adjudication (1).

Il s'agit de savoir si l'adjudication provoquée par le syndic emportera purge de plein droit, ou si au contraire l'adjudicataire devra opérer les notifications à fin de purge, conformément à l'art. 2185. La question est controversée; nous l'avons exposée plus haut (747).

---

(1) Il est certain que cette 2ᵉ adjudication ne pourra être suivie d'aucune nouvelle surenchère, à raison de la règle « surenchère sur surenchère ne vaut ». Il est certain aussi que cette 2ᵉ adjudication emporte purge de plein droit, parce que c'est une adjudication sur surenchère.

CHAPITRE X. — **De la revendication** *(art. 574 et s.).*

796. Nous distinguerons 4 cas de revendication :

1° La revendication des *effets de commerce* ;

2° La revendication des *marchandises déposées* ;

3° La revendication des marchandises *consignées*, c'est-à-dire remises au failli à charge de les vendre ;

4° La revendication des marchandises *vendues* au failli.

797. *1er cas.* A a remis à Bernard un effet de commerce de 100 fr., avec le mandat d'en opérer le recouvrement, et d'en tenir le montant à sa disposition.

798. Si, au jour du jugement déclaratif, cet effet a été touché par Bernard, A ne pourra venir réclamer les 100 fr., montant de l'effet, que comme créancier ordinaire, et n'aura droit qu'à un dividende.

799. Si au contraire l'effet n'a pas encore été touché, A pourra venir le revendiquer s'il existe en nature. S'il a été touché par le syndic, il en réclamera le montant comme créancier, non dans la masse, mais *de* la masse, car il est créancier à raison de la gestion du syndic, et non à raison de celle du failli.

800. Il est possible qu'avant le jugement déclaratif Bernard ait, non pas sans doute encaissé, mais endossé l'effet à un tiers X. A pourra-t-il revendiquer l'effet contre X? Oui, si Bernard n'a fait à X qu'un endossement de procuration ; non, s'il a fait un endossement translatif (1).

801. *2e cas.* Des marchandises ont été déposées chez le failli, à charge seulement de les garder, c'est-à-dire à titre de *dépôt*. Le déposant pourra les revendiquer, pourvu qu'il puisse établir : 1° l'*identité* des marchandises, 2° le contrat de *dépôt* (2).

---

(1) Nous savons, en effet, que Bernard, quoiqu'ayant reçu lui-même un simple endossement de procuration, a qualité pour faire un endossement translatif.

(2) Si en fait Bernard les avait vendues, il aurait commis un abus de confiance. Le déposant ne pourrait pas les revendiquer contre les

802. *3e Cas.* Des marchandises ont été *consignées* par A chez Bernard, à charge de les vendre pour son compte.

803. Si Bernard a vendu les marchandises avant le juge· ment déclaratif, A viendra à la faillite, comme simple créancier ordinaire, pour réclamer un dividende. Toutefois, si le prix n'a pas encore été payé par l'acheteur à Bernard, A pourra revendiquer la créance du prix.

804. Si les marchandises ont été vendues, après la fail· lite, par le syndic, A sera créancier *de* la masse et non dans la masse.

805. Enfin, si les marchandises existent encore en nature, A les revendiquera.

806. *4e Cas.* V a vendu un ballot de marchandises à Bernard moyennant 100. Il s'agit de savoir si V pourra revendiquer ces marchandises. Ce point est visé par l'art. 576, qui fait une distinction.

807. A) Si les marchandises ont été *livrées dans les magasins du failli*, V ne pourra pas les revendiquer. Il ne pourra venir que comme créancier chirographaire à la masse.

808. B) Si les marchandises n'ont pas encore été livrées, en un mot, si elles sont encore entre les mains de V, celui-ci peut exercer le droit de *rétention* en disant : « Je livrerai quand on m'aura payé ». Si donc le syndic veut obtenir les marchandises, qui ont par ex. beaucoup augmenté de valeur, il le pourra, mais en payant intégralement le prix (1).

V peut-il revendiquer les marchandises qui sont encore en cours de route?

809. C) Si les marchandises ont été expédiées par V, mais qu'elles n'aient pas encore été livrées, en un mot, si elles sont *en cours de route*, V peut les revendiquer aux termes de l'art. 576.

---

tiers acheteurs de bonne foi ; il n'aurait qu'une créance en dommages-intérêts à raison du délit, et devrait concourir, pour cette créance, avec tous les créanciers.

(1) V n'aurait pas ce droit de rétention s'il avait vendu à terme. Il ne faut pas objecter la déchéance du terme dérivant de la faillite, car cette déchéance n'a pas pour but de donner à un créancier une sûreté à laquelle il avait renoncé implicitement en contractant.

810. Il y a une controverse sur le fondement de cette revendication :

Quel est
le fondement de
cette revendication?

Un 1ᵉʳ système dit que c'est une revendication de la *rétention*. Si V n'avait pas expédié les marchandises, il aurait le droit de rétention : c'est ce droit qu'il demande à recouvrer. Il y a là une application de l'art. 2102-4°, C. civ.

D'après la jurisprudence, c'est une revendication-résolution, c'est-à-dire une revendication fondée sur la résolution de la vente pour non paiement du prix, conformément à l'art. 1184 C. civ. V invoque la résolution de la vente, et par suite le droit de propriété qui est censé, par l'effet de cette résolution, être resté dans son patrimoine.

Il ne saurait être question de la revendication de la rétention de l'art. 2102-4°, par la raison que cette revendication est formellement exclue par l'art. 550 *in fine* C. de commerce.

La jurisp. ajoute que la revendication est autorisée par l'art. 576 même dans la vente à terme; cette solution exclut l'idée du droit de retention, mais se concilie très bien avec l'idée de résolution.

Enfin le vendeur doit restituer les acomptes qu'il a reçus; cette solution s'explique très bien avec l'idée de la résolution de la vente, mais ne se comprendrait pas s'i s'agissait simplement de ressaisir la garantie de la rétention.

811. Voici l'intérêt de la question :

Quel est l'intérêt
de la question?

1° S'il s'agit de la revendication de la rétention, elle ne peut avoir lieu si la vente est *à terme*. Il en est autrement de l'action résolutoire.

2° S'il s'agit de la revendication de la rétention, elle ne peut être exercée que pendant un délai de *8 jours* à compter de l'expédition : l'action-résolutoire n'est pas astreinte à ce délai.

3° La revendication de la rétention a lieu par une simple *requête au président;* il s'agit d'une simple mesure conservatoire, il suffit donc d'une ordonnance du président. L'action résolutoire s'introduit par l'assignation, comme une demande judiciaire ordinaire.

4° Après le succès de la revendication de la rétention, le syndic n'en aurait pas moins le droit, la vente n'étant pas résolue, d'*exiger la livraison* en payant le prix. Au contraire, il ne le peut pas, s'il s'agit d'une revendication fondée sur une résolution de la vente.

Le droit
de revendication
en cours de route
ne subit il pas
une restriction ?

812. La revendication du vendeur en cours de route souffre une exception dans l'intérêt des tiers acheteurs, lorsque les marchandises ont été *revendues sans fraude*, sur *factures*, connaissements ou lettres de voiture *signés* par l'expéditeur (1).

Le vendeur
ne doit-il pas
restituer
les acomptes ?

813. *Conditions de la revendication.* — Le vendeur doit rendre les acomptes qu'il a reçus ; puisqu'il reprend la chose, il est clair qu'il ne saurait gagner une partie du prix.

814. La loi dit même que le vendeur doit supporter les frais de transport, d'assurances et de magasinage. Cette décision déroge aux principes ordinaires de la résolution, d'après lesquels c'est celui par la faute duquel la résolution a lieu, qui doit en supporter la perte. Or c'est l'acheteur qui ici a motivé la résolution en ne payant pas le prix, et c'est le vendeur auquel la loi fait supporter les frais de transport. C'est là une décision de faveur pour la masse des créanciers, et une restriction aux droits ordinaires du vendeur.

Liquidation judiciaire.

Dans quel but
a été faite la loi du
4 mars 1889 ?

815. Cette situation, qui n'est autre qu'une faillite atténuée, a été organisée par la loi du 4 mars 1889.

Cette loi a été faite *en faveur* des commerçants qui sont tombés en faillite sans qu'on puisse leur reprocher *aucune faute*, par ex. parce que de mauvaises chances ont fait échouer leurs opérations, parce qu'ils ont été volés par leurs employés, parce que leurs clients sont eux-mêmes tombés en faillite, etc.

On a trouvé qu'il était trop rigoureux de frapper ces

---

(1) Par cette signature, le vendeur marque davantage son intention de se dessaisir des marchandises.

commerçants malheureux, mais honnêtes, des déchéances qui résultent d'une déclaration de faillite. C'est pourquoi on a établi la liquidation judiciaire, sorte de faillite atténuée.

816. Pour obtenir le bénéfice de la liquidation judiciaire, le commerçant obligé de cesser ses paiements, doit présenter une *requête* (1) au tribunal de commerce dans les *15 jours* de cette cessation, en joignant à cette requète son *bilan* et la *liste de ses créanciers*.

817. Le liquidé conserve la plénitude de ses droits civils et politiques, sauf cette seule restriction, qu'il ne peut plus obtenir ni conserver de fonction élective.

> Le liquidé est-il frappé des incapacités attachées à la faillite?

Ainsi il conserve l'électorat et peut voter. La seule chose qu'on lui retire, c'est l'éligibilité (2).

818. Le liquidé n'est pas dessaisi, il reste à *la tête de ses affaires*; seulement, jusqu'à ce qu'il ait été statué sur le concordat, il ne peut pas faire seul et librement les divers actes concernant l'administration de son patrimoine; il a besoin de l'assistance d'un liquidateur (3), qui est nommé par le tribunal de commerce.

> Est-il dessaisi?

Ce liquidateur joue au fond le même rôle que le syndic de la faillite ordinaire, sauf que le syndic agit lui-même à la place du failli, tandis que le liquidateur se borne à assister le liquidé, à peu près comme un curateur assiste le mineur émancipé (4).

> Le liquidé ne ressemble-t-il pas à l'émancipé?

---

(1) Ainsi la liquidation judiciaire ne peut intervenir qu'à la requête du débiteur lui-même.

(2) Ainsi il ne peut remplir une fonction quelconque décernée par l'élection, par exemple il ne peut être député, sénateur, conseiller général, conseiller municipal, membre d'un tribunal de commerce ou d'une chambre de commerce. S'il remplit une fonction élective au moment où il est mis en liquidation, il la perd de plein droit.

(3) Si la liquidation est très importante, le tribunal pourra nommer plusieurs liquidateurs, de même que dans la faillite il peut nommer plusieurs syndics.

(4) En un mot, le syndic gère lui-même, tandis que le liquidateur autorise. Le liquidé ressemble donc au mineur émancipé qui, lui aussi, est assisté, pour les actes les plus importants, d'un curateur.

Il y a toutefois une différence, c'est que le mineur émancipé peut

819. Outre le liquidateur qui est nommé par le tribunal de commerce, il y a encore des *contrôleurs*, qui sont désignés par les créanciers, et chargés de les représenter en vue de surveiller et de hâter les opérations de la liquidation (1).

820. La liquidation judiciaire aboutit ordinairement au concordat (simple ou par abandon d'actif).

Si le concordat est rejeté par les créanciers, le tribunal de commerce a le choix :

Soit de maintenir la liquidation judiciaire ;

Soit de prononcer la faillite : dans ce dernier cas, on suit les règles de l'union que nous avons décrites, et le liquidé se trouve frappé de toutes les incapacités qui atteignent le failli.

TITRE IV. — De la compétence des tribunaux de commerce (art. 631 et suiv.).

Dans quelle matière les tr. de co. sont-ils compétents?

821. Les Tribunaux de commerce sont compétents pour statuer sur les contestations relatives aux *actes de commerce*.

Ainsi ce n'est pas de la qualité de commerçants des parties que dépend la compétence du tribunal de commerce, mais bien de la nature commerciale de l'acte qui donne lieu au procès (2).

---

faire seul les actes de pure administration, tandis que le liquidé doit être, pour tous les actes, assisté d'un liquidateur.

(1) Ce rouage nouveau des contrôleurs a été créé par la loi de 1889 pour éviter, dans la liquidation judiciaire, les abus qui se produisent en matière de faillite.

Les opérations de la faillite traînent souvent en longueur. Les syndics, plus soucieux de se faire des rentes avec de bonnes faillites que de donner satisfaction aux créanciers, s'inquiètent fort peu des réclamations de ceux-ci ; ces réclamations, faites d'une façon isolée, individuelle, n'ont guère d'influence sur les syndics.

Au contraire, les *contrôleurs*, représentant la masse des créanciers, et choisis d'ailleurs parmi ceux qui ont les plus grosses créances, stimuleront energiquement le zèle des liquidateurs, ils veilleront à hâter les opérations de la liquidation, au besoin ils provoqueront le remplacement des liquidateurs.

(2) Sans doute, la qualité de commerçants des parties a une certaine influence, mais c'est en tant qu'elle rend l'acte commercial.

Nous n'avons pas à parler ici de la compétence des tribunaux de commerce et de la procédure commerciale : ce point rentre dans le Code de proc. civ. (V. mes Principes de proc. civ.).

CHAPITRE Ier. — **Des actes de cce.**

822. Il y a deux sortes d'actes de cce :

1° Les actes cciaux par *eux-mêmes*, et quand bien même leur auteur n'est pas cçant;

2° Les actes cciaux en vertu de la théorie de l'*accessoire*.

N'y a-t-il pas
2 catégories d'a.
d co.?

Section I. — Des actes commerciaux par eux-mêmes.

823. On a voulu donner un *critérium* fixe des actes de cce, en tâchant de l'induire de l'énumération que fait la loi de ces actes. Nous pensons qu'une telle généralisation est purement arbitraire, et qu'il y a lieu de s'en tenir à l'énumération de la loi. Un acte est ccial, quand la loi le déclare tel; il ne l'est pas au cas contraire.

Y a-t-il
un critérium des
a. d. co.?

A) On a dit : ce qui caractérise l'acte de cce, c'est l'intention de *spéculer*, c'est-à-dire de faire un bénéfice. Mais alors, il faudrait dire que le fermier spécule en louant un champ ou en vendant une récolte, que l'avocat et le médecin spéculent en achetant des livres, et que dès lors ces actes sont cciaux, ce qui est absurde.

A l'inverse, je peux très bien faire un acte de cce sans qu'il y ait de ma part aucune spéculation, par ex. si je donne

---

Nous verrons, en effet, que les obligations contractées par un commerçant sont réputées commerciales, et, d'autre part, que les actes qui se rattachent à son commerce deviennent commerciaux, en vertu de la théorie de l'accessoire. — Ainsi, lorsque je prête mille francs à un commerçant, je peux le poursuivre en remboursement devant le tribunal de commerce, non pas parce qu'il est commerçant, mais parce qu'il est censé avoir fait cet emprunt pour son commerce. De même, lorsque je vends un comptoir à un commerçant, je peux le poursuivre en paiement du prix devant le Tribunal de commerce, non parce qu'il est commerçant, mais parce que cet achat, étant relatif à son commerce, est commercial.

mon aval sur une lettre de change pour rendre service au tireur, et lui permettre de faire escompter plus facilement.

824. Mais pourquoi le législateur a-t-il placé telle ou telle opération dans son énumération des actes de cce? A notre avis, c'est tout simplement par un motif d'*utilité pratique*, et parce que le législateur a cru bon de soumettre les contestations, relatives à cette opération, à la procédure cciale qui est plus simple, plus rapide et moins coûteuse

825. Parcourons donc les divers actes auxquels le législateur a cru bon, pour une raison ou pour une autre, d'attacher la ccialité (632 et s.).

§ 1er. — L'ACHAT (1) POUR REVENDRE.

826. Le texte de l'art. 632 dit : « L'achat de denrées ou marchandises pour les revendre soit en nature, soit après les avoir travaillées et mises en œuvre, ou même pour en louer simplement l'usage. »

827. Par *denrées* j'entends tout ce qui est destiné à la subsistance de l'homme ou des animaux (du blé, du foin, etc.).

828. Par *marchandises* j'entends tous les meubles (2) qui peuvent faire l'objet d'une spéculation, c'est-à-dire d'un achat en vue d'une revente avec profit.

829. Le mot « marchandises » comprend-il les *immeubles?* En fait il y a des gens (ou même des sociétés) appelés *marchands de biens*, qui font profession d'acheter des immeubles pour les revendre avec profit : une telle opération est-elle cciale? La question est controversée, la négative est généralement admise.

---

(1) Le mot achat doit être pris dans un sens large comprenant toute acquisition à titre onéreux; par ex. je vous livre mon piano contre votre cheval, et je fais cet échange dans l'intention de vendre le cheval à bénéfice; cet échange est un acte de commerce.

(2) Il n'est pas nécessaire que ce soit des choses corporelles. Ainsi je comprends dans le mot « marchandises » les actions et obligations, les marques de fabrique, brevets d'invention, propriété littéraire, etc.

En effet, la loi exige que l'achat pour revendre porte sur des *denrées et marchandises* pour être considéré comme acte de cce. Or les immeubles n'ont pas ce caractère.

« Denrées et marchandises », cela implique des choses qui se déplacent matériellement et dont la propriété s'aliène facilement.

Portalis, l'un des rédacteurs de nos lois, a dit : « Les richesses mobilières sont le partage du cce, les immeubles sont particulièrement du ressort de la loi civile. »

De plus les textes mêmes de la loi sont favorables à notre interprétation :

Les textes qui fixent la compétence en dernier ressort du trib. de cce (art. 639) ne visent pas les immeubles. Donc, avec l'opinion adverse, il faudrait dire :

Ou bien qu'une contestation immobilière portée devant le trib. de cce serait toujours en dernier ressort, si élevée que soit la valeur de l'immeuble (au lieu qu'en matière civile on peut faire appel dès que cette valeur dépasse 60 fr. de revenu.)

Ou bien qu'on pourrait toujours faire appel, si faible que soit cette valeur.

Ces deux résultats sont également absurdes. Il est plus naturel de dire que, si la loi ne fixe pas le chiffre de la compétence en dernier ressort du trib. de cce en matière immobilière, c'est que les contestations immobilières échappent aux trib. de cce.

Enfin ajoutons que l'opinion contraire conduirait à un résultat inadmissible. En effet « l'achat d'une marchandise pour *la louer* » est un acte de cce. Il faudrait donc dire, si un immeuble est une marchandise, que celui qui achète une maison ou une ferme pour la louer fait un acte de cce, si bien que tous les gens dont l'unique occupation est d'acheter, dès que leurs économies sur leurs revenus le leur permettent, des immeubles pour les louer, seraient considérés comme cçants. Tous les rentiers fonciers se trouveraient cçants, ce qui est un non sens.

830. Je vous achète la coupe de bois qui est à faire dans votre forêt, dans l'intention, non de garder ce bois pour me chauffer, mais de le revendre avec profit : est-ce que je fais un acte de cce? Oui certainement.

Qu'on n'objecte pas que les arbres sont immeubles au moment de l'achat, parce qu'ils sont incorporés au sol, car ce que j'envisage, ce sont les arbres abattus qui sont certainement meubles.

831. Il en est de même si je vous achète la coupe de foin de votre pré, ou la vendange à venir de votre vigne, avec l'intention de la revendre.

Il en est de même si je vous achète votre maison à démolir, dans l'intention de revendre les matériaux avec profit.

832. Au contraire, on ne peut pas dire que le cultivateur fait acte de cce en louant une ferme, sous prétexte qu'il achète ainsi au propriétaire les récoltes à venir de la terre avec l'intention de les revendre. En effet, ces récoltes proviennent de son travail.

833. Il faut que l'achat des marchandises soit fait avec l'*intention* de les revendre (1) et cela avec profit (2) (3).

---

(1) Peu importe que l'acheteur soit ou non cçant : ce qu'il faut voir, c'est si l'achat a eu lieu pour revendre.

Ainsi un cçant qui achète une pièce de vin pour sa consommation ne fait pas acte de cce. Peu importe qu'il l'ait en fait revendue au lieu de la consommer : du moment que son intention au moment de l'achat, n'était pas de la revendre, il n'a pas fait acte de cce.

Au contraire, un non cçant qui achète un objet d'art à un de ses amis avec l'intention de le revendre, fait un acte de cce. Peu importe d'ailleurs qu'en fait il n'ait pas revendu l'objet : il faut et il suffit qu'il ait eu l'intention de le revendre au moment où il l'a acheté.

(2) Lorsque l'Etat achète du papier qu'il fait préparer pour le revendre en timbres-poste ou en feuilles de papier timbré, il ne fait pas acte de commerce : il y a là simplement un mode de perception de l'impôt. Il en est de même lorsqu'il achète du tabac pour le revendre.

(3) Un industriel achète des denrées en gros pour les revendre à prix coûtant à ses employés et ouvriers; il ne fait pas acte de cce.

834. Mais comment connaître l'*intention* de l'acheteur?

S'il est cçant, c'est bien simple : *la ccialité est présumée*, pourvu du moins qu'il s'agisse de marchandises rentrant dans son cce (1).

S'il n'est pas cçant, on présume la non-ccialité, et dès lors c'est le vendeur qui devra prouver que l'acheteur avait l'intention de revendre (2).

835. J'ajoute que l'achat, même pour revendre avec profit, n'est pas ccial lorsqu'il est l'accessoire d'opérations non cciales (3) (V. plus loin la théorie de l'accessoire).

836. L'achat de marchandises, non pour revendre, mais simplement *pour louer*, est également, nous l'avons dit, un acte de cce (4). Exemple : j'achète des meubles quelconques (livres, linge, chevaux, pianos, machines à coudre, bicyclettes) pour les louer.

837. Lorsque A achète à V pour revendre, l'achat de A, dit la loi, est un acte de cce. Mais la vente que A fait ensuite à A′ est-elle aussi cciale, et A′ peut-il poursuivre A en livraison devant le trib. de cce? Je crois que oui : l'achat et la revente forment pour A, aux yeux de la loi, une opération unique; elle constitue les deux faces de cette opération. Si la première face est cciale, c'est qu'elle emprunte ce caractère à l'ensemble de l'opération, et il n'y a pas de raison dès lors pour que l'autre face (la revente) ne soit pas également ment cciale (5).

---

(1) Si les marchandises ne rentrent pas dans son cce, la présomption cesse, et le vendeur devra prouver que l'acheteur avai l'intention de revendre, absolument comme si celui-ci n'était pas cçant.

(2) Par exemple, si un dentiste ou un commis de librairie achète 50 pièces de vin d'un coup, alors qu'il a besoin à peine de 2 pièces pour sa consommation en un an, il est évident qu'il a acheté pour revendre.

(3) Exemple : un instituteur achète des livres et des cahiers pour les revendre à ses élèves.

(4) Il en est ainsi encore quand je loue pour sous-louer.

(5) On tire en ce sens un argument *a contrario* de l'art 638 al. 1, qui refuse la ccialité à la vente, quand il s'agit d'une mar-

838. La vente n'est pas cciale quand elle porte sur une marchandise que je n'ai pas achetée (638 al. 1). Ainsi un vigneron vend le vin de son crû.

839. Il y a une difficulté quand le vendeur vend des choses, qu'il n'a pas achetées sans doute, et qu'il a récoltées comme cultivateur, mais qu'il a ensuite *façonnées :* ne faut-il pas dire qu'il y a alors « entreprise de manufacture »? Il faut voir quel est le principal.

Si c'est la culture, la vente n'est pas cciale;

Si c'est la préparation du produit, elle l'est.

Par exemple, un cultivateur vend son blé, non pas en gerbes, mais en grains, après l'avoir battu. Je crois que la vente n'est pas cciale, car le battage du blé est un accessoire de la culture (1).

Mais si un fabricant de sucre, ayant une usine à cet effet, s'alimente de betteraves en faisant cultiver de vastes champs, la vente de son sucre est cciale, parce que l'industrie est la chose principale, la culture est accessoire.

840. Le contrat peut être *ccial pour l'une* des parties, et *civil pour l'autre*.

Un grainetier achète de l'avoine à un fermier. La vente est cciale pour le grainetier et civile pour le fermier.

Un fermier achète du vin à un marchand de vins pour sa consommation : Cet achat est civil pour le fermier et ccial pour le marchand.

Le contrat peut être aussi ccial pour les deux parties : par ex. : un drapier achète du drap à un fabricant de Roubaix.

§ 2. — ENTREPRISE DE FOURNITURES.

841. Un papetier s'engage à fournir à un imprimeur, à tel prix et pendant 3 ans, le papier dont il a besoin.

---

chandise que le vendeur n'a pas achetée (un vigneron vend le vin de son crû). C'est donc que la vente est cciale quand elle a pour objet une marchandise que le vendeur a achetée.

(1) De même, la vente par une fermière de son beurre et de son

En somme, ce cas ressemble au précédent, avec cette différence qu'ici la vente précède l'achat : le papetier vend ce qu'il achètera (tandis que dans le cas précédent, on achète ce qu'on revendra).

Donc, si je vous vends ce que je n'achèterai pas, mais ce que je produirai par mon travail, la vente n'est pas cciale : par ex., un fermier vend, à raison de 20 francs l'hectolitre, 100 sacs de blé qui proviendront de sa prochaine récolte.

842. L'entreprise de fournitures peut avoir pour objet non de vendre, mais seulement de *louer;* par ex., un entrepreneur de fournitures pour le théâtre s'engage envers un directeur à lui louer les décors, costumes et machines nécessaires pour jouer la féerie de Cendrillon.

843. De même que l'achat pour revendre, l'entreprise de fournitures peut être tantôt cciale pour chaque partie (un papetier s'engage à fournir du papier à un imprimeur), et tantôt une opération mixte, c'est-à-dire cciale pour l'un des contractants et civile pour l'autre (un papetier s'engage à fournir du papier à un notaire).

§ 3. — ENTREPRISES DE MANUFACTURES, DE COMMISSION, DE TRANSPORT PAR TERRE OU PAR EAU, D'AGENCES, D'ÉTABLISSEMENTS DE VENTES A L'ENCAN, DE SPECTACLES PUBLICS.

844. L'entreprise des manufactures est un ensemble d'opérations ayant pour but de façonner des objets pour les rendre propres aux besoins de l'homme. Ainsi le fabricant de sucre, de fer, le blanchisseur, le teinturier, etc., sont des manufacturiers.

En somme, l'entreprise des manufactures est un achat pour revendre. Le manufacturier achète les servïces d'ouvriers, d'employés et de machines pour les revendre à ses clients (1).

---

fromage n'est pas cciale, car le principal pour elle est de faire manger ses vaches et de les traire.

(1) Il suit de là que le petit atelier où le patron travaille avec sa femme et ses enfants, ou même tout seul, à l'aide d'outils ou de

845. Le contrat par lequel un entrepreneur s'engage à effectuer des travaux sur un immeuble (1) est-il une entreprise de manufactures, et par conséquent ccial (2)? Par ex. : E s'engage envers un propriétaire P à lui construire une maison. Cette obligation est-elle cciale? Controverse :

D'après certains, il n'y a pas là entreprise cciale, parce qu'il s'agit d'immeubles. Un contrat relatif à l'amélioration d'un immeuble ne saurait être ccial.

D'après d'autres, il faut distinguer :

Pour P, le propriétaire de l'immeuble à améliorer par les travaux, le contrat est civil.

Au contraire, pour l'entrepreneur E, il est ccial. En effet, l'exécution de ce contrat implique achat de matériaux pour les revendre (826), et aussi achat de services d'ouvriers pour es revendre également (entreprise de manufactures).

D'après une 3e opinion, il faut distinguer :

1° Si E ne fournit que la main-d'œuvre, P se chargeant lui-même de fournir tous les matériaux, l'entreprise n'est pas cciale. Il est vrai que nous trouvons ici les conditions de l'entreprise de manufactures (achats de services d'ouvriers pour les revendre), mais les travaux préparatoires du Code de cce nous paraissent imposer une exception dans notre cas (3).

2° Si E fournit les matériaux, alors il spécule sur la

---

machines très simples qu'il dirige lui-même, n'est pas une entreprise de manufactures. En effet, ce patron n'achète pas des services pour les revendre, il vend ses propres services.

(1) Au lieu de la construction d'une maison, on pourrait supposer des plantations, le desséchement d'un marais, un chemin, un terrassement, un pont, etc.

(2) On rapprochera cette question de celle, traitée plus haut (829), de savoir si l'achat d'immeubles pour les revendre est commercial.

(3) Le projet du Code plaçait « les Entreprises de construction » dans l'énumération des actes de commerce. Elles en furent ensuite exclues, non pas par omission, mais à la suite des observations de certains tribunaux. Les auteurs du Code ont donc eu l'intention certaine de regarder ces entreprises comme purement civiles.

Cet argument est corroboré par le texte de l'art. 633 qui déclare

revente des matériaux; dès lors l'entreprise de constructions, consistant principalement en une vente de matériaux, est cciale, et E se trouve tenu ccialement envers P. J'ajoute que les contrats passés par l'entrepreneur avec des ouvriers en vue de cette construction, sont également cciaux, car ils constituent un achat de services pour les revendre (1).

846. Si un entrepreneur de construction a acheté un terrain nu pour le revendre bâti, les achats de matériaux, ainsi que les contrats d'engagements d'ouvriers, sont cciaux.

§ 4. — OPÉRATIONS DE COURTAGE, DE BANQUE ET DE CHANGE.

847. Nous nous sommes suffisamment expliqué sur ces points. Nous remarquons simplement qu'ici il n'est pas besoin qu'il y ait entreprise, c'est-à-dire répétition des mêmes actes; une opération isolée est par elle-même cciale.

Nous avons déjà dit que la lettre de change avait par elle-même la vertu ccialisante. Quiconque a mis sa signature sur une lettre de change est tenu ccialement.

§ 5. — LES BILLETS A ORDRE LORSQU'ILS PORTENT UNE SIGNATURE DE CÇANT (638, AL. 2).

848. La loi présume que ce cçant a mis cette signature pour les besoins de son cce. Comme d'ailleurs il ne faut pas que certains signataires de l'effet soient poursuivis devant le trib. civil, et le commerçant devant le trib. de cce, et qu'il importe que le même tribunal connaisse de toutes les obligations dérivant du billet, les signataires non cçants pourront également être poursuivis devant le trib. de cce.

849. On contestait autrefois la question de savoir si le

---

formellement acte de cce « l'entreprise de construction des navires ». Si le législateur avait voulu donner le même caractère aux entreprises de construction de maisons, il l'aurait dit, puisqu'il a bien cru devoir le dire pour les navires.

(1) Il ne faut pas objecter les travaux préparatoires du Code de cce (V. la note précédente), car cette remarque ne vise que le premier cas, celui où le propriétaire du terrain fournit lui-même les matériaux.

billet à ordre était ccial lorsqu'il était souscrit dans un lieu, et déclaré payable dans un autre : c'est ce qu'on appelle le *billet à domicile* (1). Aujourd'hui le billet à domicile n'est plus distinct du billet à ordre; il n'est donc ccial que lorsqu'il contient une signature de ccant.

§ 6. — CONTRATS RELATIFS AUX EXPÉDITIONS MARITIMES (633).

850. Citons, avec la loi, les contrats suivants :

1° Toute entreprise de construction et tous achats, ventes et reventes (2) de bâtiments pour la navigation intérieure (3) et extérieure.

2° Les achats ou ventes d'agrès, apparaux (4) et ravitaillement (vivres).

3° Les affrètements (l'affrètement est le louage du navire).

4° Le prêt à la grosse.

5° L'assurance maritime (5).

6° L'engagement des gens de mer (6).

---

(1) La controverse portait sur ces mots de l'art. 632 : « Les lettres de change ou *remises de place en place* ». Le billet à domicile impliquant remise de place, on le considérait généralement comme ccial. Ces mots ont été retranchés par la loi du 7 juin 1894, qui supprime la condition de remise de place en place pour la lettre de change. Il n'y a donc plus aucune raison de distinguer le billet à domicile du billet à ordre ordinaire.

(2) S'il s'agit d'une vente sur saisie, il n'y a pas acte de cce.

Même s'il s'agit d'une vente volontaire, elle n'est commerciale pour le vendeur que s'il avait acheté le navire pour le revendre, et pour l'acheteur que s'il l'achète pour le revendre (arg. des mots « ventes et reventes »).

(3) Ainsi il n'y a pas à distinguer entre les bateaux qui naviguent sur les cours d'aau, et les navires qui naviguent sur la mer.

(4) Il ne faut pas confondre les apparaux et les agrès. Les apparaux comprennent d'une façon générale tous les objets servant à la navigation; les agrès ne comprennent que les objets qui peuvent être détachés du navire sans fracture (chaloupes, voiles, etc.).

(5) L'assurance terrestre (assurance contre l'incendie, la grêle, les accidents) est-elle également cciale? C'est un point controversé. On admet généralement que oui, par raison d'analogie avec l'assurance maritime.

(6) Voir sur ces divers contrats, qui forment l'objet d'un cours spécial, mes principes de Droit maritime.

851. Deux observations se dégagent de l'énumération précédente des actes de cce :

1° Quelquefois la loi exige, pour la ccialité, qu'il y ait un ensemble d'actes de la même espèce, faits par la même personne, en un mot qu'il y ait *entreprise*. Ainsi un transport isolé n'est pas un acte commercial pour le transporteur, mais l'entreprise de transports au contraire est cciale.

2° Quelquefois la loi ne se contente pas, pour la ccialité, de la matérialité du fait, elle exige une certaine intention chez son auteur. Ainsi l'achat n'est pas ccial en lui-même, et cela quand bien même en fait il aurait été suivi d'une revente, mais, s'il est fait dans *l'intention* de revendre, il est ccial.

SECTION II. — DES ACTES CCIAUX COMME ÉTANT L'ACCESSOIRE
D'OPÉRATIONS DE CCE.

852. Il s'agit ici de la théorie de l'accessoire.

En vertu de cette théorie, des actes qui par eux-mêmes ne sont pas cciaux, prennent ce caractère lorsqu'ils sont l'accessoire d'opérations de commerce, c'est-à-dire *lorsqu'ils sont faits par un cçant pour les besoins de son cce.*

853. Cette théorie se fonde sur la raison et sur les textes.

854. En raison, nous avons remarqué que c'est pour des motifs d'utilité pratique que le législateur a donné à certains actes la commercialité; ces mêmes motifs s'appliquent pour donner également la ccialité aux actes qui sont l'accessoire du cce.

855. Quant aux textes, nous invoquons l'art. 638, al. 1 *in fine, a contrario.* Ce texte déclare que les achats de denrées que fait un cçant *pour son usage particulier* ne sont pas de la compétence des tribunaux de commerce. C'est donc, *à contrario*, que ces achats seraient cciaux, s'ils étaient faits pour les besoins de son cce.

856. Mais comment savoir, pour l'application de la théorie de l'accessoire, si telle obligation d'un cçant a été contractée pour les besoins de son commerce? L'art. 638 al. 2 établit ici une présomption très importante, qui donne à la théorie de l'accessoire une application considérable : *toute obligation d'un cçant est réputée*, jusqu'à preuve contraire(1), *avoir été contractée pour les besoins de son cce* (2).

857. Voici les conséquences de cette théorie de l'accessoire. Un cçant achète des fauteuils, chaises, meubles quelconques : si c'est pour son usage particulier, son obligation n'est pas cciale; mais s'il s'agit de sièges pour faire asseoir ses clients, de balances pour peser les marchandises, de voitures pour livrer ou pour visiter les clients, l'obligation est cciale.

De même, s'il loue des domestiques ou employés quelconques pour les besoins de son cce, le contrat est ccial.

De même encore s'il assure des marchandises contre l'incendie.

858. Il ne faut pas abuser de la théorie de l'accessoire et la mettre partout. Un notaire se porte caution pour un épicier qui achète du sucre à un raffineur pour 1.000 fr. L'obligation de l'épicier envers le raffineur est cciale par elle-même. L'obligation de l'épicier envers le notaire, pour le cas où celui-ci a payé les 1.000 francs, est cciale par la théorie de l'accessoire, mais l'obligation du notaire envers le raffineur est civile, bien qu'elle soit l'accessoire de celle de l'épicier. Bien que le cautionnement soit un contrat accessoire, la théorie de l'accessoire ne rend pas ccial le cautionnement d'une obligation cciale.

---

(1) Comment le cçant fera-t-il cette preuve contraire s'il veut échapper à la ccialité? Il pourra la faire de toutes les manières possibles; c'est le droit commun en matière de présomption légale. L'art. 628 al. 2 cite, comme moyen de preuve contraire, les énonciations mêmes du billet qui constatent l'obligation; mais ce n'est là, dans l'opinion générale du moins, qu'un exemple.

(2) L'art. 638 ne pose pas cette formule en termes aussi généraux. Il ne vise expressément que les « *billets* souscrits par un cçant. » Mais il n'y a pas de raison pour distinguer selon la forme de l'obligation.

859. Un cçant loue une maison (ou une boutique) pour y exercer le cce : ce contrat de louage est-il ccial, et, si le cçant ne paie pas son loyer, peut-il être poursuivi par le propriétaire devant le tnal de cce? Je crois que le contrat demeure civil, parce qu'il s'agit d'un immeuble.

860. On se demande si l'achat d'un fonds de cce est un acte de cce.

En tant que cet achat porte sur les *marchandises* garnissant le fonds de cce, l'opération est certainement cciale, car il y a achat pour revendre (826).

Mais quid en tant qu'il porte sur l'*achalandage* ou le *droit au bail?* Controverse :

Dans l'opinion générale, cet achat est ccial comme étant l'accessoire nécessaire des actes de cce que l'acheteur fera par la suite; il ne pourrait faire ces actes s'il n'avait pas acheté le fonds (1).

861. Nous avons dit que le compte-courant avait une vertu ccialisante. Il en résulte que l'obligation civile d'un cçant devient cciale quand elle est passée dans ce compte. C'est là, pensons-nous, une application de l'accessoire. En effet, la plupart des obligations qui figurent dans ce compte sont cciales : de là le caractère ccial du compte; or, tous les éléments de ce compte faisant bloc, les obligations civiles qui y sont portées deviennent par là même cciales.

862. La théorie de l'accessoire produit son effet ccialisant, non seulement en matière d'obligations contractuelles, mais aussi en matière d'obligations quasi-contractuelles ou délictuelles (2).

863. *En matière de quasi-contrats.* — Le tiré d'une lettre

---

(1) M. Lyon-Caen dit en ce sens que l'achat d'un fonds de commerce est le 1er et le dernier des actes d'un commerçant, relativement à son commerce.

(2) Cette extension s'appuie sur le motif général de la théorie de l'accessoire, à savoir l'utilité pratique qu'il y a à soumettre au tribunal de cce toutes les contestations qui ont rapport au commerce. Au point de vue des textes, on invoque, par une interprétation un peu élastique, l'art. 632, qui répute cciales » toutes obligations entre négociants », sans distinguer la cause de l'obligation.

de change n'ayant pas payé le porteur, je fais moi-même ce paiement par intervention pour le tireur (ou l'un des endosseurs) qui est mon ami, et auquel je veux éviter un protêt. Ce tireur (ou cet endosseur) est tenu ccialement de me rembourser (1).

Si, devant 100 à un cçant, je lui paie 150 francs, il est tenu ccialement de me restituer 50 (2).

864. *En matière de délits.* — Le voiturier, chargé de m'apporter du vin, l'a bu en route. C'est un abus de confiance. Il est tenu ccialement de me payer des dommages-intérêts.

Un laitier vous heurte avec sa voiture, vous renverse et vous blesse. Il vous doit ccialement des dommages-intérêts.

Si 2 navires se heurtent en mer (c'est le cas d'abordage), celui qui est en faute doit ccialement des dommages-intérêts à l'autre. En effet, il s'agit là d'un délit (ou d'un quasi-délit) relatif à une expédition maritime, et nous savons que cette entreprise est cciale (3).

D'une façon générale, les délits ou quasi-délits commis à l'occasion du commerce sont cciaux (4).

865. Nous venons de voir que la théorie de l'accessoire ccialise des obligations civiles. A l'inverse, elle *civilise* des obligations qui sont *cciales en elles-mêmes.*

Ainsi un instituteur achète des livres, cahiers, etc., pour les revendre à ses élèves. Son obligation de payer le prix d'achat est cciale en elle-même, puisqu'elle dérive d'un achat

---

(1) Il s'agit ici du quasi-contrat de gestion d'affaires.

(2) C'est le quasi-contrat du paiement de l'indû.

(3) Il est évident que, si le délit ne se rattache pas au cce, il n'y a pas ccialité. Par ex. si un commerçant m'attaque dans la rue et me vole ma bourse, son obligation de me la restituer n'a rien de ccial, car le vol n'est pas l'accessoire de son cce.

(4) Notons 2 exceptions résultant de textes formels. Les dommages-intérêts à raison de la contrefaçon d'un brevet d'invention sont poursuivables devant le tribunal civil (L. de 1844), et il en est de même en cas d'usurpation d'une marque de fabrique (L. de 1857). Mais la théorie de l'accessoire reprend son application en cas de contrefaçon de dessin de fabrique (L. de 1806). Ces distinctions sont peu rationnelles.

pour revendre. Mais elle devient civile, comme étant l'accessoire d'une opération qui n'a rien de ccial, à savoir faire l'école (1-2).

CHAPITRE II. — **Différences entre un acte ccial et un acte civil.**

866. Il y a divers intérêts à distinguer si un acte est ccial ou non :

1° Au point de vue de la *profession de cçant* : sont cçants ceux qui ont pour profession habituelle de faire des actes de cce.

2° Au point de vue de la *compétence des trib. de cce.* Cette compétence n'a lieu que pour les contestations relatives aux actes de cce.

3° Au point de vue du *taux de l'intérêt légal.*

Ce taux est de 5 0/0 en matière civile, et de 6 0/0 en matière cciale.

4° Au point de vue de la *liberté du taux de l'intérêt conventionnel.* Cette liberté n'existe pas en matière civile : le taux maximum de l'intérêt civil est de 5 0/0. En matière cciale, ce taux est libre depuis une loi de 1886.

5° Au point de vue de la *peine du faux*; elle est plus grave en matière cciale qu'en matière civile.

6° Au point de vue des *droits d'enregistrement* : ils n'ont pas lieu en matière civile comme en matière cciale.

7° Au point de vue de la *preuve par témoins* et par pré-

---

(1) De même, le peintre qui achète de la toile ou des pinceaux, le médecin qui achète des médicaments dans les petites communes où il n'y a pas de pharmacie, le sculpteur qui achète du marbre, etc., ne sont pas obligés ccialement.

(2) Une obligation cciale peut encore devenir civile par l'effet de la novation. Par ex. un commerçant étant sur le point de tomber en faillite, son père, qui n'est pas cçant, qui est par ex. notaire, s'oblige à payer une partie de ses créanciers, de façon à dégager son fils d'une partie de son passif; en un mot, il y a novation par changement de débiteur; les obligations qui étaient cciales sur la tête du fils cçant, deviennent civiles sur la tête du père notaire.

somption de l'homme. En matière civile, elle est interdite au-delà de 150 fr.

En matière cciale, le juge peut l'admettre, quel que soit le chiffre de la contestation.

8° Les règles sur le *gage ccial*, soit au point de vue de sa constitution, soit au point de vue de sa liquidation, sont plus simples en matière cciale qu'en matière civile.

(*Fin des principes de Droit commercial*).

APPENDICES

***

N° 1. — Des Opérations de Bourse.

*(On rattachera cette étude à la matière des agents de change,
courtiers et Bourses, n° 332.)*

1. Les cours des divers titres qui se vendent à la
Bourse, varient comme pour toutes les valeurs, selon la loi
de l'offre et de la demande que nous avons vue en Economie
politique.

Plus on offre de titres sur le marché, plus le cours
baisse; plus on en demande, plus il monte.

2. On distingue les marchés au comptant et les marchés
à terme.

CHAPITRE Iᵉʳ. — Marchés au comptant.

3. Le vendeur dépose chez un agent de change A son
titre (1) et l'acheteur dépose chez son agent A' le prix.

A et A' opèrent le marché à la Bourse; A avise son client
qu'il tient le prix à sa disposition, et A' avise le sien qu'il
tient le titre à sa disposition.

4. Lorsque je vends (ou que j'achète) un titre au comptant, je peux le faire à un cours fixe, au cours du jour, ou
au cours moyen de tel jour.

Au premier cas, mon agent ne peut vendre le titre que
s'il atteint, un jour quelconque, le prix que j'ai indiqué (2).

***

(1) Si c'est un titre nominatif et non au porteur, le vendeur
fait à A un transfert d'*ordre*. A fait à A' un autre transfert d'*ordre*,
et A' fait à son client un transfert de *propriété*.

(2) Toutefois mon ordre ne tient que pour le mois en cours. Si
je veux le maintenir pour le mois suivant, je dois le renouveler.

Au 2ᵉ cas, il le vend à l'un quelconque des cours qui se produisent au jour que j'ai indiqué.

Au 3ᵉ cas, on fait la moyenne entre le plus haut et le plus bas cours que le titre ait atteint au jour indiqué. Ainsi, si j'ai acheté un titre de rente 3 0/0 au cours moyen de la Bourse du 10 janvier, et que ce jour-là le titre ait atteint le cours de 98 francs, mais sans descendre au-dessous de 97 francs, j'aurai à payer à mon agent 97 fr. 50.

CHAPITRE II. — **Marchés à terme**.

En quoi consiste le marché à terme?

5. V vend à A moyennant 100 fr. un titre de rente de 3 fr. sur l'Etat (1) livrable et payable fin courant (c'est-à-dire à la fin du mois courant) (2).

Le marché à terme peut être ferme ou à prime.

Section I. — Marché ferme.

Qu'est-ce que le marché ferme?

6. Quand le marché est ferme, il doit s'exécuter réellement de part et d'autre, c'est-à-dire que le vendeur V doit livrer le titre et l'acheteur A doit payer le prix.

L'acheteur ne peut il pas renoncer au bénéfice du terme?

7. V ne peut pas forcer A à payer avant le terme, mais A peut forcer V à faire livraison avant le terme en renonçant au terme. Ainsi dans la vente à terme ferme, le terme est considéré comme stipulé dans l'intérêt de A. Ce droit pour A d'exiger la livraison anticipée se nomme l'*escompte* (3).

---

(1) Je suppose un seul titre de 3 fr. pour simplifier. Mais, en pratique, on ne peut vendre à terme que des quantités considérables. Ainsi le minimum pour la rente 3 0/0, c'est 1500 fr.

(2) Le terme n'est pas libre : pour la commodité des liquidations, il ne peut être fixé avant la fin du mois en cours pour les fonds d'Etat français (rentes sur l'Etat et bons du Trésor), les actions de la Banque de France, du Crédit foncier et des Chemins de fer français. Pour les autres valeurs, il peut être fixé soit au 15, soit à la fin du mois courant. Le terme le plus long ne peut dépasser la fin du mois qui suit le mois en cours. Le syndicat des agents de change pourrait d'ailleurs fixer d'autres délais (D. de 1890); son règlement doit être approuvé par le ministre.

(3) La pratique de l'escompte est consacrée par le règlement de la Bourse de Paris. Les acheteurs en usent pour provoquer la hausse. En se concertant entre eux pour forcer, sur une certaine

8. Souvent l'acheteur à terme n'a pas à l'échéance l'argent nécessaire pour payer. Ainsi j'ai, dans mon exemple, acheté un titre de rente 3 0/0 moyennant 100 fr., livrable et payable fin courant, et à la fin du mois, je n'ai pas les 100 fr. pour payer l'agent de change par l'intermédiaire duquel j'ai acheté. Dans ce cas, je revends le titre au comptant pour le payer.

L'acheteur à terme a-t-il toujours l'argent à sa disposition à l'échéance ?

9. A) S'il vaut 102 fr., je gagne 2 fr.

10. B) Mais s'il ne vaut que 98 fr., je dois prendre dans ma bourse les 2 fr. de différence, et je perds 2 fr. (1).

11. *a*) Si je n'ai pas ces 2 francs, mon agent de change n'en est pas moins tenu de payer de sa poche le vendeur ou l'agent du vendeur ; le vendeur, en effet, ne peut pas me connaître, puisque mon agent me doit le secret. Mon agent risque donc d'être en perte si je suis insolvable ; pour éviter cela, il m'oblige à lui fournir, avant l'opération, une *couverture* consistant en un dépôt d'argent ou de titres représentant la baisse possible du titre (2) (3).

---

valeur, les vendeurs à la livraison immédiate, ils obligent ceux-ci, lorsqu'ils ont vendu à découvert, ce qui est le cas habituel, à acheter les titres pour les livrer. Si les acheteurs ont pris soin de s'en saisir par avance, les vendeurs seront obligés de les acheter à leurs acheteurs eux-mêmes et au prix qu'il plaira à ces derniers.

(1) Si je crois toujours à une hausse prochaine, je puis avoir recours à l'opération du *report* qui me permet de prolonger le terme d'un nouveau mois (V. infra).

(2) Si l'agent s'est trompé dans ses prévisions de baisse, et qu'il se soit contenté d'une couverture de 1 fr., il perd la différence, 1 fr. dans l'espèce, sauf son recours personnel contre moi. Puis-je lui opposer l'exception de jeu, en disant que mon opération constitue un jeu ou pari ? Nous verrons que l'exception de jeu a été supprimée par la loi de 1885.

(3) Les couvertures sont réglées par le syndicat des agents de change. Il est possible que les fluctuations d'une valeur soient telles que la couverture réglementaire se trouve insuffisante, et alors l'agent de change se trouve en perte en cas d'insolvabilité de ses clients. Si sa fortune personnelle est insuffisante pour couvrir cette perte, il peut se trouver acculé à la faillite. Comme une telle faillite jetterait du discrédit sur toute la corporation, le syndicat des agents de change tient une caisse commune en vertu d'un décret

12. Il arrive souvent aussi que le vendeur à terme n'a pas, au moment de la vente, les titres qu'il vend (on dit alors qu'il vend à découvert). Ainsi, vous avez vendu un titre de rente de 3 francs moyennant 100 francs, livrable et payable fin courant, et vous n'avez pas ce titre à la fin du mois pour le livrer à votre agent de change. Dans ce cas, vous achetez un titre au comptant pour le livrer.

13. A) S'il vaut 98 francs, vous gagnez 2 francs.

14. B) Mais s'il vaut 102 francs, vous devez prendre dans votre bourse les 2 francs de différence, et vous perdez 2 francs (1).

15. a) Si vous n'avez pas ces 2 francs pour acheter le titre que vous devez livrer, votre agent de change n'en est pas moins tenu de livrer le titre à l'acheteur, et c'est lui qui souffrira la perte si vous êtes insolvable. Pour éviter cela, il vous oblige, avant l'opération, à lui fournir une couverture représentant la hausse possible du titre (2).

16. A la fin de chaque mois, il y a lieu à la liquidation des marchés à terme qui ont eu lieu dans le courant du mois (3).

17. A) On distingue la liquidation particulière qui a lieu entre chaque agent et chacun de ses clients, et la liquidation centrale qui a lieu entre les agents eux-mêmes (4).

---

de 1890, qui est alimentée par des prélèvements faits sur les courtages. Cette caisse fait des avances aux agents qui se trouvent dans cet embarras.

(1) Si vous croyez toujours à une baisse prochaine du titre, vous pouvez avoir recours, pour prolonger d'un nouveau mois votre situation et profiter de la baisse qui pourrait survenir dans le courant de ce mois, à l'opération du report (V. infra).

(2) Si votre agent de change s'est trompé dans ses prévisions de hausse et qu'il se soit contenté d'une couverture de 1 franc, il perd la différence, 1 franc dans l'espèce, sauf son recours personnel contre vous. Pouvez-vous lui opposer l'exception de jeu? C'était controversé autrefois, et la jurisprudence admettait cette exception, mais nous verrons que la loi de 1885 a supprimé cette exception et proclamé la parfaite validité du marché à terme.

(3) Et aussi le 15 de chaque mois pour certaines valeurs.

(4) Ceux-ci se trouvent créanciers les uns des autres, soit de

Section II. — Marché a prime.

18. Le marché à terme peut être également *à prime*. Dans ce cas, l'acheteur a la faculté de ne pas exécuter le marché, de le résilier, en un mot, en payant au vendeur un dédit appelé prime (1).

19. A) Ainsi je vous vends un titre de 3 francs de rente moyennant 100 francs *à prime dont un*. Si la baisse arrive et qu'à la fin du mois le titre vaille 97 francs, vous perdriez 3 francs en exécutant le marché, puisqu'il vous faudrait me livrer une somme de 100 francs pour ne recevoir, en échange, qu'un titre valant 97 francs. Vous préférez me payer la prime, c'est-à-dire 1 franc dans l'espèce (2).

20. B) Le vendeur, dans les usages de la Bourse, ne stipule pas la faculté de se libérer de l'obligation de livrer les titres par l'abandon d'une prime. Il en résulte que le vendeur est dans une situation plus mauvaise que l'acheteur. En effet, si le titre vendu 100 francs à prime dont 1, baisse beaucoup de valeur et ne vaut que 95 francs, l'acheteur abandonnera la prime, et le vendeur ne gagnera que 1 franc. Si, au contraire, le titre haussé de 5 francs, le vendeur qui livrera un titre de 105 francs et ne touchera que 100 francs, perdra 5 francs. Donc, la chance de gain est illimitée pour l'acheteur, et limitée à 1 franc pour le vendeur.

Il s'ensuit que, pour compenser cette inégalité, la vente à

---

sommes d'argent, ce qui donne lieu à une vaste compensation en sommes, soit de titres de même espèce, ce qui donne lieu à une vaste compensation en titres. Ces compensations ont lieu au syndicat des agents de change.

(1) La prime est très variable; elle dépend de l'importance des fluctuations dont la valeur est susceptible. Sur la rente, on promet souvent une prime dont 50 ou dont 25 (sous-entendu centimes), ce qui veut dire que si l'acheteur résilie le marché, il paiera, à titre de dédit au vendeur, une somme de 50, de 25 centimes, etc.

(2) On appelle « réponse des primes » l'acte par lequel l'acheteur fait savoir, à l'échéance, s'il résilie le marché en abandonnant la prime, ou si au contraire il préfère exécuter le marché en payant le prix et en levant le titre.

terme à prime est faite à un prix plus élevé que la vente à terme ferme (celle où l'acheteur n'a pas la faculté de résiliation) (1).

Section III. — Le marché a terme doit-il être considéré comme un pari?

21. On voit que le marché à terme (ferme ou à prime), lorsque le vendeur n'a pas les titres vendus en sa possession ni même l'argent nécessaire pour se les procurer, et que l'acheteur n'a pas non plus l'argent nécessaire pour payer le prix, ressemble à une sorte de *jeu* ou de *pari*.

Le vendeur parie que le titre baissera; et si, en effet, la baisse arrive, il gagne la différence (ou la prime), tandis que l'acheteur la perd (2).

L'acheteur, au contraire, parie que le titre haussera, et, si la hausse arrive, il gagne la différence entre son prix d'achat et le cours au jour du terme, tandis que le vendeur perd cette différence (3).

Faut-il donc dire que le marché à terme doit être traité comme un pari?

Si oui, l'acheteur, en cas de baisse, pourra refuser de payer son prix en opposant l'exception de jeu à l'agent de change A par l'intermédiaire duquel il a acheté. A pourra l'opposer également à son confrère A', et A' pourra l'opposer au vendeur du titre (4).

La question a été vivement controversée avant la loi du 28 mars 1885. Cette loi l'a tranchée en disant que le marché

---

(1) Comme dans le marché ferme, le vendeur et l'acheteur (lorsque ce dernier n'use pas de la faculté d'abandonner la prime) peuvent avoir recours au report pour prolonger leur situation d'un nouveau mois.

(2) Il peut même être convenu que le vendeur ne livrera pas le titre et que l'acheteur ne lui paiera que cette différence.

(3) Il peut même être convenu que le vendeur ne livrera pas le titre et se bornera à payer cette différence à l'acheteur.

(4) D'ailleurs, une fois que l'acheteur aura payé au lieu d'opposer l'exception de jeu, il ne pourra pas répéter son prix (C. Civ., 1967).

à terme, ferme ou à prime, est parfaitement valable, qu'il ne saurait être assimilé à un jeu ou pari, et que, dès lors, le perdant ne saurait opposer l'exception de jeu.

22. Historique de la question.

Dans notre ancien droit, à la suite des spéculations effrénées qui avaient eu lieu sous la minorité de Louis XV sur les titres créés par Law, et du krach formidable qui en fut la conséquence, les marchés à terme furent rigoureusement interdits. Par un esprit de réaction, on défendit même les marchés faits à couvert; on ne souffrit que les marchés au comptant : il fallait que le jour même le vendeur déposât les titres et l'acheteur le prix.

a) Plus tard, sous Louis XVI, le gouvernement fut plus tolérant. On continua de prohiber les ventes à terme à découvert, mais on permit les ventes à terme faites à couvert, et les achats à terme, quelle que fût la couverture fournie par l'acheteur, et quand même il n'en aurait fourni aucune (1).

b) Dans l'époque intermédiaire, on revient à l'ancienne prohibition de Louis XV relativement aux marchés à terme.

23. *c*) Le Code de commerce ne prononce ni autorisation ni prohibition formelles. De là la controverse que nous avons indiquée.

24. D'après la jurisprudence, il fallait distinguer :
Si le marché était sérieux, il était valable.

Si au contraire il constituait simplement un pari sur la hausse et la baisse des titres, il devait être traité comme tel. Donc le perdant pouvait opposer l'exception de jeu (1965), mais n'avait pas cependant d'action en répétition une fois qu'il avait exécuté.

Mais comment savoir si le marché était sérieux, ou si au contraire il ne constituait qu'un pari déguisé? Il fallait

---

(1) La raison de la différence faite entre la vente et l'achat à découvert, est que, lorsqu'il s'agissait de fonds publics, ce qui était le cas général, l'achat favorisait le crédit de l'Etat, en provoquant la hausse de ses titres, tandis que la vente lui nuisait en provoquant la baisse.

rechercher l'intention des parties, et voir si le vendeur avait les titres en mains, ou du moins les ressources suffisantes pour se les procurer, et si l'acheteur avait la somme nécessaire pour les payer : dans ce cas le marché était valable.

Si au contraire le vendeur vendait à découvert, et sans même avoir la somme nécessaire pour se les procurer, si en un mot il comptait uniquement se procurer les titres en les achetant avec le prix de vente — ou si l'acheteur n'avait pas à sa disposition, au moment de l'achat, le montant du prix, et ne comptait se les procurer qu'en revendant le titre en hausse, — en un mot si chacune des parties ne visait qu'à gagner une différence, le marché devait être traité comme pari.

La jurisp. tirait argument des art. 421 et 422 Code pénal.

L'art. 421 punissait les paris sur la hausse ou la baisse des effets publics.

L'art. 422 définissait ce pari « une convention de vendre ou de livrer des effets publics qui ne sont pas prouvés par le vendeur avoir existé à sa disposition au temps de la convention ou avoir dû s'y trouver au temps de la livraison. »

Donc, lorsque les titres vendus devaient se trouver à la disposition du vendeur au moment de la livraison, l'opération n'était pas un pari et était valable; au cas contraire, c'était un pari, qui était nul et même délictueux.

25. D'après une 2° opinion, le marché à terme était nul, comme il l'était dans l'ancien Droit et sous la législation intermédiaire, sans distinguer si le marché cachait un pari ou s'il était sérieux. Il n'y avait même pas lieu d'admettre le tempérament apporté sous Louis XVI pour les ventes à couvert et pour les achats à terme.

26. D'après une 3ᵉ opinion, le marché à terme, même à découvert, était parfaitement valable, et il n'y avait pas lieu à l'exception de jeu.

Ce qui n'est pas défendu est permis : or, nulle part la loi n'a défendu le marché à terme.

Quant à l'objection que les ventes à terme des effets publics déterminent la baisse des effets publics et nuisent au crédit de l'État, on peut répondre que, lorsque les acheteurs sont plus nombreux que les vendeurs, ce qui arrive souvent, ces marchés favorisent la hausse et soutiennent le crédit de l'État. Bien des personnes qui n'achèteraient pas ces titres s'il fallait les payer comptant, s'empresseront de les acheter s'il leur est permis de le faire à terme.

On ajoute enfin que les marchés à terme favorisent les souscriptions des grands emprunts de l'Etat. Les capitalistes, les banquiers par exemple, ne souscriraient pas pour des sommes énormes à ces émissions, s'ils n'avaient pas l'espérance de revendre leurs titres avec profit à terme, car ils ne trouveraient que lentement à les revendre au comptant. De même les gens (spéculateurs ou joueurs) qui consentent à acheter ces titres à terme, ne le font qu'avec l'espoir de les revendre à terme également, car on ne peut vendre au comptant une grande masse de titres, surtout dans les périodes, ordinairement troublées, où l'État est obligé de faire un grand emprunt (1).

27. Est-ce à dire que, depuis la loi de 1885, l'exception de jeu n'ait plus d'application en matière de marchés à terme? Nullement. Cette loi établit seulement une présomption que le marché à terme n'est pas un pari, mais bien une opération sérieuse destinée à être exécutée. Mais cette présomption n'est pas absolue, et, lorsque l'une des parties peut prouver que la vente n'était pas sérieuse, qu'il était entendu que le vendeur pourrait se libérer en payant simplement la hausse, et l'acheteur en payant simplement la baisse, l'opération n'est qu'un pari, et l'exception de jeu est recevable.

SECTION I. — DU REPORT.

28. Le report est une vente au comptant de certains titres, suivie d'un rachat à terme d'une égale quantité de titres de même espèce, entre les mêmes parties.

Q. q. le report?

---

(1) De même, c'est le marché à terme qui permet aux grandes sociétés industrielles de placer rapidement les titres qu'elles émettent pour se procurer les millions dont elles ont besoin. Ceux qui les souscrivent ne le font que pour les revendre promptement, donc à terme.

Montrez-en
l'application?

Exemple. Je vous ai acheté au commencement de mai un titre de rente 3 0/0 fin courant, moyennant 100 fr., parce que je comptais sur la hausse; à fin mai le titre ne vaut que 98 fr., mais néanmoins je crois toujours à une hausse prochaine.

Si j'avais l'argent nécessaire, je vous paierais les 100 fr., je prendrais livraison du titre et j'attendrais la hausse pour le vendre.

Mais comme je ne suis qu'un joueur, j'ai assez d'argent pour payer la différence de cours, mais pas assez pour payer la valeur totale. Il faut donc que je revende le titre au comptant pour vous payer. Je pourrais le vendre à un tiers quelconque A, au cours actuel du comptant, c'est-à-dire à 98 fr., en prenant 2 dans ma poche pour compléter les 100 que je vous dois. Ensuite je rachèterais un pareil titre à un autre tiers V à terme (puisque je compte toujours sur la hausse) à fin juin prochain, moyennant 98 fr. 25 (le prix à terme est, en général, un peu supérieur au prix au comptant).

29. Pour éviter cette double opération, je m'adresse à un capitaliste R appelé *reporteur*; je lui vends mon titre au comptant moyennant 98 fr. pour vous payer (en y joignant de ma poche la différence de 2 fr.), et en même temps je rachète à R un titre de même espèce à terme (à fin juin) moyennant 98,25.

Si la hausse arrive dans le courant de juin et que le titre atteigne par ex. 102 fr., je m'empresserai de le vendre, et avec le prix je paierai les 98,25 que je dois à mon reporteur; je remettrai dans ma poche la différence de 2 fr. que j'ai perdue fin mai, et j'aurai encore un bénéfice de 1,75.

Si la baisse se maintient, je me ferai reporter de nouveau sur juillet.

30. Ainsi, dans le report, je vends un titre à R au comptant pour me procurer sa valeur actuelle, et je lui rachète immédiatement à terme un titre pareil à un prix un peu supérieur (la différence est celle qui existe entre le cours à terme et le cours au comptant) (1).

____

(1) Cette différence, qui constitue le bénéfice du reporteur, se

31. R, étant nanti du titre, se trouve garanti, car, si je ne lui paie pas à l'échéance les 98 fr. 25, il fera vendre le titre à la Bourse pour se payer. S'il ne le vend que 97 par suite de la baisse, je devrai lui payer la différence, c'est-à-dire 1,25 (1).

32. Le reporteur R se trouve dans une situation analogue à celle du créancier gagiste. Il y a pourtant des différences :

1° Le gage est généralement d'une somme supérieure à la créance, tandis qu'ici la somme avancée par R est juste égale à la valeur du titre qu'il détient;

2° Le gagiste n'est pas propriétaire de la chose, il n'en est que détenteur. Il n'en peut donc pas disposer, si ce n'est à défaut de paiement à l'échéance, 8 jours après une sommation infructueuse au débiteur et en observant certaines formes.

Le reporteur, au contraire, est propriétaire, et cela d'une façon définitive, du titre qu'il a acheté au comptant. Il en exerce les droits (droit aux dividendes et intérêts, droit de faire partie des assemblées d'actionnaires, droit au remboursement du capital s'il y a lieu), et en subit les obligations (notamment l'obligation de faire les versements en cas d'appel de fonds).

33. On peut comparer aussi le report à une vente à réméré. C'est à peu près comme si je vendais mon titre à R à 98 fr. avec faculté pour moi de réméré. Il y a pourtant deux différences :

1° Dans le réméré, il suffit que je rende à mon acheteur son prix, pour reprendre la chose, tandis que, dans le report,

---

nomme aussi *report :* c'est un second sens du mot.

(1) S'il y avait une très grande baisse, et que je ne puisse payer la différence, R se trouverait en perte. Cela n'arrive guère. Les joueurs reportés sont très exacts à payer leurs reporteurs, parce qu'autrement ils ne pourraient continuer de jouer à la Bourse. D'autre part, très souvent les reports se font par l'intermédiaire des agents de change, qui sont responsables personnellement envers le reporteur des engagements du reporté.

Droit commercial.   16

le reporté doit payer à l'échéance un excédent qui est le report;

2° et ceci est essentiel, la vente à réméré est une vente sous condition résolutoire. L'acheteur n'acquiert pas un droit ferme sur la chose achetée, et les droits qu'il peut consentir sur cette chose sont résolubles comme le sien.

Au contraire, le reporteur a un droit ferme et définitif sur les titres qu'il achète ; il en peut donc disposer librement.

3° C'est la chose même qui a été vendue qui fait retour au vendeur à réméré lorsqu'il exerce le réméré en rendant le prix.

Au contraire, le reporteur ne doit pas au reporté les mêmes titres, mais seulement des titres de même espèce.

34. Le report, dans un deuxième sens, désigne le bénéfice du reporteur, c'est-à-dire l'excédent du prix du titre à terme sur son prix au comptant, soit 0,25 dans notre espèce.

35. On appelle à l'inverse « déport » l'excédent du prix au comptant sur le prix à terme. Cela arrive rarement (1). J'en citerai deux cas :

1° Des personnes A, A', A'', etc., ont acheté, croyant à la hausse, des titres de rente sur l'Etat, moyennant 100 fr., à terme, c'est-à-dire livrables et payables à la fin du mois.

Dans le courant du mois, ces acheteurs usent du droit d'*escompte,* c'est-à-dire qu'ils exigent la livraison immédiate. Les vendeurs, qui ont vendu à découvert, sont forcés d'acheter de suite, au comptant par conséquent, les titres pour les livrer. De là une hausse sur le cours au comptant, alors que le cours à terme ne s'élève pas, et que peut-être il a baissé. Le cours au comptant peut être ainsi supérieur au cours à terme.

2° Des acheteurs à terme exigent *à l'échéance* la livraison des titres. Les vendeurs, qui les ont vendus à décou-

---

(1) Pourquoi en général le prix à terme est-il supérieur au prix au comptant ? C'est une application de la loi de l'offre et de la demande : il y a bien plus d'acheteurs à terme qu'au comptant, car ceux qui n'ont pas d'argent disponible sont plus nombreux que ceux qui en ont.

vert, sont obligés de les acheter au comptant pour les livrer de suite; cette masse de demandes de titres à livrer immédiatement, fait monter le cours au comptant, alors que le cours à terme demeure stationnaire, ou même subit une baisse par suite du discrédit où sont tombés ces titres.

36. De même que l'acheteur à terme sans argent peut, en cas de baisse, faire reporter sa situation sur le mois suivant, en vendant ses titres au comptant et en les rachetant à terme, moyennant le prix de report, de même le vendeur à terme sans titres (c'est-à-dire à découvert) peut faire reporter sa situation sur le mois suivant, en achetant des titres au comptant à la fin du présent mois pour les livrer à son acheteur, et en revendant à terme d'autres titres de même espèce et en pareille quantité.

En général, il les vend à terme plus cher qu'au comptant, et il gagne ainsi un report.

Il est possible aussi qu'il les vende à terme le même prix qu'il les achète au comptant; il en est ainsi lorsque, le titre étant discrédité, il y a peu d'acheteurs à terme. On dit alors que le report est *au pair*.

Enfin, il peut arriver qu'il les vende moins cher à terme qu'il ne les a achetés au comptant. Cela arrive lorsque beaucoup de vendeurs à découvert de titres discrédités, sont obligés de les acheter au comptant pour les livrer. Cela fait monter le cours du comptant alors que le cours du terme reste bas. Il y a alors déport au préjudice des vendeurs à découvert.

37. Il suit de ce qui précède que le reporteur n'est pas toujours un capitaliste venant au secours de gens ayant acheté des titres à terme sans l'argent nécessaire, en un mot des joueurs à la hausse. Le reporteur peut être aussi un joueur à la baisse, c'est-à-dire qui vend à découvert.

Ces deux catégories de joueurs peuvent entrer en relations et se reporter mutuellement. Le vendeur achète au comptant les titres dont il a besoin, à l'acheteur qui a besoin d'argent pour payer les titres par lui achetés, et en même temps il les lui revend à terme.

Si les demandes de titres adressées par les vendeurs à découvert et les offres de titres faites par les acheteurs sans argent s'équilibrent, le report est au pair.

Si les demandes de titres excèdent les titres offerts, il y a *déport*.

Si les demandes de titres sont inférieures aux offres, il y a *report*.

N° 2. — Des titres au porteur. Comparaison avec les titres nominatifs.

Qu'est-ce qu'un titre au porteur ?

1. Un titre au porteur est un papier constatant une créance, et tel que celui qui est propriétaire de ce papier, est considéré comme le titulaire de la créance. Là créance s'identifie avec le papier et devient ainsi un meuble corporel.

A qui appartient le droit constaté par ce titre ?

Ainsi, lorsque je vous vends une telle créance, je n'ai qu'à vous livrer le titre, vous en devenez propriétaire alors même que je ne le serais pas moi-même, par cela seul que vous le possédez de bonne foi, conformément à la règle de l'art. 2279 : « En fait de meubles, possession vaut titre. »

Donc le possesseur de bonne foi du titre a le droit de toucher les intérêts de la créance, et aussi d'en toucher le capital lorsque la créance est devenue exigible.

Quel était, avant 1872, l'inconvénient du titre au porteur ?

2. Il résultait de là, avant la loi du 15 juin 1872, un grave inconvénient : c'est que le propriétaire P d'un titre au porteur se trouvait dépouillé de son droit, en cas de perte, vol, escroquerie, détournement du titre par abus de confiance, lorsque le titre était parvenu entre les mains d'un possesseur de bonne foi P'.

N'y avait-il pas un certain remède dans l'art. 2279 ?

A) Sans doute l'art. 2279, al. 2 autorisait la revendication de P pendant 3 ans contre P'. Mais cette revendication n'était ouverte qu'en cas de perte ou de vol, et non au cas d'abus de confiance ou d'escroquerie.

Ce remède n'était-il pas insuffisant ?

D'autre part, même en cas de perte ou de vol, P n'était admis à revendiquer qu'à la condition de rendre à P' son prix d'achat, lorsque P' avait acheté le titre dans un marché public. Or, c'est le cas ordinaire ; en général, les titres au porteur, comme la plupart des titres, s'achètent à la Bourse. Obliger P à rembourser P', c'était rendre son droit de revendication illusoire, car P avait aussitôt fait d'acheter un autre titre; cela pouvait même lui coûter moins cher, lorsque la valeur avait baissé.

3. La loi du 15 juin 1872 est venue protéger d'une façon plus efficace les propriétaires de titres au porteur. Lorsque P se prétend *dépouillé d'une façon quelconque* (perte, vol, détournement par un dépositaire infidèle, escroquerie) d'un titre au porteur *t*, il n'a qu'à faire deux oppositions :

La 1ʳᵉ au syndicat des agents de change;

La 2ᵐᵉ au siège social de la société qui a émis le titre. Dans cette opposition, il fait connaître la nature et le numéro de son titre (1).

A) Supposons dès lors que P' qui a le titre *t* en mains, vienne exercer les droits qu'il confère; par exemple, il réclame le paiement d'un coupon de dividende; ou il veut assister à une assemblée d'actionnaires. La société l'informe de l'opposition, et P' doit agir contre P en mainlevée de cette opposition.

B) Si l'opposition de P n'est pas contredite, il peut, un an après l'avoir faite, demander l'autorisation au *président* du tribunal civil d'exercer les droits attachés à son titre perdu. Il doit fournir *caution* de restituer les sommes qu'il touchera provisoirement, pour le cas où il ne serait pas le véritable propriétaire et où le véritable propriétaire surgirait.

Dix ans après cette autorisation du président, P peut demander un duplicata à la société; la caution par lui fournie sera déchargée; et, si le véritable propriétaire survient ensuite, il sera réduit à une action personnelle contre P; il n'aura aucun droit contre la société.

4. L'opposition faite par P au syndicat des agents de change a pour effet de *faire obstacle à la négociation* du titre. En effet, ce syndicat publie un Bulletin où figurent la nature et les numéros des titres frappés d'opposition.

Aujourd'hui comment le propriétaire dépossédé de son titre est-il protégé?

Quid si l'opposition est contredite par le détenteur du titre?

Quid si elle n'est pas contredite?

Quel est l'effet de l'opposition faite au syndicat des agents de change?

---

(1) C'est pourquoi il est très prudent, quand on a des titres au porteur, d'en conserver les numéros.

Dès lors, pour savoir dans quelle mesure P peut revendiquer le titre *t* contre le possesseur actuel P' que je suppose de bonne foi, il faut distinguer selon que P' a acheté *t* avant ou après la mention de *t* au Bulletin.

A) Si P' a acheté *t* après la publication de l'opposition au Bulletin, P peut revendiquer contre lui, et P' est réduit à un recours contre son vendeur s'il a acheté à l'amiable, ou contre l'agent de change si, ce qui est le cas ordinaire, il a acheté par l'intermédiaire d'un agent de change à la Bourse (1).

B) Si P' a acheté avant la publication, P ne peut revendiquer *t* contre P' que d'après le droit commun relatif à la revendication des meubles corporels (C. civ. 2279 et 2280).

Par conséquent, en principe, P ne pourra pas revendiquer *t* contre P' qui le possède de bonne foi. Il ne pourra agir qu'en dommages-intérêts contre le voleur, l'inventeur (celui qui a trouvé le titre perdu par P), le dépositaire infidèle, l'escroc.

Par exception, il pourra revendiquer *t* pendant trois ans contre P' en cas de perte ou de vol. Mais alors il devra restituer à P' son prix d'achat, si P' a acheté *t* dans un marché public; or, c'est le cas général, car le plus souvent P' aura acheté *t* à la Bourse. L'action en revendication de P sera ainsi à peu près illusoire.

5. Malgré le secours accordé par la loi de 1872 aux propriétaires de titres au porteur, dans le cas où ils viendraient à être dépossédés, il est clair que le titre nominatif offre plus de sécurité.

6. Le propriétaire d'un titre au porteur est, en effet, dans une situation très précaire lorsqu'il se trouve dépossédé de son titre. Souvent il aura négligé d'en prendre le numéro, et alors il se trouve immédiatement dépouillé sans recours.

S'il a le numéro et qu'il fasse opposition, son opposition sera souvent tardive, c'est-à-dire postérieure à la négocia-

___

(1) Cet agent, en effet, est en faute de ne pas s'être assuré que le titre n'était pas frappé d'opposition.

tion du titre, et sa translation à un possesseur de bonne foi. Dans ce cas, il n'aura la revendication que dans les conditions fort restreintes et à peu près illusoires de l'art. 2279, al. 2, C. civ.

Le titre nominatif est à l'abri de ces dangers.

7. D'autre part, le revenu d'un titre au porteur est assujetti à la *taxe annuelle*. Il est vrai que le titre nominatif donne lieu au *droit de transmission*, mais ce droit n'est pas gênant quand on a l'intention de garder le titre (V. infrà, appendice 4).

8. La forme au porteur au contraire est préférable quand on achète un titre dans un but de *spéculation*, c'est-à-dire pour le revendre peu après à bénéfice. On évite ainsi la formalité du transfert et le droit de transmission. Il est vrai que le revenu est diminué du montant de la taxe annuelle, mais quand on spécule snr les variations des cours, on se préoccupe peu de toucher le revenu du titre.

N° 3. — Sociétés étrangères.

1. Les sociétés étrangères ont-elles en France la personnalité leur permettant de contracter et d'agir (1) en justice?

2. Il y a un premier cas où la question ne présente pas de difficulté, c'est lorsqu'elle est réglée formellement par un *traité :* il n'y a alors qu'à observer le traité. C'est ainsi qu'entre l'Angleterre et la France il y a un traité de 1862 qui permet aux sociétés françaises, légalement constituées en France, de contracter et de plaider en Angleterre, et *vice versa*.

3. Laissant de côté le cas où il y a traité spécial, nous avons sur la question deux textes essentiels : ce sont les articles 1 et 2 de la loi du 30 mai 1857.

---

(1) Quant au droit de défendre en justice, cela ne fait guère question; on ne saurait empêcher un Français qui a un droit contre une société étrangère de le faire valoir devant les tribunaux (arg. de l'art. 14.)

A) D'après l'art. 1er, les sociétés anonymes belges et les autres associations commerciales qui sont soumises à l'autorisation du gouvernement belge, et qui l'ont obtenue, peuvent exercer tous leurs droits et ester en justice en France.

Ainsi toutes les sociétés belges, autorisées du gouvernement belge sont, en bloc, reconnues personnes morales en France.

4. Il est remarquable que les sociétes anonymes belges fussent ainsi reconnues en bloc, alors que les sociétés anonymes françaises devaient faire l'objet d'une autorisation individuelle par décret. Cela s'explique par cette considération que ces sociétés anonymes avaient déjà été individuellement autorisées par le gouvernement belge. La loi de 1857 considère que l'autorisation du gouvernement belge présente autant de garantie que celle du gouvernement français.

5. Le bénéfice de la loi de 1857, à prendre l'art. 1er à la lettre, ne s'appliquerait pas aux sociétés belges non individuellement autorisées par le gouvernement belge. Mais nous pensons que tel n'est pas le véritable sens de la loi de 1857. Les mots « sociétés autorisées par le gouvernement belge » signifient simplement « sociétés qui fonctionnent régulièrement d'après la loi belge ». La mention de la condition de l'autorisation s'explique parce que le législateur songe particulièrement aux sociétés anonymes, et qu'à cette époque ces sociétés, en Belgique comme en France, étaient soumises à l'autorisation du gouvernement. Mais lorsqu'en Belgique cette condition fut supprimée (ainsi qu'elle le fut également en France par la loi de 1867), les sociétés belges fondées sans cette autorisation n'en bénéficièrent pas moins de la loi de 1857. Une société, qui est créée et fonctionne conformément à la loi d'un pays, est par là même virtuellement *autorisée* par le gouvernement de ce pays.

6. D'après l'art. 2 de la loi de 1857, l'art. 1er peut être appliqué à tous les autres pays par un décret rendu en Conseil d'Etat.

Ce décret a le même effet que la loi de 1857 elle-même,

c'est-à-dire qu'il confère la personnalité en France, en bloc, à toutes les sociétés commerciales du pays visé par le décret, par cela seul que ces sociétés sont régulièrement constituées d'après la loi de ce pays (1) (2).

Effet de la reconnaissance d'une société étrangère en France, conformément à la loi de 1857.

7. En principe, elle aura les mêmes droits qu'une société française. Ainsi elle pourra contracter, avoir des succursales en France (3).

8. Toutefois elle n'aura pas les droits civils qui sont refusés aux étrangers par l'art. 11 (4).

Si elle veut agir devant un tribunal français contre un Français, elle le pourra, mais en fournissant la caution *judicatum solvi*, conformément à l'art. 16 qui impose cette condition à tout étranger, même en matière commerciale.

D'autre part, un Français pourra la poursuivre en France, bien qu'elle ait son domicile à l'étranger (art. 14).

Si elle veut poursuivre un étranger en France, le tribunal français n'aura qu'une compétence facultative; il

---

(1) Ainsi que nous l'avons dit plus haut, ce décret général avait cet effet lorsqu'il visait un pays où les sociétés anonymes se constituaient librement et sans autorisation spéciale du gouvernement, qu'une société étrangère, fondée sans l'autorisation spéciale d'aucun gouvernement, avait la personnalité en France, tandis qu'une société anonyme française ne pouvait avoir cette personnalité qu'en vertu d'un décret spécial du gouvernement français.

(2) Il est intervenu, conformément à notre art. 2, des décrets accordant le bénéfice de l'art. 1er de la loi de 1857 à un grand nombre de pays.

(3) Toutefois il résulte d'un décret de 1880 qu'elle ne peut pas, en vertu de la seule autorisation dérivant de la loi de 1857, émettre des actions en France, ou les négocier dans les Bourses françaises.

(4) Cette restriction n'a guère d'intérêt, car ces droits civils supposent, en général, la personnalité physique. Ainsi il est bien inutile de dire qu'une société étrangère n'a pas le droit d'adopter, d'être adoptée, d'avoir l'hypothèque légale sur les biens de son mari, d'être tutrice, etc.

pourra, s'il le veut (je me place dans l'opinion de la jurisprudence), se déclarer incompétent (1).

9. Envisageons maintenant un pays qui, d'une part, n'ait pas fait avec la France un traité relatif à la reconnaissance de ses sociétés en France, et qui, d'autre part, n'ait pas fait l'objet d'un décret conformément à l'art. 2 de la loi de 1857. Les sociétés d'un tel pays pourront-elles contracter et agir en France? Je distingue :

10. Pour les sociétés anonymes, je crois qu'elles n'ont pas d'existence en France. Une personne morale ne saurait exister en France qu'en vertu d'une loi française qui l'admette expressément ou implicitement. En conséquence, le gouvernement français pourrait empêcher ces sociétés d'établir en France des magasins, fabriques, comptoirs et succursales quelconques.

Toutefois, on reconnaît généralement que des Français peuvent les poursuivre devant nos tribunaux, car il ne faut pas que leur défaut de personnalité nuise aux droits des Français.

11. Quant aux sociétés en nom collectif et en commandite, où la personnalité morale s'appuie en quelque sorte sur celle des associés, nous pensons qu'elles existent en France, car les individus étrangers ont la personnalité en France et y jouissent de tous les droits non civils (art. 11).

12. Les sociétés étrangères reconnues en France, soit en vertu d'un décret général rendu par application de l'art. 2 de la loi de 1857, soit en vertu d'un traité, peuvent ne pas remplir, dans leur constitution, les conditions prescrites par nos lois françaises de 1867 et de 1893; il suffit qu'elles remplissent les conditions prescrites par les lois de leur pays.

13. Il suit de là que des Français peuvent avoir l'idée

---

(1) Nous voyons en effet, en Droit international privé, que, d'après la jurisprudence, les tribunaux français ne sont pas tenus, en principe, de se déclarer compétents dans les procès entre étrangers.

d'aller dans un de ces pays, par ex. en Angleterre, où les sociétés jouissent de plein droit de la personnalité en France, en vertu d'un décret de 1862 indiqué plus haut. A quel signe reconnaître si cette société est anglaise, comme elle en a l'apparence, auquel cas elle sera valable, même en France, d'après ce décret de 1862, ou si elle est française, auquel cas elle sera nulle comme ne remplissant pas les conditions de nos lois? On admet généralement qu'il faut s'attacher au principal établissement. C'est une question de fait à apprécier par nos tribunaux (1).

<h3 style="text-align:center">N° 4. — Impôts sur les actions et obligations.</h3>

1. Ces impôts sont au nombre de 3 :

1° Le timbre,

2° Le droit de transmission,

3° L'impôt sur le revenu des valeurs mobilières.

2. A) *Timbre*. Ce droit est, en vertu d'une loi de 1850, de 1 p. 100 sur le montant *nominal* du titre (2).

La société, au lieu de payer ce droit de timbre en une fois, aussitôt après sa formation, peut contracter un abonnement avec le Trésor, en vertu duquel elle paiera annuellement 5 centimes p. 100 du montant nominal de chaque titre (3).

3. B) *Droit de transmission*. Ce droit a été établi par une loi de 1857. Distinguons les titres nominatifs et les titres au porteur.

4. Pour les titres nominatifs, le droit est perçu à l'occa-

---

(1) Si cette société a pour but d'exploiter le sol français, par ex. des mines, un canal, un chemin de fer, situés en France, on dira sans difficulté qu'elle est française, alors même qu'elle aurait ses bureaux en Angleterre.

(2) Il n'y a pas à déduire la partie de cette valeur qui n'a pas encore été versée. Ainsi, soit une action de 100 fr. qui n'a été libérée que du 1/4, c'est-à-dire de 25 fr. Le timbre est de 1 fr., et non pas seulement de 0 fr. 25.

(3) Il s'agit toujours du montant nominal; donc, que les cours

sion de chaque cession de titre, et il est de 0,50 p. 100 sur le prix de cette cession (1).

5. Pour les titres au porteur, le législateur a remplacé le droit de transmission, qui serait difficile à percevoir, la cession pouvant être ici facilement dissimulée, par une *taxe annuelle,* qui est de 0 fr. 20 p. 100. La société paie chaque année cette taxe au Trésor pour l'ensemble de ses titres (actions et obligations), et elle se rembourse ensuite sur les porteurs par une retenue sur les dividendes ou intérêts.

L'impôt est perçu, non sur la valeur nominale, mais sur la valeur réelle, déterminée en prenant la moyenne des cours du titre dans l'année précédente.

6. S'il y a conversion d'un titre au porteur en titre nominatif, ou réciproquement, il y a lieu au droit de transmission de 0 fr. 50 p. 0/0, calculé sur le cours moyen du titre à la Bourse la veille du jour de la conversion.

---

des titres baissent ou montent, cela est indifférent pour l'abonnement. Le titre de 100 fr. ne doit que 0 fr. 05 au Trésor, quand bien même il vaudrait 1000 fr. par suite de la prospérité de la société, mais il les devra également, même si son cours est descendu bien au-dessous de 100 fr.

(1) Lorsqu'il s'agit d'un titre qui n'a pas été libéré complètement (ce qui suppose un titre nominatif), le prix de cession n'est pas le prix réel à payer. En effet, il est d'usage, pour fixer le prix d'un titre, de ne pas tenir compte des versements qui restent à opérer. Ainsi, supposons une action de 100 fr., libérée seulement du 1/4, c'est-à-dire de 25 fr. Elle monte de 10 fr.; on la cotera à la Bourse 100 + 10 = 110 fr., et pourtant l'acheteur n'aura à payer que 25 + 10 = 35 fr.

De même, si elle baisse de 10 fr., on la cotera 100 — 10 = 90, et pourtant l'acheteur n'aura à payer que 25 — 10 = 15 fr.

Eh bien, pour calculer le droit de transmission, on tient compte du prix réel à payer, et non du prix apparent.

Ainsi, lorsqu'il s'agit d'une action de 110 fr. sur lesquels 25 fr. seulement ont été versés, au lieu de 100, nous savons que le prix réel est de 35 fr. Eh bien, c'est sur ces 35 fr. qu'on calculera l'impôt.

Il y a eu doute sur ce point autrefois, les agents du Trésor percevaient l'impôt sur le prix de cession sans en déduire les versements non effectués, mais une loi de 1872 a tranché la question en ordonnant formellement cette déduction.

7. C) *Impôt sur le revenu des valeurs mobilières*. — Cet impôt a été créé par une loi de 1872, et modifié par une loi de 1890; il est de 4 0/0.

Il porte : 1° Sur les revenus et produits des actions de toute nature;

2° Sur les intérêts des obligations des sociétés.

La loi de 1872 faisait même porter l'impôt sur les intérêts et bénéfices annuels des parts d'intérêts et commandites. Mais une loi de 1875 a soustrait formellement à l'impôt les parts des associés en nom collectif, et celles des commandités (1).

Les intérêts des sommes prêtées à une société en nom collectif échappent à l'impôt (2); il n'en est pas de même pour les prêts faits à une société en commandite.

8. Comment apprécie-t-on les revenus soumis à l'impôt? En ce qui touche les intérêts des obligations ou sommes prêtées, c'est très simple, puisque ces intérêts sont fixes; les agents du fisc n'auront qu'à se faire représenter des exemplaires des obligations par les administrateurs de la société (3).

Pour les dividendes, qui sont très variables, on distingue entre les sociétés par actions et les commandites simples :

Pour les sociétés par actions, les agents du fisc, en cas de contestation, prouveront les dividendes d'après les délibérations d'assemblées d'actionnaires, et d'après les comptes-rendus et tous documents qu'ils pourront se procurer.

Pour les sociétés en commandite simple, la loi ne veut

---

(1) Nous avons vu en effet, en Economie politique, que l'impôt bien compris doit frapper la richesse acquise, mais non la richesse en formation; autrement on découragerait le travail. C'est pourquoi le législateur de 1875 a voulu épargner la part du travailleur, et frapper seulement celle qui revient au capital.

(2) Il y avait doute sur ce point sous l'empire de la loi de 1872; mais une loi de 1893 a tranché formellement la question dans le sens que nous indiquons.

(3) Les lots et primes de remboursement, qui sont formés de retenues faites sur les intérêts des obligations, sont soumis à l'impôt.

pas que les agents du fisc fassent de telles recherches. Le revenu est présumé être de 5 0/0 du montant du capital social ou de la commandite.

9. Remarquons enfin que la transmission des actions (nominatives ou au porteur) par voie de succession ou de donation entre-vifs ou testamentaire, donne lieu à l'application des mêmes droits de mutation que les autres droits mobiliers.

TABLE ANALYTIQUE DES MATIÈRES

(Les chiffres indiquent les numéros et non les pages.)

Pour signaler les points les plus importants pour l'examen,
je mets le signe (!).

---

(1) Les mots *faillite* et *banqueroute* sont pris l'un pour l'autre dans la pratique. Ce n'est pourtant pas la même chose. Faillite désigne le genre, banqueroute l'espèce. La banq. est un cas particulier de la f. Il y a banq. quand le cçant a lui-même causé sa f. par sa *faute* (imprudence, négli-. gence) ou par sa *fraude* (dol). Quand c'est par sa simple faute, il y a banq.

---

simple, qui n'est qu'un délit correctionnel. Ex. : le cçant a mal tenu ses livres; il a fait des dépenses exagérées pour sa maison, il a joué aux courses ou à la Bourse.

Quand c'est par sa fraude, il y a banq. frauduleuse, crime justiciable de la C. d'assises : par ex. le cçant cache une partie de son actif, ou il a exagéré son passif sciemment par fraude.

Le trib. répressif (trib. corr. ou C. d'ass.) peut-il prononcer la peine pour banq. sans que la f. ait été déclarée par le tr. de cce? Controverse (que nous avons vue en D. criminel à propos des q. préjudicielles). La jurisp. admet l'affirmative : il suffit que le trib. répressif ait vérifié en fait la cessation des paiements de l'inculpé. (Le lecteur rattachera cette note au n° 634 définissant la faillite, où elle a été omise.)

PARIS. — L. DE SOYE, IMPRIMEUR, 18, RUE DES FOSSÉS-S.-JACQUES, V°.
Téléph. 806-44

9 782014 068566